U0562794

朱光好
王革非
陆亚新 著

TREND

趋势

纺织服装业转移升级与发展

Shift, Upgrade and Development of Textile and Garment Industry

社会科学文献出版社
SOCIAL SCIENCES ACADEMIC PRESS (CHINA)

目录

CONTENTS

前 言

当前，我国生产要素价格持续上升，国内产业结构调整升级加快，用工荒问题及国外金融危机、人民币汇率上升等因素影响不断加大，我国纺织服装业原有的比较优势在逐渐丧失。在这种环境下，部分企业开始寻找新市场。当前发生的从本土向周边劳动力成本更低的国家的产业转移，被更大程度地认为是第四次产业转移浪潮。在国家“走出去”战略支持下，有实力的企业纷纷走出国门，在不断将生产环节转移到东南亚地区以获取比较优势的同时，也在借机开拓国外市场。近年来，在“一带一路”建设逐步落地过程中，中亚、南亚以及东非等地区处于“一带一路”建设的关键位置，有成为新一轮产业转移热点的潜力。然而“走出去”并非易事，机遇与挑战并存，问题与风雨不断，因而企业需要调整自身发展思路，并以国家战略支持为后盾，抱团前行。

从产业转移的国内视角看，我国纺织服装业是劳动密集型产业，当劳动力和土地等生产要素上升时，就会发生产业转移和技术革新，形成新的生命周期循环。纺织服装业区域转移对区域经济发展有重要影响，能促使区域产业结构的优化、产业空间的合理布局和区域分工的明确，可提高区域产业的竞争力，是促进承接地区经济发展的重要推动力。如果区域产业不能协调发展，就会带来环境恶化和恶性竞争等问题。因此，纺织服装业区域协同发展受到各级政府、研究机构和企业的高度关注。北京作为首都，其职能特点使城市的中枢管理职能要更为强化，城市消费者的要求也更多元化。

从京津冀来看，北京是政治中心，经济高质量发展、科技发达的国际都市。天津临近首都和海港，可发挥自身地理位置优势，是先进的生产制造业基地，是最主要的对外贸易交易中心。河北省是华中地区交通枢纽的重要地段和连接南北的经济中心，是全国较大的物流集散中心，也是北京市服装产业转移的重要输出地。作为环渤海经济圈的重要核心区域，京津冀对整个北方经济发展有重要的引导和带动作用，而京津冀经济发展并不均衡，尤其是河北经济相对落后，这也给京津冀协同发展带来障碍。

伴随京津产业层次的提高，要素成本的快速上涨，劳动密集型产业在逐渐丧失其比较优势。此外，京津冀积极承接国际产业转移，调整产业结构，形成产业转移的推力。在政府政策的引导下，京津冀区域协同发展的步伐正在持续加快，在持续疏解非首都核心功能的企业和部分行政事业单位。作为首批搬迁的试点产业，纺织服装产业的发展成为重要的关注点。京津冀协同发展战略已成为京津冀服务业发展的必然趋势，而京津冀区域服装生态圈也将成为协同发展战略中的重要举措之一。实践证明，北京纺织服装业向外转移能够疏解北京非首都核心职能，可共同打造新北京，有助于打造生态北京。

当前国内外学者多数从宏观层面研究产业结构优化、产业转移升级等发展问题，对纺织服装单一产业研究较少，而且多数研究集中在整体产业结构的分析评价，很少关注单一的服装产业发展的评价和定量分析，这里采用因子分析法对服装产业发展进行数据分析。本书综合运用了区域经济学、产业经济学，以及区位理论等相关经济学理论，并结合经济学的比较优势、要素禀赋和产业发展等经典理论，采用因子分析法，对纺织服装产业的影响因素进行定量分析，找到影响服装产业发展的产业规模和区位优势等公共因子，计算出每个影响因子得分和综合得分，结果符合预期产业集群分布情况，并构建了纺织服装产业发展的评价指标体系。

经济新常态下，我国部分纺织服装企业敢于放弃既有的、落后的发展思维与模式，在技术创新、品牌建设、市场开拓、产业链升级等方面大胆尝试，以求获得新的突破。通过“走出去”，在全球范围内获取优质资源，吸收国外先进理念，开拓国际市场是我国纺织服装企业突围的一个重要方向。在此过程中机遇与挑战并存，如意集团通过广泛并购获取全球优质资源的方法是否普遍适用于我国纺织服装企业，需要进一步观察。新常态是一个动态的变化过程，在本书研究期间，国内、国际背景均发生了深刻变化。国内经济层面改革持续深入进行，受惠于改革的实体经济，一直以来所面临的困难局面有望改善；国际层面中，过往我们如临大敌的跨太平洋伙伴关系协定（Trans-Pacific Partnership Agreement，简称 TPP）等贸易规则在新常态的动态发展中逐渐变得不再那么重要，甚至新当选的美国新一届政府在大选后宣布退出 TPP；金融层面同样发生转变，在美联储加息、美元强势的周期中，人民币出现一定程度的贬值，将会在一定程度上有利于出口企业的海外业务。在未来的研究中，应挖掘更多的典型案例以向纵深做更深入的研究。

本书亦对京津冀地区内的服装产业协同发展的宏观环境、区位优势和产业分工进行分析，并以区域经济协同发展理论为基础，提出了构建产业协作的要素市场平台和优化区域产业分工的对策，希望能促进京津冀纺织服装产业协同发展和转型升级。在新常态下，北京纺织服装业的未来发展也是本书所关注的问题之一。在本书最后一章，还对京津冀区域内雄安新区设立、北京市 2035 城市发展规划制定、京津冀协同发展战略推进、北京服装业转移进行了分析和解读。

本书本着先国际而后国内，由国内而至京津冀，由京津冀而至北京的行文逻辑开展论述。首先，由纺织服装业发展与转移而至京津冀三地产业协同发展；其次，由京津冀三地产业协同发展而至京津冀三地纺织服装业发展；再次，由京津冀三地纺织服装业发展而至北京服装业转移与发展；最后，以雄安新区设立、北京市 2035 城市发展规划、京津冀协同发展和北京服装业转移间的关系梳理与分析来结束全书。

本书是北京市教育委员会市属高校创新能力提升计划项目“京津冀协同发展下北京服装产业转型战略研究”（项目编号：TSJHS201510012002）成果之一。

本书在编写过程中得到了行业协会和科研单位的支持，特别感谢中国纺织工业联合会产业部、北京服装纺织行业协会和中纺网络信息技术有限责任公司等各方提供的支持与帮助。笔者的研究生孟猛猛、袁宝华、赵隽鸽和常桥等参与了本书的资料搜集、数据分析和整理等工作，投入了大量的精力，在此表示感谢！另外，在本书的编写过程中借鉴了大量专家和学者的观点，虽在书中尽量一一标注，但未免有所遗漏，恳请谅解并及时与我们联系。

因近年来商业社会和纺织服装产业变化较快，特别是随着“一带一路”建设，京津冀协同发展、北京非首都功能有序疏解、供给侧改革、雄安新区设立、北京纺织服装业转移和国际化发展，以及新的层出不穷的商业事件，本书一定会存在信息和数据的滞后，难免有不精准之处，有些数据和观点值得进一步推敲，恳请业内同行、读者批评指正。

第1章　经济新常态下纺织服装产业发展及研究综述

第1节　经济新常态下的纺织服装业

在我国经济结束近20年的快速增长期并已进入增速换挡与结构调整之际，国际经济格局也在发生深刻的变化。受此前金融危机和欧债危机影响，纺织服装国际市场整体表现低迷，部分发达经济体市场需求萎缩，造成部分纺织企业出口出现订单不足问题。近年来纺织企业的综合成本继续提高，其中用工成本上升影响最为突出。我国纺织工业联合会第十一期《企业经营者跟踪调查报告》显示，如以2012年为例，我国纺织行业人均工资涨幅为10%—15%。尽管全行业增速放缓，但我国中西部作为纺织产业转移的主体区域，其新增投资仍保持了较快的增长，如河北省2012年规模以上纺织企业主营业务收入同比增长可达29%。伴随全球经济增长的缓慢，国内外也发生了较大的变化。

这些变化体现在各国积极进行经济结构和发展模式调整，培育新的经济增长点上。西方强国重定游戏规则，其跨太平洋伙伴关系协定（TPP）与跨大西洋贸易与投资伙伴协议（TPIP）有重塑世界贸易版图的考虑，这对我国等新兴经济体形成反制。世界主要经济体正在实体回归，抢占新一轮高新技术发展制高点，而这导致我国外部需求萎缩。在此国内外背景发生深刻变化之时，过去未曾直面过的经济新常态出现在企业面前。在此背景下，我国经济发展速度从过去高速增长降低到中高速增长，经济增速下降使纺织服装行业在发展过程中遭受了巨大压力。当前，行业发展呈现以下特点：行业增长和总量增速处于趋缓空间，行业的调整深化和竞争力则于中速水平发展；结构调整支持行业稳定发展；创新驱动行业转型升级；资源配置优化纺织发展格局渐趋形成。当前，经济发展模式也将从过去浪费资源、污染环境的发展模式过渡为结构优化、转型升级、绿色环保的可持续发展模式。经济发展的动力也从要素驱动转变成创新、服务驱动。

在经济新常态下，产业的发展速度、发展模式、发展动力从根本上发生了调整和改变，这种新变化为新兴产业、高端制造业及服务业的发展带来历史性机遇，同时对传统资源密集型和劳动密集型的纺织服装产业带来了不小的挑战。当前我国纺织服装业面临的“新常态”是：内需消费结构升级加快；国际竞争格局调整重构；生产要素比较优势改变；资源环境的约束不断增强（王天凯，2015）。全球产业分工布局发生重大调整，我国纺织服装业将在未来的国际竞争与合作中担当重要的角色。当前，在全球经济缓慢复苏过程中，各国都在谋求变革和调整，出现了美国的“再工业化”和“重振制造业”、德国的“工业 4.0 战略”以及新兴经济体和资源国等。发展中国家也在改变其发展方式，调整其产业结构，尤其是“中国制造 2025”，这些变革和调整都会对全球纺织业带来较大影响。因此，各国间加强融合共进是全球纺织业共同发展的重要趋势。

在我国经济新常态背景下，国内产业发展将迎来低碳化、服务化、高端化、信息化和国际化的新机遇（李丽平，2015）。对于我国纺织服装产业而言，也同样面临经济新常态下的行业新常态。当前无论是京津冀协同发展还是“一带一路”建设的正式启动，都是值得关注、学习和研究的大事件。

第 2 节　京津冀协同发展与首都纺织服装业转移

关于京津冀协同发展，最早是以首都经济圈的形式于 1982 年提出的。在 2000 年以前，京津冀的发展一直处于早期的探索阶段。这段时期内，在中国知网（CNKI）收录的文章中，每年只有不足 300 篇的期刊文章来讨论京津冀城市群联合发展的战略构想。2001 年 3 月，全国政协委员穆学明向全国政协会议递交提案建议京津合并，引起社会上对京津发展的广泛关注。

伴随北京成功申办 2008 年奥运会，京津冀三地以大北京“世界城市和冀津地区外向型经济发展研究”为代表的区域经济国际化研究步伐加快。2004 年 11 月，中华人民共和国国家发展和改革委员会正式启动京津冀都市圈区域规划编制，规划以 5 年（2006—2010 年）为基本规划期，并纳入京津冀三地“十一五”规划中。2011 年国民经济和社会发展第十二个五年规划纲要提出推进京津冀、长江三角洲、珠江三角洲地区区域经济一体化发展构想，以打造首都经济圈。此时京津冀区域经济协同发展成为区域发展总体战略的重要组成部分。

2013 年 5 月，习近平在天津调研时，提出要谱写新时期社会主义现代化的京津“双城记”，至此京津冀的发展进入全面推进阶段。2014 年 2 月，习近平在北京主持召开座谈会，强调实现京津冀协同发展，人口、经济、资源、环境要协调发展，而且要实现京津冀优势互补，此时京津冀协同发展上升为一个重大的国家战略。2014 年 5 月，北京大红门商圈 8 家主力市场签约落户河北廊坊永清台湾工业新城内的永清国际服装城。此次外迁宣告了北京服装产业拉开转型升级序幕，也代表了北京推进京津冀协同发展和产业结构调整升级步伐的开启。

北京的产业转移进一步整合了产业的空间资源，为首都的地理空间节省了很多资源。但近年来北京交通拥堵、房价高和雾霾严重等城市问题日趋严重，城市功能需要重新定位。北京应沿着政治中心、文化中心、国际交往中心和科技创新中心这四个核心功能去发展，对不符合首都城市战略定位的产业要逐渐放弃，因此纺织服装行业成为首批被疏解出去的行业。伴随京津冀协同发展战略的进一步深化，在未来，京津冀发展将以市场为主导还是主要靠政府引导（易鹏，2014），如何把握政府和市场的边界都是值得关注的问题。在基础设施、规划制定、公共服务等方面，政府能否发挥更多作用，市场如何引导产业的转移也是值得关注的问题。伴随北京产业结构调整，纺织服装企业外迁，政府部门如何起到引导疏散的作用，也是目前面临的重要问题。

第3节 “一带一路”建设与纺织服装业发展国际化

随着内需市场升级，纺织服装产品开始向多元化、个性化、时尚化、生态化方向发展。国际竞争格局出现变化，西方国家重启工业化进程，同时加强了对纺织服装业高端制造业的控制和回归。而后，新兴国家开始参与下游制造环节的竞争，这使得国际竞争变得日益激烈。同时发生的还有我国生产要素比较优势的逐步丧失，尤其是人口红利发生逆转使得国内用工成本急速上升，迫使不少纺织服装企业纷纷将生产环节转移到东南亚等人力成本较低的地区。资源环境对于行业发展的约束也变得越发强烈。在绿色发展与可持续发展问题上，纺织服装行业还有很长的路要走。

面对经济新常态，纺织服装产业发展压力增大，而且发展动力的转换也很紧迫（王天凯，2014）。在纺织服装行业新常态的考验下，国际化之路成为很多企业的新选择。“走出去”可以降低生产成本，间接扩大海外市场的影响力，能够在产业转移过程中帮助转移国建立该行业的比较优势，“走出去”是企业应对经济新常态的重要途径。目前，纺织服装企业国际化与之前的“走出去”有所不同。新机遇带来的主要是从产品国际化到企业国际化与运营国际化的过渡，比如：从贴牌生产到品牌创新；从技术引进到技术创新；从产业链低端转向高端。增加市场销售份额以获取可持续的资本回报，促进品牌自身价值在国际地位上的提升，是纺织服装品牌走向国际化的双重动力（徐迎新、刘耀中，2015）。

为适应并应对经济新常态，近年来一系列的国家战略布局围绕经济新常态特点开始部署与实施。从“供给侧”结构性改革到“一带一路”倡议，从亚洲基础设施投资银行（简称亚投行）的发起到区域全面经济伙伴关系（RCEP）区域性贸易规则的主导，国家在战略层面为经济新常态下的新发展保驾护航，并为纺织服装业的国际化指明了方向。正是在国家“走出去”战略号召下以及“一带一路”建设的配合下，有实力的纺织服装企业开始将部分产能转移到海外，并取得了不错的成果。“一带一路”建设为纺织服装企业的国际化发展提供了安全稳定的环境，也为打破贸易保护、开拓多元化市场创造了条件，亦有利于构建跨国供应链并提高企业竞争力（曹学军，2016）。数据表明，自 2004 年以来，国内有 200 多家服装生产企业在东南亚地区投资建厂。截至 2014 年底，已有超过 2600 家纺织服装类企业，分布在全球超过 100 多个国家和地区。但是由于国际环境、贸易规则变化的干扰，国家政策支持的短缺，企业自身准备的不足、竞争力缺失以及国际化人才短缺等原因，我国纺织服装企业勇敢“走出去”的过程并非一帆风顺。

不同国家所处发展阶段不同导致产业分工不同，因而国家间产业转移也就不可避免。而由此导致的国家间产业转移不仅有利于产业转移国家的产业升级，同时对承接国家的产业结构调整也有积极的促进作用。在转移过程中，承接国家获得了参与国际分工的机会，因此在解决就业的同时更能促进本国经济发展。纺织服装产业长期以来都是我国重要的支柱性产业，无论是对于出口换汇还是国内民生保障都具有重大意义。但在新时期我国经济结构战略转型过程中，纺织服装这种劳动密集型产业急需通过产业转移和升级来开拓新的成长空间。世界贸易规则已经发生改变，在人民币持续升值和国内劳动力成本不断上升的压力下，纺织服装企业“走出去”并将部分生产加工环节搬到资源更加丰富的区域，成为很多企业的优先选择。华珊、郭宏均（2012）认为：“劳动力成本是影响纺织业服装订单向海外转移的重要因素。”资料表明，工资福利费在服装企业加工成本中的占比超过 50%，这种成本压力带来的产业转移已然成为普遍的经济现象。

虽然 TPP 是我国纺织服装业面临贸易转移的效应压力，但 TPP 贸易规则却也加速了我国纺织服装企业向东南亚尤其是越南等国家转移的步伐。资料表明，虽然 2010 年前我国生产的纺织品与服装等轻工产品在欧美日等传统市场高速增长，但自 2011 年开始，东盟和南亚成为我国纺织服装业转移重点地区。非洲经济复苏与政局逐步稳定让我国企业也看到非洲市场的潜力，往非洲转移也在进行中。然而我国企业在快速转移的过程中存在的问题也很多，比如企业拥有一定资本后急于“走出去”，但在法律、人才等诸多方面并没有做好充分的准备，而存在技术水平低、品牌建设差等问题的企业在激烈的海外市场竞争中更难言优势。因此，我国纺织服装企业在转移过程中应及时转换思路，在如何保持竞争优势，提高转移质量和成功率上下功夫。对海外市场的成功开拓对我国纺织服装企业的未来发展无疑具有重要战略意义。

第4节　研究综述

在国际贸易基础研究方面，大卫·李嘉图（David Ricardo）在1817年出版的《政治经济学及赋税原理》中提出了比较优势贸易理论，是研究产业发展和国际贸易的理论基础。瑞典的著名经济学家赫克歇尔（Eli. F. Heckscher）在1919年发表的《外贸对收入分配的影响》中，首先集中探讨了各国资源要素禀赋构成与商品贸易模式间的关系。随后贝蒂·俄林（Bertil Ohlin）对此加以发展，并在1933年《区域贸易和国际贸易》中提出：国家出口那些以相对丰裕的要素生产的产品（Chinitz and Vernon，1960：126－136）和进口相对稀缺的要素生产产品。这是赫克歇尔—俄林要素禀赋理论（俄—赫理论或H-O理论），该理论解释了产业转移是由各地区要素资源禀赋带来的比较优势变动的结果。1951年华西里·列昂惕夫利用美国1947年数据对赫克歇尔—俄林的理论进行验证，发现美国进口的是资本密集型产品，出口的是劳动密集型产品（付娟，2011）。这与H-O理论的预测刚好相反，因为当时美国的资本更加便宜，这就是著名的“列昂惕夫之谜”。随后肯恩从人力资本的角度解释列昂惕夫悖论（Tan，2002：17－30），指出人力资本是劳动者获得的技能和知识的积累，并将这一部分加到实物资本上以符合H-O理论预期。

此外，由波斯纳（M. U. Posner）提出，格鲁伯（W. Gruber）、弗农（R. Vernon）等人根据1962年美国19个产业有关资料进行统计分析，进一步论证了技术领先的国家，具有较强的开发新产品和新工艺的能力，进而形成或扩大了国与国之间的技术差距（Holmes，1999：240－263），从而可能拥有生产和出口某类高技术产品的比较优势，这一理论后发展为技术差距学说。后来基辛（D. B. Keesing）1996年指出，可以用劳动效率和劳动熟练或技能的差异来解释“列昂惕夫之谜”和影响进出口商品结构的理论。他在对美国1962年46个产业分析后发现，美国出口技术密集型产品，随后查阅人口普查资料进一步研究，后来逐渐发展为人类技能说。雷蒙德·弗农（Vernon，1966）则是在《产品周期中的国际贸易》中提出了产品生命周期理论（Vernon，1996：190－207），并提出新产品创始阶段、产品成熟阶段和产品标准化阶段的划分。他指出：产品要素密集性随产品不同的阶段而改变，不同国家在产品的不同阶段所具有的比较优势不同（Chinitz and Vernon，1960：126－136），产品出口国也随之转移。这推动了一个国家的产业结构演进，使得赫—俄静态要素比例说变成一种动态要素比例说。而国际贸易基本研究是产业分工和转移研究的基础，特别是比较优势理论和要素禀赋理论的研究奠定了近代经济学研究的方向，并对区域经济学和区域产业发展有重要的影响。不过因假设条件太过苛刻，被认为是一种理想状态，还需要根据具体情况修正。

在产业转移研究方面，日本经济学家赤松要（Kaname Akamatsu）在 1934—1937 年着重研究了日本棉纺工业的发展史，后来根据产品生命周期理论提出了产业发展的雁阵模型，并结合动态比较优势理论解释了各国产业结构因存在差异而发生的产业梯度转移。此后，赤松要的学生小岛清（Kiyoshi Kojima）对雁阵模型进一步完善，并在 1978 年提出边际产业扩张论。他认为国家的产业转移应先从边际产业（劣势产业）依次开始（Kojima，1973：13），这样有利于输出国的产业结构优化和输入国的产业合理调整（赤松要，1956）。小岛清揭示了发展中国家的对外直接投资的原因和行业特点，是对雁阵模型的进一步完善。更多学者认为，该理论比较符合发展中国家对外直接投资，被认为是发展中国家对外直接投资理论的典范。日本就是在这一理论的指导下从发展中国家的队伍稳步迈进了发达国家行列，这对发展中国家开展对外直接投资有巨大的借鉴和指导意义。

国外学者威尔斯和赫希哲等对产品生命周期理论进行验证，并逐步形成了区域经济发展梯度转移理论。该理论的主要观点认为：一个国家经济发展客观存在梯度差异，区域梯度层次的决定性因素是创新活动，而高梯度地区的技术创新则比较活跃。随着产业生命周期阶段的推移，产业开始从高梯度地区向低梯度地区转移。1982 年，国内学者何钟秀在世界社会学大会上提交的《论国内技术的梯度转移》提出了国内技术的梯度转移方式。

1984 年，威廉·阿瑟·刘易斯（William Arthur Lewis）在《国际经济秩序的演变》一书中分析了劳动密集型产业转移的根本原因（Lewis，1955：

12－46），形成了劳动密集型产业转移理论（Fujita，2007）。英国学者巴克利（Peter Buckley）和卡森（Mark Casson）从微观跨国公司投资角度提出内部理论，并由加拿大学者拉格曼（A. Rugman）等加以发展，解释了跨国公司在寻求内部化优势的过程中带来的产业转移效应（Fujita，2007）。1988年，英国经济学家约翰·邓宁（John Dunning）综合所有权优势、内部化优势和区位特定优势提出了国际生产折中理论，系统地解释了国际投资和产业转移等。1994年，我国学者卢根鑫以发展中国家和发达国家重合产业价值构成为切入点，提出了发达国家的产业调整必然导致重合产业的转移（卢根鑫，1994），并阐述了产业转移的动因，分析了产业转移对输出国和承接国的正负效应（卢根鑫，1997）。2005年，罗建华重点分析了国际产业转移对我国区域经济发展的影响，并从区域经济增长、产业集群、工业化进程、区域贸易、区域产业创新和产业结构调整等六个方面进行了重点阐述，并针对产业转移存在的区域结构和产业结构失衡提出了应该加强配套产业群建设等建议。

在区域经济协同发展研究方面，德国科学家赫尔曼·哈肯（Harmann Haken）在20世纪70年代即创建了交叉学科，着重研究了通过内部子系统间的协同作用以形成有序结构和规律，并从统一的观点来处理某一系统各部分间的相互作用，以导致宏观水平上的结构和功能协作（王维国，2000）。1997年，国内学者郭治安、沈小峰和孟昭华等认为：协同作用实际上就是系统内部各要素或各子系统相互作用和有机地整合的现象，强调了系统内部各个要素（或子系统）间的差异与协同，特别强调了差异与协同的辩证统一必须达到整体效应（郭治安、沈小峰，1991）。

2000年庞娟提出了产业转移过程中各地资本跨越行政规划以进行联合重组和并购，这导致生产要素在产业间和地区间优化组合加剧，并促进了跨区域产权结构调整。2003年国内学者黎鹏在《区域经济协同发展研究》中指出：区域经济的发展一定要走“协同发展”的道路，我国地域范围大，以各种标准划分的区域层次多、数量大，易造成内耗，并通过中西部省区间、中西部区市间实证研究，探讨了协同发展的条件、现状、模式、机制和对策（黎鹏，2003）。2008年，孙红玲在《我国工业经济杂志》上首次提出了区域协调互动的发展机制，并通过研究珠三角、长三角和大环渤海三大板块，摸索出龙头带动、产业协同和生态共建、利益共享的良性发展机制（孙红玲，2008）。2012 年，何郁冰等从微观企业角度提出了产学研协同创新模式，大学、科研机构和企业之间构建战略性伙伴关系，以提高我国产业核心技术创新能力（刘英基，2012）。区域经济协同发展的研究多是基于协同学，并主要集中在协同发展的条件、模式和对策上的研究，基本思想是区域分工，实现经济效益最大化。目前，这一研究主要基于三大产业的结构分工，很少针对单一产业的内部分工。

在京津冀产业发展研究方面，2003 年戴宏伟用产业梯度转移理论研究了京津冀产业转移产业发展状况，指出产业转移是大北京经济圈协作的重点，但存在没有形成的产业梯度，且分工不明确、产业结构趋同严重和竞争大于协作等问题。他提出北京产业升级的三条途径，即大力培育新兴产业、改造传统产业和产业转移，以形成新的产业结构层次（戴宏伟，2003：20－56）。

在新一代技术革命与产业革命的推动下，全球制造业进入产业升级和提质发展的大周期，先进制造业呈现出结构性扩张趋势。孙瑞哲（2018）认为改变资源要素分布、竞争优势变化与多年发展形成的产业区域格局存在不匹配问题，应实现区域之间平衡、协调的总体发展格局，规划区域发展的比较优势，提升不同区域之间的高效流动和产业链互补式集成创新，达到区域发展的再平衡。2006 年，杨连云和石亚碧提出京津冀行政区域划分造成的利益分割和区域协调程度都较低，且呈现“诸侯经济”特点，并提出京津冀区域必须实行“优势互补、错位发展”。扩大经济技术合作领域，制定有利于促进资源共享和要素流动等政策是两位学者的研究关注点①。2010 年，陈红霞和李国平分析了京津冀地区近 20 年的数据，找出了京津冀区域产业空间格局的基本特征，并指出区域内部经济增长是由单一区域主导，对京津冀区域经济协调发展进行了整体构想，提出了要统筹城乡关系，并指出发挥中心城市的辐射带动作用来促进要素的自由流动，以

① 中国纺织品进出口商会．贸易“前高后低”市场“喜新忧故”——2011 年全国纺织品服装进出口分析［EB/OL］．［2012－02－22］．http://www.efu.com.cn/data/2012/2012－02－22/423662.shtml.

实现区域整体协调发展（李国平，2000：102－108）。周立群和夏良科（2010）则是采用层次分析法对京津冀、长三角和珠三角三个区域的一体化程度进行分析比较后，发现京津冀的市场一体化程度较高，应该加快政府制度创新，加强区域协调发展，以推动资源的合理配置（周立群、夏良科，2010：81－87）。实际上，“首都经济圈”是在19世纪80年代就已被提出来的概念，同时提出的还有京津冀研究相关理论。特别是自2000年以来，这一地区的产业发展逐渐成为研究热点，而此时服装产业区域发展还处于规划阶段，对转移路径和策略的研究还处于争论阶段。

在服装业发展研究方面，早在2005年郭燕就在《生产要素在我国纺织产业升级中的作用》中，以要素禀赋理论和价值链理论为基础（郭燕，2011：35－38），提出了技术、知识和信息等新生产要素能够提升纺织产业的附加值，以加速产业升级。郭燕认为，企业实现产品结构调整主要从“与高新技术相结合”和“劳动力要素注重质量”两个方面考虑，改变产品的要素构成比例，最终实现我国纺织产业升级的目标。2006年，宁俊和陆亚新等在《北京服装产业发展对策》中，提出了打造北京的服装名牌（宁俊等，2006：107－110），提升服装产业的整体实力，需要从研发平台建设、完善产业基地和强化北京时装会展等七个方面努力，以让北京成为时装之都并引领我国服装产业发展。陈桂玲依据北京时装之都的规划设计和国内外时装中心的经验（陈桂玲，2006：117－121），以及北京服装产业发展的优劣势分析服装产业的自身特点，提出提升服装产业的整体实力，以创建能与世界时装名城抗衡的时装之都。2007年，胡丹婷在《全球价值链下的我国服装产业升级》中提出，服装产业升级的途径是逐步向价值链高端移动（胡丹婷、汪佩霞，2007：131－134）。根据全球价值链理论，服装价值链是购买者驱动，所以服装零售商、品牌营销商和品牌制造商领导居于价值链的高端，我国服装业通过过程升级和产品升级，可逐步由链条的底端加工制造业向高端品牌经营移动。

2009年，中国服装协会发布了《中国服装产业转移工作报告》，提出了促进产业有序梯度转移（中国服装协会，2008—2014），指出在服装产业转移浪潮中，河南、江西和安徽等成为主要的受益省份。王革非在《我国纺织服装产业转移现状与对策思辨》中提出了服装产业往中西部转移（王革非，2011：54－57），应考虑当地资源与劳动力的实际承载能力，避免产业转移变成产业迁移，并应从更高的战略层面加以审视，做到产业转移和产业升级合二为一，以做出有利于当地产业长远发展的决策；同时应该进一步深入地研究产业转移推理识别模式构建，从推力的角度给出服装产业转移的动因。

2013 年，吴爱芝在《我国纺织服装产业的区位迁移》中采用偏离—份额模型将我国纺织服装业发展分解为结构效应和空间效应（吴爱芝等，2013：233－238），并以此阐述了我国纺织服装业区位迁移的内在规律，产业的地理分布则主要受区位优势的影响。在服装产业转移和升级研究中，对劳动力和技术等生产要素关注度比较高，多是阐述产业转移的基本规律，但对产业转移升级与区域协同发展理论结合的研究不多。

从现有研究来看，国内外对服装产业发展、产业转移和区域产业协同发展的相关领域研究已经有一定的研究基础。区域经济协同发展的内涵是产业的分工协作，地区之间形成有机的经济组织，以实现互利共赢。京津冀产业发展还不平衡，行政区域的划分造成了协调程度较低，因此研究多集中在产业转移对策、结构调整与协调发展等方面的理论环节，还没有对纺织服装产业发展进行过更多的定量研究。

第 5 节 相关理论

在产业结构演进理论方面，产业结构是指在社会再生产过程中，国民经济各产业之间的生产、技术经济联系和数量比例之关系。产业结构的现状及其变动对经济发展的影响巨大，而影响产业结构的因素很多，主要有需求因素、供给因素、经济发展因素、技术因素等。如果按照三次产业在国民经济中所占比重来看，产业结构又可分为金字塔型结构、鼓型结构、哑铃型结构和倒金字塔型结构。产业结构演进理论研究包括古典产业结构演进理论研究、现代产业发展理论研究、非均衡增长理论研究、主导产业理论研究以及梯度转移理论研究。服装产业的转移升级与发展也符合产业结构演进的规律。因此，应认清我国纺织服装业转移现状，以区位理论为基础，梳理北京服装业发展定位、方向、转型与升级。在协同理论的指引下，分析京津冀三地服装业发展状况及三地服装业协同发展条件，由于各个地区的要素禀赋不同，需要进行纺织服装产业发展程度评价，这样才能促进服装产业梯度转移，发挥各个地区的比较优势。

在古典产业结构演进理论方面，配第定理是由英国古典经济学创始人威廉·配第（William Petty）于1690年在其出版的《政治算术》中提出来的。他用算术方法，主要研究了英国、法国、荷兰的经济结构及其形成和政策，并提出工业的受益比农业要多得多，商业受益要比工业多得多，而不同产业之间的收入差距会推动劳动力向更高部门转移，而劳动力向收入高的部门流动对经济发展要更为有利，这揭示了工业和商业比重会扩大的趋势和产业间收入相对差异的规律性。克拉克（1940）在他的《经济发展条件》一书中，通过对40多个国家和地区在不同时期三次产业劳动投入和总产出的资料整理和比较，发现了产业推移规律（惠宁，2012）。研究表明，人均国民收入的变化和时间序列相对应，把所有的产业分为第一、第二和第三产业，收入水平的提高可促使劳动力由第一产业向第二产业转移；进一步提高时，又开始向第三产业转移，这是由于经济发展中各产业之间出现收入的相对差异所致。克拉克的发现印证了配第的观点，也就是配第—克拉克定理。人均国民收入水平越高的国家，第一产业的劳动力比重相对越小，而第二、第三产业劳动力比重相对较大。人均国民收入水平越低的国家，其第一产业劳动力比重相对越大，而第二、第三产业劳动力比重相对越小。

在现代产业发展理论方面，产业发展是产业的产生、成长和进化的过程，包含了产业结构的不断更新和优化，最终走向协调的过程。产业发展理论以均衡发展论和非均衡发展论为代表。20世纪40年代，均衡发展理论主张发展中国家要摆脱贫困，应在国民经济的各产业进行全面、大规模投资，以各产业的平衡增长来实现国家工业化和国内经济发展。均衡理论以“大推动理论”和“贫困恶性循环理论”为典型代表。大推动理论是由罗森斯坦·罗丹在1943年提出的（蒋瑛、罗明志，2010：117－121），他认为需求、生产函数和储蓄是不可以分开的，提出了大推动理论的目标是取得外部经济效果，而重点投资领域则应集中于基础设施和轻工业部门，其推动过程由政府计划组织来实施。大推动理论在区域经济发展中得到了较好的印证，但过分强调了计划的作用，具有一定的局限性。拉格勒·纳克斯（1953）提出了贫困循环理论，他认为发展中国家存在贫困的恶性循环，资本匮乏是阻碍发展中国家发展的关键因素，主要在供给和需求两个方面。在供给上，容易形成一个“低收入—低储蓄能力—低资本形成—低生产率—低产出—低收入”的恶性循环，而在需求上也会形成一个“低收入—低购买力—低投资引诱—低资本形成—低生产率—低产出—低收入”的恶性循环。为打破这种循环，纳克斯主张多部门平衡投资，依靠不断提高的劳动生产率以提高收入和购买力。

而非均衡增长理论则认为，发展中国家由于缺乏资金（卢根鑫，1997），是不可能在所有产业部门同时投资，应当选择合适的重点产业投资。比如，通过关联效应和诱发性投资以带动其他相关产业发展，最后达到经济发展和产业结构升级的目标。该理论主要由赫希曼和罗斯托等人完善和发展，包括不平衡增长理论和主导产业转换理论。由于认识到稀缺资源应得到充分利用，赫希曼提出了不平衡增长理论（王维国，2000）。他认为，资源稀缺在发展中国家是普遍存在的，加上高级管理人才的缺乏，因而无法实现平衡增长。发展中国家不应将有限的资本平均分配出去，应该投资关联产业较大的产业，然后以此来拉动其他相关产业的注资，并带动其他产业的发展。同时，地区发展要有一定的顺序，以使主导部门和有创新能力的行业集中于某些地区和大城市，从而形成对其他地区有强辐射作用的发展极。但在更多的实践中，这会造成落后地区与发达地区的经济发展差距不断扩大，从而使两类地区的收入差距趋于扩大。

主导产业论是由美国经济史学家罗斯托提出的（小岛清，1987）。他认为：区域经济能够保持增长是为数有限的主导产业的迅速扩大所致，而这些主导产业对其他产业又具有重要的扩散效应。作为主导产业，应该具有以下特征：依靠科学技术的进步来获得新的生产函数；形成持续高速的增长率；具有较强的扩散效应，对其他产业乃至所有产业的增长起决定性作用。

梯度转移理论被认为是最具有代表性的不平衡发展理论（郭治安、沈小峰，1991）。该理论是以产品周期理论为基础逐渐发展起来的，认为在社会与经济技术发展过程中，区际之间很难平衡发展，这会导致经济技术梯度的形成。而生产力从高梯度发达地区向低梯度落后地区转移，可使地区间的差距减小，实现区域的经济均衡发展。高梯度地区掌握、引进先进生产技术，进行创新活动，发明新产品，保持经济的高速增长。低梯度地区应优先发展劳动密集型和低技术产业，积极引进先进技术，承接高梯度地区的产业转移来加速经济发展。实践证明，该理论对低梯度地区的经济发展是有效的，但是会造成地区间的经济差距扩大。针对这样的现象，理论界提出了反梯度转移。该观点认为，落后的地区可以直接引进世界上最先进的技术，并应发展高新技术产业，实现超常规发展，达到一定程度后可反过来向高梯度地区反推移。

在产业结构优化研究方面，产业结构优化是指通过产业结构调整，使产业结构合理化和高度化的过程，让各产业实现协调发展并满足社会不断增长的需求。产业结构优化主要以产业融合、产业协同化和产业生态化为标准来衡量。学者卢森伯格（Roseenberg，1963）在研究机床工业演进时提出了产业融合概念（周新生，2005）。由于技术创新、管制放松、企业追求范围经济和市场需求推动，不同产业之间的传统边界趋于模糊甚至消失，横向产业间出现竞争协同关系，从而形成更大的复合经济效应。赫芬达尔指出，可通过产业内各行业的专利资料来计算产业内企业专利技术的融合程度。假设某企业在各行业的技术专利个数为 Xi，全体产业技术专利个数为 X，不同技术的行业数为 i，以 Hi 表示技术融合系数，那么有 $Hi = \sum (X_i/X)^2$。其中，Hi 越小，表明技术融合程度越高；Hi 越大，表明技术融合程度越低。

在区位理论研究方面，产业布局是指一个国家或地区产业各部门、各环节在地域上的动态组合分布，是国民经济各部门发展运动规律的具体表现，寻找产业最优空间组织和最优空间区位是该理论的重要任务。区位理论主要考虑地理位置、运输成本、劳动力成本和科学技术等因素，并经历了古典区位理论、近代区位理论和现代区位理论的演进。古典区位理论主要以德国经济学家冯·杜能的农业区位理论和韦伯工业区位理论为代表（惠宁，2012）。杜能发现，农业土地经营方式与农业部门地域分布随市场的远近而变化，探讨了土地利用所能达到的最大收益，并以假设的孤立国出发，认为收益（R）是农产品价格（P）、农业生产成本（C）和农产品运往市场的运费（T）的函数：$R = P - (C + T)$。他利用该公式计算出各种农作物组合的合理分界线，分布在 6 个以城市为中心的环带，也被称为“杜能圈”。

韦伯工业区位理论认为：区位因子决定生产区位，应把生产放到生产费用最小的地段。经过筛选，他确定了运费、劳动力和集聚三个决定工业区位的因子，并根据运输指向，确定了工厂运费的最小点，然后根据劳动力区位法则，引向劳动力最低点，进而根据集聚法则让合理的工业区位位于三个总费用最小的地方（胡俊文，2004：15－19）。在近代区位理论中，克里斯塔勒提出的中心地理论将商业服务区的布局区位和中心城镇聚落地分布进行了统一探讨，并考虑了贸易消费因素，从而推导出了一定区域内中心地的职能等级、数量以及空间分布。追求市场最优，为区域规划和城市规划提出了理论基础。

在现代区位理论中，具有代表性的是法国经济学家弗朗索瓦·佩鲁提出的发展极理论。该理论是指在经济增长中，某主导部门或有创新能力的企业行业在特定地区或城市集聚，从而形成资本与技术高度集中以及规模经济效益，并可对邻近地区产生强大辐射作用的发展极。发展极可通过政府和市场机制的自发调节来建立。另一个理论是瑞典经济学家缪尔达尔提出的二元经济结构理论。该理论论证了扩散效应和回波效应，提出优先发展经济发达地区可促进落后地区发展，但同时也会产生不利的影响。该理论提出了充分发挥发达地区的引领作用，刺激落后地区的发展，采用适当的策略，以消除发达与落后并存的二元经济结构的政策主张。

在产业发展理论研究方面，有比较优势理论、要素禀赋理论、技术梯度理论模型、产业发展生命周期模型、区域经济协同发展、服装产业链和区域转移以及服装产业转移配置优化方面的研究。产业发展理论研究包括比较优势理论研究、要素禀赋理论研究、技术梯度理论模型、产业发展生命周期模型、区域经济协同发展、服装产业链和区域转移以及服装产业转移配置优化研究等方面。

第一，比较优势理论。比较优势理论是李嘉图在《政治经济学及赋税原理》一书中提出的。该理论认为：如果一个国家在本国生产一种产品的机会成本低于在其他国家生产该产品的机会成本，则这个国家在生产该种产品上就拥有比较优势。李嘉图认为，每个国家都应生产该国具有优势的产品，同时应进口不具备优势的产品，并通过贸易实现双方利益最大化，同时也会实现社会劳动效率的提高。李嘉图建立的假设前提有：（1）只考虑两个国家，两种产品；（2）以两国的真实劳动成本差异为基础，并假定所有劳动都是同质的；（3）所有生产要素都要实现充分利用；（4）生产要素可在各个部门间自由流动，但在国家间不能流动；（5）劳动生产率保持不变；（6）世界市场是完全竞争的；（7）贸易方式是直接的物物交换，没有货币媒介的参与。

他举出英国毛呢和葡萄牙酒的贸易例子，最后得出结论：一个国家生产两种产品的时候都有利，但具体程度不同；另一个国家在两种产品的生产上都有不利，但不利的具体程度也有所不同。在此情况下，第一个国家应该生产自己最有利的商品；第二个国家生产自己不利程度最小的产品。通过双方的交易，双方实现了利益最大化，从而实现社会劳动的节约，给贸易双方带来利益。

第二，要素禀赋理论。该理论是由赫克歇尔和俄林提出的，主要思想是从资源丰裕角度来解释国际贸易原因。要素禀赋是指一国拥有各种生产要素的数量。由于要素禀赋的不同，导致了供给能力的差异，进而引起商品相对价格的不同。根据比较优势原理，一个国家应该进口那些含有较大比例且生产要素昂贵的商品，而出口那些含有较大比例且生产要素品便宜的商品。也就是说，劳动力丰富的国家出口劳动密集型商品，而进口资本密集型商品（惠宁，2012）；相反，资本丰富的国家出口资本密集型商品，进口劳动密集型商品。封闭条件下的价格曲线见图1－1。

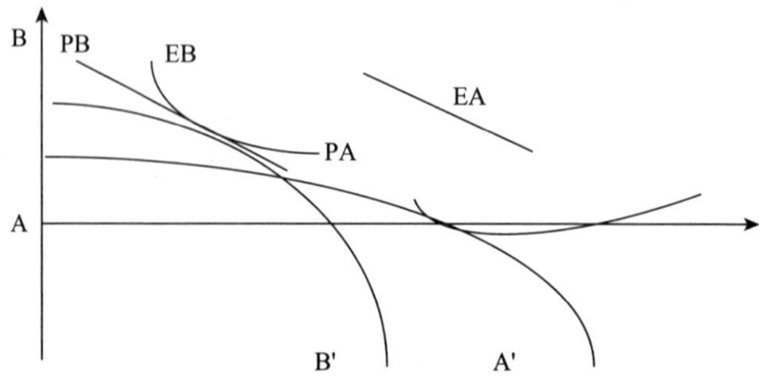

图1－1　封闭条件下的价格曲线

AB 两国在封闭条件下的相对价格由社会无差异曲线和生产可能性边界线相切决定。在封闭条件下，A 国的均衡点为 EA，B 国的均衡点为 EB。假设两国的消费者偏好相同，两国的社会无差异曲线形状也相同。通过 EA 点的相对价格线 PA 为 A 国的均衡价格，通过 EB 点的相对价格线 PB 为 B 国的均衡价格。如 PA < PB，则表示 A 国在 X 产品上有比较优势，而 B 国在 Y 产品上具有比较优势，即资本丰裕国家在资本密集型产品上有比较优势，而劳动丰裕国家在劳动密集型产品上具有比较优势。

实际上，建立在产业分工和转移基础上的国际贸易基础理论研究，特别是比较优势理论和资源禀赋理论，为现代国际贸易理论研究奠定了基础和方向。不过在研究过程中，假设条件过多并且过于苛刻，就使得传统国际贸易理论的研究有些脱离实际，是一种理想状态，且研究过程未考虑资源禀赋的动态变化对各个变量产生的影响。在指导实际问题时，要能根据具体情况进行适当修正。

第三，技术梯度理论模型。技术差距论是美国经济学家波斯纳于 1961 年在《国际贸易和技术变化》一文中提出的。他认为新产品首先在发达国家诞生，其他国家由于技术之差距，要过一段时间后才能够进行模仿生产，但需求会先于模仿产品诞生。需求和供给之间存在时间差，在这段时间里，产品创新国家向产品模仿国家出口产品。随着模仿的扩大，产品模仿国家的规模经济和廉价的劳动力使产品创新国家的比较优势逐渐失去，并导致出口下降，甚至最后停产，从产品模仿国家廉价进口该产品。该理论说明即使在要素禀赋和需求偏好相似的国家间，技术领先也会形成比较优势。

第四，产业发展生命周期模型。雷蒙德·弗农提出了产品生命周期模型，他认为创新型产品发展是有生命周期的，可分为引进阶段、成长阶段、成熟阶段以及衰退阶段，这是著名的产品生命周期理论，赫希哲对其理论进行了发展和完善（Vernon，1996，190 – 207）。产品生命周期理论认为：产品和有机物一样存在产生、发展、成熟、衰亡的过程。随着技术的扩散，产品一般也要经过新生期、成长期、成熟期和衰退期。在产品的整个周期中，生产产品所需要的要素会发生变化。根据产品生命周期各阶段的不同特点，新产品的产品生命周期可以分为三个阶段：新产品的导入期、产品成熟期、产品标准化期（Chinitz and Vernon，1960：126－136）。一些发达国家率先对新产品研发并进行了量产，在国内的市场进行出售。伴随生产扩大化和技术的进一步成熟，产品慢慢地步入成熟期。这时国内市场无法满足商品的销售，需要扩大到国际市场上销售。当产品进入标准化期，工业先行国家逐步放弃国内的生产，转向进口以满足本国需要，自己研发更新更高技术的产品，开始新产品循环，从而使产业结构不断更新和提升。

第五，区域经济协同发展。区域经济是一个巨大的子系统，必须按照协同学基本理论要求来给予经济系统发展运动以自主性，而且各地区在不同层次上的子系统必须认清自己在上一级区域分工体系当中的正确角色（郭治安、沈小峰，1991）。区域分工能够充分发挥各地区在不同方面的比较优势，以进行专业化的分工与协作，以充分利用资源禀赋，从而实现区域共同体效益最大化。如从系统理论的角度看，环境中若干要素组成一个整体，要素与环境之间相互联系和作用，也就是区域间的经济发展彼此依存和相互联系，因此可积极开展经济合作，以谋求在共同发展中得到更好的发展。而在硬件条件上，区域内的地理位置相邻或相互接近，交通运输等连通条件良好，经济发展互补性强，资源、市场及其他要素整合空间与效益较大。在宏观层面上，要有统一的发展规划或纲要，具有法律文件，而这可以成为各地区经济活动组织布局和运营的行动指南，也是经济发展进程中的框架性约束。此外还要有健康科学的运行机制和制度保证，建立科学的区域政策和产业政策等。在微观层面上，根据区域经济发展和区际分工情况来划分区际分工职能，可为经济体提供良好的投资与发展方向。

在区域经济协同发展实施方面，大致可这样理解：（1）分析区域经济或产业协同的条件，这包括资源禀赋、区位优势、发展水平和分工情况以及未来潜在比较优势等，以确定互利共赢的比较优势体系；（2）开展产业关系现状分析，以了解产业发展过程中的合作互补关系、联系强度和存在的问题，从而确定产业关系整合方向和整合模式，以给出产业协同发展后的效应预期，这可对产业整合的领域及具体内容进行评价；（3）研究提出有效的方案和保障措施，并结合区域的具体情况进行积极推动、指导和引导；（4）对产业协同发展进行组织和调控，并将动态实施效果与预期目标进行比较，以确保能够顺利达到产业协同发展的预期目标。

第六，服装产业链和区域转移。目前关于服装产业链的研究主要集中在区域产业组织、市场结构和服装行业的管理等方面。在国内，对产业组织开展的研究主要是对西方的研究方法、研究成果在基于我国服装业的现实状况上加以改动并应用。而服装产业的市场结构已经演变为服装学术范围内的服装产业经济学，其研究也更为深入。服装行业的管理层面是宏观经济管理与企业微观经济管理之间的管理层次，服装行业管理模式也呈多样化趋势。这种趋势可体现在如下几个方面：（1）在行业中组建同行业自发联合组织以形成行业协会，由行业协会负责对行业中企业间规划进行指导与协调；（2）由政府有关部门承担行业管理职能；（3）形成产业界与相关部门相互作用的产业管理模式。我国服装产业的成长以北京、上海和江浙等城市和地区为代表，这代表了我国服装产业发展的一种模式，这些都具有市场规模大、市场购买力强、市场发展成熟等共同特征，并具有诸多优势。目前服装产业链已形成包含国有大型企业、民营中小型企业和外资投资的公司共同发展的产业格局。

在区域产业转移经过时代的变迁之后，很多自然环境及国际环境都发生了变化，区域产业转移也随之发生变化。区域产业转移中的人均 GDP 增长快速。区域间如北京和河北及天津地区的经济水平差异及各类要素需求的流动性，较发达地区的经济模式会促进更新当地的劳动生产力，劳动生产力由原始产业转向工业甚至是服务业。而主要促进经济快速成长的创新类企业分布在发达地区较多，当这些新兴的产业模式又更新到更高层次的产业形式时，稍微欠发达地区最有可能成为发达地区的承接区域。例如，北京威克多制衣中心将生产基地全部转移至河北衡水，河北衡水成为威克多制衣中心的承接地，北京成为转移地。因地域上的联系，河北衡水与北京的交通条件已经完善，这就满足了在北京和衡水之间劳动力和其他资本要素的相对流动。简单来说，北京服装业转移至河北地区，包含了纺织原料加工及各种纺织机器等生产要素的转移，也包含公司各种规章制度和企业核心文化等非物质要素的转移，这些生产要素和非物质要素体现的是复杂多变的特征。在京津冀协同战略中有明确战略指示，在转移和承接整个过程中，要结合双方优势和劣势条件，综合比较以筛选。坚持这样的原则进行产业转移，目的是使转移之后的经济效益得到最大化，从而促进本区经济实力和区域协调能力。

服装产业转移具有鲜明的特点，其特性有很多，如产业转移的竞争性、梯度性、双向性、综合性等。如在京津冀协同战略下，转移更具有其复杂性、畅通性和多种形式。区域产业具有的复杂性是指服装产业转移虽是在国家政策引导下进行的，但其中包含很多阻力，并多体现在宏观层面。在中观层面，整个产业转移需时间和大量经济支持及政策优惠。在微观层面，对部分大企业来说，转移可减少成本，但对更多中小企业来说，转移并不是很顺利，而且涉及多个层面。发生在相同区域内的产业转移，其各个经济体间的关系也更为复杂。产业转移并非一蹴而就，需增加产业转移的畅通性。畅通性在根本上决定了服装产业转移的范畴和质量。区域产业转移的多样性也同样体现在服装产业的转移上，其转移的形式也比较多样化，不再是单纯的产业转移，其转移的内容也呈现出劳动、资本、技术、文化混合型等阶段性特征。

关于服装产业转移配置优化，不可否认某区域产业协调发展是经济发展的必然结果，并在此过程中进行产业整合。在产业转移的过程中，产业结构及产业环境之间的协调发展是以第一产业为基础，以第二产业为先导，以生产加工业为支撑，并全力发展第三产业。北京坚持疏解非首都功能以带动周边省市的经济发展，坚持生态环境节约发展，实现可持续发展，其目的是推进包括服装产业在内的制度完善，以完成新的构造布局，从而促进三大产业的健康协调快速发展（张学江，2009）。

在服装产业转移创新配置方面，产业转移的目标是实现产业经济的协调发展，在产业转移的基础条件下、空间结构上开始重新整合，其本质就是促进创新。服装产业转移的创新功能也得以实现，主要体现在以下几个方面：第一是管理创新，服装产业是从北京转移到二、三线城市，那么其管理方法、新的管理思想就被引进河北等地，可推动当地企业更快更好地成长；第二是知识技能创新，随着互联网经济的发展、信息技术的变革，企业对自然资源和生产设备的依赖度有所降低，对市场信息的便捷性和可靠性要求提升了不少，因此知识技术创新就成为产业转移的融合剂；第三是文化创新，当先进地区的生产设备转移而来时，随之而来的还有文化制度上的变革，而文化转移对于产业转移有较大的改善协调作用，往往被认为是将新的文化引入欠发达地区；第四是竞争市场创新，包括以产品销售为基础的产业链环节重新整合，配套设施建设和交通服务体系的建设等；第五是独立创新，通过产业转移，承接地对新进企业进行吸收消化并创造独立的适合自身发展的市场参与方式，从而逐渐构成在整个服装产业链中特有的竞争优势。

第2章　我国纺织服装业转移现状

国际产业转移是各国产业结构升级和开放经济的结果，发达国家可以通过产业转移调整产业结构来实现全球战略目标，而发展中国家也可通过承接产业转移加快产业结构升级和经济发展（李家玉，2005）。然而，我国劳动力密集型产业长期以来所享有的人口红利优势，在目前经济转型新常态背景下逐渐减弱。新常态要求产业升级，且要符合环保标准，还要建设绿色产业，这对纺织服装产业而言压力很大。相比之下，南亚及东非等欠发达国家和地区仍具备成本低廉的资源优势，这吸引了包括我国在内的诸多国际纺织服装企业纷纷入驻。纺织服装业是我国最早实现全球产业转移并且最具有产业转移特征的重要产业之一（李群，2015）。对我国纺织服装企业而言，随着“一带一路”倡议的成功落地与实施，将产能转移到沿途具有承接我国纺织服装业能力和潜力的国家和地区，则更具现实意义。也正是因此，继东南亚之后，南亚、东非等热点区域有望成为新一轮我国纺织服装产业转移的热土。特别是伴随全球纺织服装业的新一次转移浪潮，我国在劳动力成本、投资政策、汇率环境、贸易壁垒等方面的比较优势在下降，部分纺织服装产业向东南亚国家转移（陈晓燕，2015）。发生在纺织服装业内的国际产业转移，是纺织服装企业应对环境变化所实施的一次战略性试探行为。而发生在我国本土内的纺织服装业转移，可理解为产业转移地区和承接地区产业结构调整的必然，是一种特有的经济行为与过程。这对企业而言是如何转移的问题，对承接转移地区来说是如何承接转移的问题（王革非，2009：20－22）。

第 1 节　海外转移历程

纺织服装业是最早实现全球产业转移的产业之一，也是产业转移特征最为明显的行业之一（吴爱芝等，2013：775－790）。自 2001 年起，“走出去”战略正式纳入我国《国民经济和社会发展第十个五年计划纲要》。我国政府定义的“走出去”战略是指实施能发挥我国比较优势的对外投资，扩大国际经济技术合作的领域、途径和方式，以获取发展条件和可持续的竞争优势，而国际产业转移战略是其中的重要方式之一（叶红玉，2007）。作为我国经济发展过程中的重要组成部分的纺织服装业，被认为是最早实现全球产业转移并最具有产业转移特征的重要产业之一（李群，2015）。我国纺织服装产业“走出去”历程大致可概括为三个时期（潘楚楚，2015），详见表 2－1。

表 2－1　我国纺织服装企业“走出去”三个时期

时期	时间	特征和内容
第一时期	20 世纪 50—60 年代	国家宏观把握纺织企业对外投资行为，主要是针对部分非洲国家进行的经济援助
第二时期	改革开放到 20 世纪 90 年代	企业自发行为，多在非洲、南美洲等地区进行
第三时期	加入 WTO 至今	企业根据自身情况，在东南亚等地区投资建厂，获取低成本人力资源，规避贸易规则，出现一波中国纺织企业“走出去”小高潮

在经济新常态背景下，新机遇伴随国家战略的展开得以逐渐浮现。“一带一路”倡议提出后，随着亚洲投资银行（简称亚投行）的落地，共建丝路经济带的战略得到确认。此外“一带一路”倡议经济带的中亚、南亚等地区，在亚投行的支持下，基础设施建设有望得到改善，基础设施的持续改善正在为纺织服装业转移提供保障。目前已经有部分纺织企业提前开展准备工作，在行业协会的协助下积极在“一带一路”沿线国家进行产业转移调研和论证工作。纺织服装产业发展随着“一带一路”倡议的提出，也迎来了新的机遇。“一带一路”沿线国家人口总量

占全世界人口的60%，但其经济增量只有全世界的30%，其人口和其经济体量极端不匹配，需要“一带一路”沿线国家寻找出一种新的合作模式去进行下一步发展（孙瑞哲，2017）。我国纺织服装产业在“一带一路”建设的合作过程中是先行者，当前纺织服装业已经在“一带一路”沿线的一些国家进行了深度参与，并和当地产业都进行了深度合作（孙瑞哲，2017）。

从对外投资企业在商务部的备案数据看，除金融危机造成2009年数量减少外（降幅接近50%），2008—2013年“走出去”的纺织服装企业数量持续增加。2014年数量虽略有下降，但依然高出2012年10%以上，比2013年仅下降1个百分点（见图2－1）。由此可以判断未来的总体趋势在逐渐向好（陈冰青，2015）。结合图2－1所示，可以预期的是，伴随“一带一路”建设的展开，沿线地区也将如东南亚一样迎来一个新的投资热潮。如仅以福建泉州纺织服装企业为例，近年来“走出去”到东南亚投资办厂的就有30多家，还带动了泉州市出口东盟的纺织面料、纺机设备达4.51亿美元和1.76亿美元，而这些先行投资东南亚的企业，在境内外皆有盈利，吸引了更多企业赴东南亚实地考察投资。

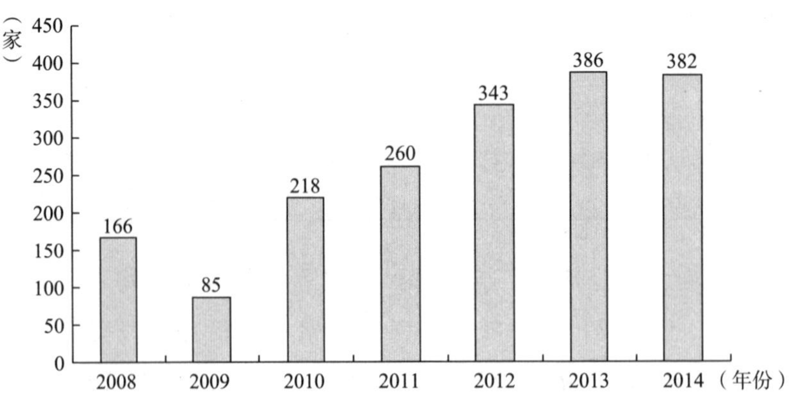

图2－1　2008—2014年我国海外纺织服装企业新建数量

资料来源：商务部网站。

第 2 节 海外转移区域选择

1 东南亚

据记载，我国在越南、柬埔寨等东南亚国家投资建厂的纺织服装企业已近千家，到南亚的孟加拉国投资的也有百余家（陈晓燕，2015）。从我国加入 WTO 至今，具备劳动力资源优势的东南亚地区正逐渐成为我国纺织服装业转移的主要区域。向东南亚地区的转移，多是以投资建厂进行中低端服装生产为主（潘楚楚，2015）。然而随着欧美、日韩企业的进驻，竞争同样出现在该区域，我国纺织服装产业在该区域也从单一服装加工逐渐向纱线和面料等原材料加工发展。纺织服装业是我国的支柱产业，同样也是东南亚各国的支柱性产业，是该区域多数国家从业人数最多的行业，因而受到各国重视，其中印度尼西亚、柬埔寨、越南与泰国最具有竞争力。特别是随着我国服装产业实行“我国 + 周边”的战略布局，到东南亚投资建厂正成为一种可行性很高的选择。如图 2 –2 所示，近年来我国纺织服装企业纷纷投身东南亚，特别是自 2010 年以后，投资东南亚地区的企业数量出现了快速增加的趋势（茅蓓蓓，2012），2014 年企业数量为 57 家，2015 年企业数量达到 75 家。对比 2013 年，2015 年的增速超过 130%，东南亚地区逐渐成为我国纺织服装产业海外转移的首选地区（中国纺织品进出口商会，2016）。当前国内纺织制造业向海外转移已成趋势，而位于东部纺织产业基地的企业则“抱团”到东南亚考察投资机会，转移企业也在由服装制造向产业链上游的纱线、印染等领域扩展，其转移目的地更多集中在东南亚地区（王天凯，2015）。

2010 年至 2015 年，东南亚各国承接我国纺织服装企业所占份额如图 2 –3 所示。在 230 多家我国纺织服装企业中，柬埔寨占比达 43%，成为承接企业最多的国家，如早在 2005 年申洲针织集团就已在柬埔寨投资建厂。其次是缅甸、越南，占比分别为 19%、15%。总体上看，前三家企业总占比已达到 77%。特别是越南凭借充足的劳动力资源和长期、创新、优惠的招商政策及特殊的区位优势，已成为纺织企业境外投资的重要目的地。从

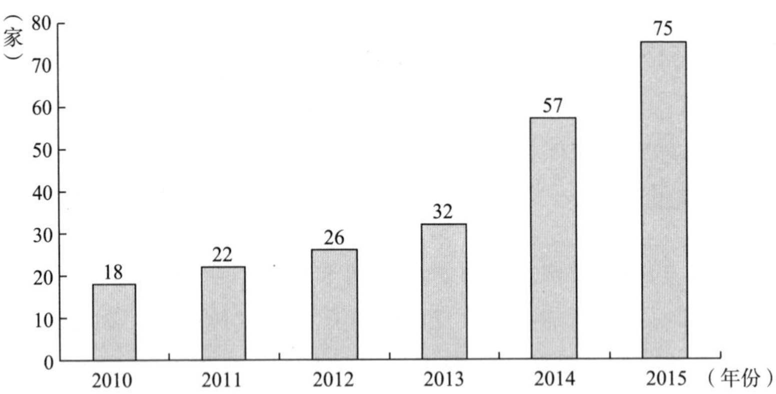

图 2－2　2010—2015 年投资东南亚纺织服装类企业数量

资料来源：《中国纺织品服装对外贸易报告 2015/2016》。

市场学角度来看，这是一个达到垄断性的数字。投资建厂的纺织服装企业以生产加工为主要基础，并逐渐增加设计研发的投入力度，但企业多是将设计研发区域选在新加坡。

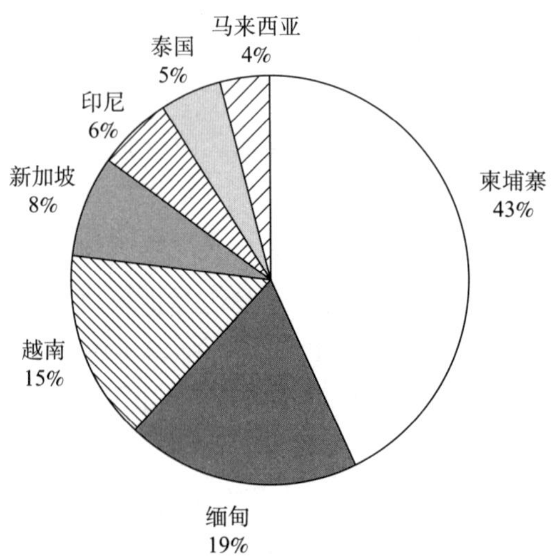

图 2－3　2010—2015 年投资东南亚地区纺织服装企业数量占比

资料来源：《中国纺织品服装对外贸易报告 2015～2016》。

纺织服装业的转移与发展，不仅有利于东南亚国家的经济发展，甚至改变了全球纺织服装贸易的格局。我国纺织服装企业在该区域"抱团"前行，将对于该区域的市场关系再平衡产生巨大影响力。而抓住东南亚地区的转移机会，顺利将国内过剩产能转移过去，不仅对我国纺织服装产业顺利转型起到促进作用，还能推动我国与该区域国家进一步建立互利共赢的多边贸易关系。此外，国内纺织服装产业通过海外投资，还可合理利用自身规模及产业链优势，规避我国在原材料价格、劳动力成本、贸易技术壁垒等方面的劣势，做到取长补短（陈晓燕，2015）。

2　南亚

南亚地区的印度、巴基斯坦及孟加拉国的纺织服装工业较繁荣，是快速发展的国家。这里有我国纺织服装业跨国布局所需的丰富原料资源和劳动力资源，具有巨大的投资潜力和市场潜力。

（1）斯里兰卡

我国“21 世纪海上丝绸之路”战略连通南海、印度洋、阿拉伯海和地中海等，而斯里兰卡正处于要冲之地，是这条海上交通构想中关键的“肚脐”。斯里兰卡纺织服装行业占其整个工业产值的 43%，占该国 GDP 的比重达 7.4%，属于该国最重要的行业。纺织服装业是斯里兰卡第一大出口创汇行业。2015 年该行业出口额达到 45 亿美金，每年创造就业岗位 470 万人。目前有广州莱丽施内衣有限公司、山东岱银纺织集团股份有限公司、东方纺织印染有限公司、悦晨纺织公司、林德服饰有限公司在斯里兰卡投资建厂。

（2）印度

印度是世界上第二人口大国，也是第二纺织服装生产大国，仅次于我国。纺织服装业是印度政府继软件业后又一个重要突破点和培育产业。印度人口结构良好，有充足的劳动力储备，自然资源丰富，基础设施不断完善。目前在印度投资的国外公司多为欧美发达国家的国际知名品牌。一方面，印度巨大的市场吸引了品牌巨头；另一方面，丰富的资源使其生产成本降到很低的位置。印度在很多方面和我国国情相似，“一带一路”建设符合印度的切实利益，可弥补印度地区基础设施建设的薄弱，可加强该地区的互通互联。目前我国纺织服装企业正集中对印度进行综合考察与调研，已有 Seeds 内衣、弹力先锋、姚明织带有限公司等纺织服装企业入驻位于维沙的 Brandix 纺织服装城。目前这些企业发展稳定，发展势头良好。

(3) 巴基斯坦

巴基斯坦是我国通向伊斯兰世界的窗口，对于中国“一带一路”建设在伊斯兰国家的顺利实施具有重要的促进作用（吴晓梦，2017）。巴基斯坦处于“一带一路”建设要地。早期我国纺织企业出海巴基斯坦均不顺利。1994 年我国纺织机械技术进出口公司曾在巴基斯坦与当地企业合资建立了飞马纺器厂，生产纺纱用的纱管，初期效益较好，但后期因劳资纠纷在 2006 年退出。我国经纬纺织机械公司 1998 年曾在巴设立合资公司，生产和销售环锭纺纱机，后期因市场不顺利而停产退出。虽然 2016 年全球经济增长缓慢，但巴基斯坦经济创出 8 年来最高增速，尤以工业增速（6.8%）最高，国际货币基金组织（IMF）也将中巴经济走廊相关投资列为巴基斯坦经济的三大动力之一。随着“一带一路”倡议的提出与实施，在两国共同努力下，目前两国的合作意愿强烈。到 2013 年底，山东如意科技集团与马苏德纺织公司签署合作协议，并控股该公司。马苏德纺织公司为巴基斯坦知名上市企业，双方斥资百亿在巴基斯坦兴建大型棉纺产业基地。此外巴基斯坦正对能源与纺织工业园进行了新一轮投资。

3 中亚

中亚各国的纺织服装业相对落后，而中国纺织服装业则需要产能优化。在“一带一路”倡议背景下，我国与中亚各国纺织服装业合作的可行性不断增大（王孟丽、王国梁，2017）。中亚地区靠近我国新疆，是传统“丝绸之路”的重要区域。作为中亚地理中心、文明“心脏”的乌兹别克斯坦现有 900 多家纺织厂和 1000 多家服装加工企业。[①] 同时，乌兹别克斯坦棉花资源丰富，是世界第五大产棉国、第二大棉花出口国。乌兹别克斯坦与我国国内棉花主产区新疆距离较远，可为我国纺织服装企业提供优质棉花。如通衢要地撒马尔罕连接伊朗、印度和我国，来自我国的丝绸在这里汇聚。据乌外经贸部统计，截至 2014 年，我国公司南阳木兰花、河南 sine，Pinmian 有限公司以及 Hebey An Feng Da 集团在乌兹别克斯坦吉扎克工业区共耗资 5600

① 中国纱线网．乌兹别克斯坦：增加投资　大力发展纺织业［EB/OL］. http://www.chinayarn.com/news/Read News. asp? NewsID = 28839.

万美元投资建设了6个纺织厂，工厂已经于2015年底开始运营。[①]我国在中亚的投资呈现快速增长的趋势。2000年至2001年，我国投资中亚的纺织服装企业均只有1家，时至2010年增加到了8家，2012年是14家，2014年是22家，“一带一路”建设的实施加速了这种增长趋势，至2015年已达36家（王孟丽、王国梁，2017）。

4　东非

非洲劳动力资源与自然资源丰富，且普遍处于发展初期，具有非常广阔的市场潜力。在吸引对外投资的政策上，非洲各国普遍具有很大的吸引力，比如埃塞俄比亚和埃及都是值得关注的国家。如林毅夫等经济学家认为，非洲可能是劳动密集型产业转移的最后一站，东非的埃塞俄比亚已进入纺织企业的视野（郝杰、刘耀中，2015）。

号称“非洲之脊”的埃塞俄比亚多年来一直保持两位数的经济增长，且有巨大的经济潜力。统计数据显示，截至2015年，我国在埃塞俄比亚投资的公司有467家，是所有外来投资者中占比最大的国家，其中纺织服装企业有15家（郝杰、刘耀中，2015：16－17）。与我国纺织服装企业同时进入埃塞俄比亚市场的还有国际服装零售巨头H&M与英国零售巨头Tesco。在进入埃塞俄比亚的我国纺织服装企业中，如东方纺织有限公司就在积极开拓海外市场，并以生产印花面料与阿拉伯头巾为主。此外悦晨纺织有限公司、林德服饰有限公司和开普纺织品有限公司均以加工制造为主。而具有国际影响力的亚麻纱制造商浙江金达亚麻有限公司已与埃塞俄比亚政府签订了工业园区建设投资意向书，在其首都亚的斯亚贝巴开建我国企业主导的第二个工业园区（郝杰、刘耀中，2013：16－17）。

东非纺织服装加工贸易前景广阔（戎福刚，2005）。另一个值得关注的国家埃及位于非洲东北部，地处亚非欧三大洲交界处，有非常好的地理位置。该国纺织产业产值占其制造业产值的27%，是重要的支柱产业之一。[②]

① 中国纺机网．我国企业投资乌兹别克斯坦六个纺织工厂［EB/OL］．http://www.ttmn.com/news/details/765179.

② 纺织贸促会网站．埃及投资环境及纺织工业简介［EB/OL］．http://www.ccpittex.com/fzzx/gjzx/66221.html.

埃及在“一带一路”建设沿线地带占据重要的地理位置，是“一带一路”建设布局中的一个重要节点。埃及不仅与我国在海上互联互通，中埃共建的“一带一路”建设还包括产业园区建设。埃及有5500多家纺织服装企业①，目前在埃及投资建厂的我国企业就有天津亚诗玛纺织品有限公司、江阴捷豹针织制衣有限公司、常熟环海织造有限公司等公司。

第3节　海外转移困境

1　全球经济与需求状况

自2008年金融危机以来，虽然欧美等主要经济体以量化宽松的财政与金融政策来刺激本区域的经济发展，但全球范围内，包括发达经济体仍难以摆脱经济低速增长的局面。我国在新常态背景下主动降低经济增速以调整结构，进行产业升级；欧洲则是面临分化的风险；美国已进入美元加息周期。综合2014—2017年的数据来看，全球经济增长水平仍低于2008年金融危机之前，企业投资波动性较大。如表2－2所示，近几年世界主要经济体增速并不理想。

表2－2　近4年世界经济增长数据比较

单位：%

	2014	2015	2016	2017
世界经济	3.4	3.1	3.2	3.0
发达国家	1.8	1.9	1.9	2.1
美国	2.4	2.4	2.4	2.3
欧元区国家	0.9	1.6	1.5	1.5
英国	2.9	2.2	1.9	1.8
日本	0.0	0.5	0.5	1.6
发展中国家	4.6	4.0	4.1	3.56
俄罗斯	0.6	－3.7	－1.8	1.4

① 纺织贸促会网站．中埃纺织合作新机遇［EB/OL］．http://www.ccpittex.com/fzzx/gjzx/66221.html.

续表

	2014	2015	2016	2017
中国	7.3	6.9	6.5	6.9
印度	7.3	7.3	7.5	7.2
巴西	0.1	-3.8	-3.8	1.0
南非	1.5	1.3	0.6	1.3

资料来源：国际货币基金组织。

IMF 在 2016 年 G20 杭州峰会开幕前，就曾对全球经济状况发出警告：近三十年全球经济最严重的增长疲软期即将到来。IMF 呼吁 G20 国家实施积极的财政政策，加大财政刺激，同时推进自身结构性改革，重建自由贸易秩序。IMF 报告称将再度下调全球经济增长预期。在世界范围内经济低迷的同时，全球范围内纺织服装业同样也出现了放缓的迹象。从 2011 年至 2015 年，全球纺织服装品贸易额整体增速减缓，2015 年甚至不增反降。

除美国市场出现增长外，欧盟与日本市场均出现不同程度的下滑（如图 2-4 所示）。欧盟受意大利公投失败、英国脱欧、欧元贬值影响，整体经济前景陷入极不明朗状态，纺织服装品需求在 2015 年出现了下滑，且下滑幅度较大。而亚洲地区的日本，经济仍长期处于通缩状态，短期内难以走出经济困境，再加上朝鲜半岛危机的不断升级影响，日本市场对外需求连续下降。如对比 2014 年，2015 年的下滑幅度大大超过了上一年的下滑幅度（如图 2-4 所示）。

欧盟市场长期以来位居我国纺织品服装出口地第一的位置，但在需求放缓背景下，我国对欧盟市场的出口也受到了明显影响。如图 2-5 所示，如对比 2014 年，2015 年下滑幅度超过了 10%，其占比亦下滑了 0.8 个百分点，且市场占有率已连续 3 年下降。

作为我国纺织品服装出口市场排名第二的日本市场，如图 2-6 所示，无论是占有率还是进口总量，也出现了连续 3 年下降的趋势。如对比前一年，2014 年和 2015 年总量下降幅度分别为 10.5% 和 12.1%，总量下降呈增多趋势。即使从占比来看，2015 年的下降幅度亦大于 2014 年，其下降趋势亦有放大势头。

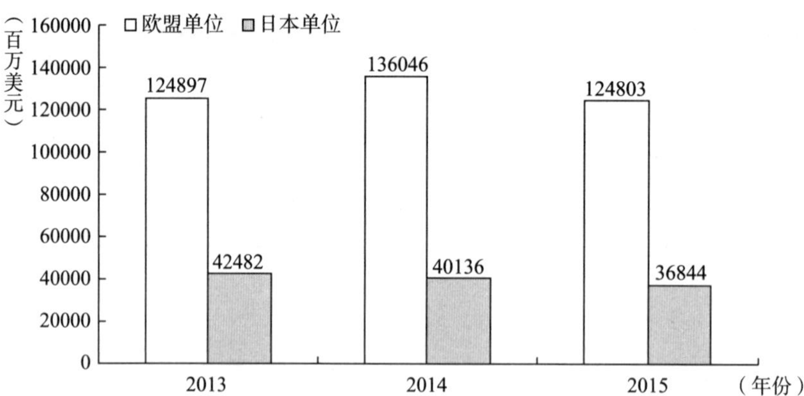

图 2-4　欧盟、日本 2013—2015 年纺织服装品贸易进口数据

资料来源：欧盟海关网站，https://ec.europa.eu/taxation_customs/index_en，日本海关网站，www.customs.go.jp。

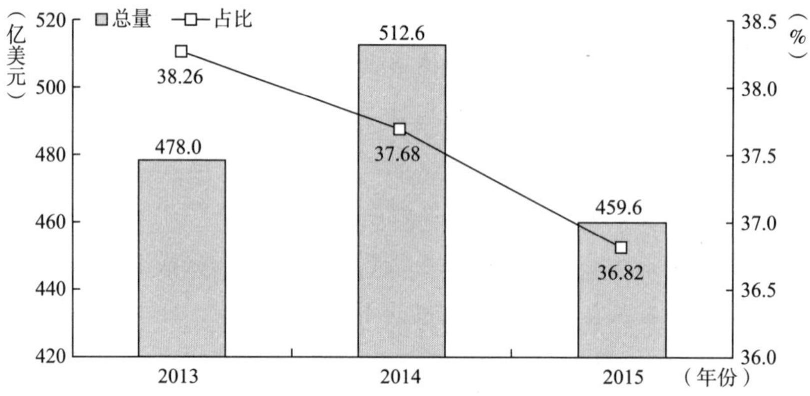

图 2-5　2013—2015 年我国纺织品服装对欧盟出口总额、占比情况

资料来源：欧盟海关，https://ec.europa.eu/taxation_customs/index_en.htm。

2　国际贸易环境

2016 年世界经济持续低迷，在特朗普政府坚持“美国优先”的政策背景之下，英国脱欧、意大利公投导致欧元区面临分化甚至解体风险。日本市场持续低迷，而处于日韩经济圈内的朝鲜半岛危机在持续升温。此外，韩国引入“萨德”导弹防御系统事件，给东北亚经济增加了更多的不确定性。在我国经济于新常态背景下全面启动转型升级、欧洲自顾不暇、美国美元加息进行战略收缩、世界经济增长疲弱的背景下，全球贸易保护主义

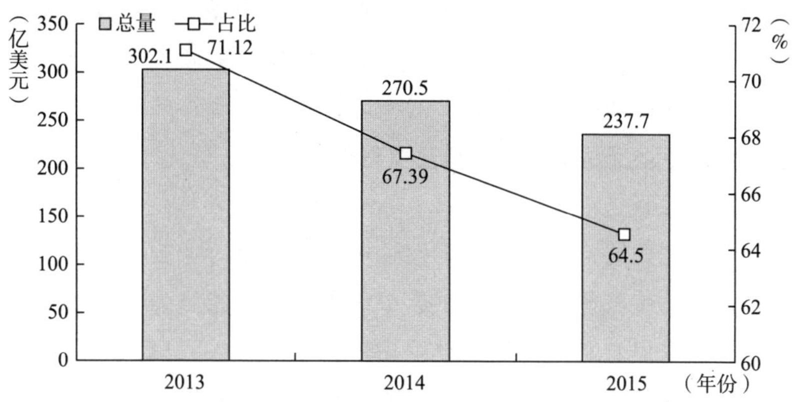

图 2－6　2013—2015 年我国纺织品服装对日本出口总额、占比情况

资料来源：日本海关网站，www. customs. go. jp。

有抬头迹象。

3　转移国制约

（1）政策的连贯性

发展中国家为吸引投资，往往会出台若干优惠政策，在土地、资源、税收等方面给予外企优惠，以吸引外企前来投资建厂。但是国家在引进外资、学习技术之后，为支持本国纺织服装工业的发展，往往又会逐渐收紧优惠政策。比如越南虽然以其丰富廉价的劳动力资源和不错的地理位置吸引了我国众多企业前去投资建厂，但不可否认的是，越南目前的政策在收紧却也是事实。这样会导致企业成本上升，优势减弱，因而政策的连贯性就变得非常重要。再如，局势不稳的国家，对于海外投资影响更大，如非洲不少地区政局多年动荡，战乱不断，极易造成投资项目进程的受阻甚至失败，因此投资者应注意政策风险。

（2）基础设施与法制问题

目前包括东南亚等国家在内，产业转移地区普遍存在基础设施落后、通信质量差、铁路运力弱、公路年久失修、电供应成本较高、供水不足等问题。其中基础设施的缺失将严重制约企业的运营效率，企业在基础设施方面的额外支出会增加运营成本。如转移到东南亚柬埔寨地区，我国纺织企业在当地电力供应不足的情况下往往要自建发电站。经测算，仅电力这项问题就会增加企业10%的成本。再如有的国家尚未颁布《公司法》等根本法律，未有解决商业纠纷、案件的专门机构或法庭，外资企业在当地的利益多数情况下还无法通过正常渠道获得保护。

（3）工会影响

工会组织的影响不仅仅存在于发达国家的各个行业中，在很多发展中国家和地区，纺织服装行业中的工会组织力量同样相当强大。如在罢工合法化的非洲国家尼日利亚，工会组织动辄会组织工人大罢工。在罢工合法化的地区，即便是政府有时也不得不向工会和工人妥协。工会组织工人进行的罢工，很多时候会严重干扰企业的正常生产、经营活动。我国部分企业在“走出去”的过程中，由于文化背景的差异与准备工作的不充分，没有认清当地工会组织的作用与力量，不止一次因其受阻。因此，纺织服装企业在对转移国的投资环境进行考察的时候，对当地相关行业的工会组织进行全方位考察和了解是相当必要的。

（4）汇率风险

美元强势势必会对以美元计价的全球核心资产价格，包括大宗商品价格造成回调的压力。在发达的欧盟国家、日本等国跟随美元加息过程中，欠发达国家的金融安全与外汇稳定则承受了巨大压力。历史上，在美元加息通道的周期内，均有国家受到不同程度的影响并因此造成局部甚至全球性金融危机，甚至引发战争（郭嘉沂，2016）。美元加息过程对于到海外进行投资的纺织服装企业而言可谓机遇与危机并存。一方面美元强势，利于以美元计价的货物出口；但另一方面，投资国如果汇率崩盘，将引发整个国家系统性金融风险，企业在投资国的收益也将面临巨大的威胁。

4 企业准备情况

目前我国纺织服装企业在“走出去”过程中所遇到的问题，也与我国所处的历史发展阶段有很大的关系。改革开放后，我国是利用外资的大国，是资本输入国。经历了30多年快速发展后，在转向资本输出国时，企业在心理准备和人才储备等方面普遍存在不足。一方面，缺乏自主创新能力，市场竞争手段简单落后，且普遍缺乏品牌优势；另一方面，存在战略定位还不清晰、涉税风险控制能力不足、投资准备不足等问题。对外投资是一个庞大的系统工程，是一项对企业长远发展有决定作用的战略行为，需要长期准备和铺垫。从人员配置、市场定位、合作模式的确立到熟悉国际贸易的专业人才培养都是一个漫长的过程。国际化运作的切入时机更是在做好了充分准备的基础上才能把握的。西方国家的成熟企业在介入国外市场时，通常都已经在该市场有很多年的积累和铺垫。因此只有在前期准备工作做好后再大举进入目标国家，才可稳妥地获取后进入者的优势。此外，我国纺织服装企业"走出去"还面临诸如如何跨越贸易壁垒的问题（李守智，2005；梁静波，2011）、如何向外投资发展的规划问题（陈宇红，2005），以及如何实现集约化和规模化跨国经营模式转换问题等（王仲辉、张莹，2010）。

5　企业核心竞争力

（1）创新能力有待提高

虽然我国改革开放后，迅速成长为世界第一大纺织品服装生产和出口国，但在世界产业链分工中长期处于生产加工环节，处于产业链下游水平，并以代工生产和贴牌生产为主，且自主品牌影响力弱，在产业链低端的加工环节有很多核心技术和关键设备都不能实现完全自有化，仍需大量从国外进口。在高级纤维方面技术还相对落后，而高端纤维产业又受制于人，例如高档服装面料目前仍需从发达国家大量进口（林风霞，2010：13－14）。如图 2－7 所示，在纺织服装行业价值微笑曲线当中，我国在国际分工中仍然处于中间部位（吴晓芳、葛秋颖，2014：13－16）。如从长远的发展看，纺织服装业向品牌、文化及设计和创意方向发展会是一个长期趋势。

（2）高端品牌缺失严重

我国纺织服装企业普遍存在创新能力弱、设计环节单薄的特点。能产生高额利润的产品往往都是具有国际化品牌的外资企业，我国自主品牌进入国际市场面临一定难度，而在国内市场的影响也有一定局限性。当前具有高附加值，有能力能够走出国门并打开国际市场的高端品牌并不是很多。贴牌加工的生产方式普遍存在于我国外贸企业中，但由于缺乏核心技术和自主品牌，我国纺织服装企业大多只能通过贴牌生产赚取加工费，而利润

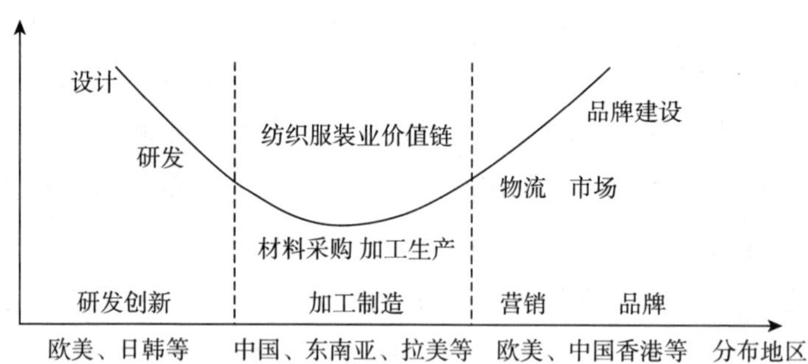

图 2－7　纺织服装行业价值微笑曲线

资料来源：作者根据公开资料整理。

的绝大部分会被国外品牌商拿走。由于大量的贴牌生产和廉价倾销，又为一些国家采取贸易保护措施提供了借口。

我国自主品牌缺失已成为国内纺织服装企业转型发展的障碍。目前在国际大品牌称霸阶段，我国纺织服装企业应背靠国内市场积极进行品牌建设，在国内市场站稳脚跟后再与国际品牌一较高下。但是由世界品牌实验室主办发布的《中国 500 最具价值品牌》分析报告中可以看到，我国服装行业品牌建设动力不足。自 2010 年至今，纺织服装品牌在国内品牌价值排行榜中，虽然进入前 100 名的数量略有增长并渐趋稳定，但入榜的总数量却下降较大，且呈现下降趋势，如图 2－8 所示。在有国内市场主场优势的情况下，纺织服装价值品牌数量尚且持续下滑，这值得关注。

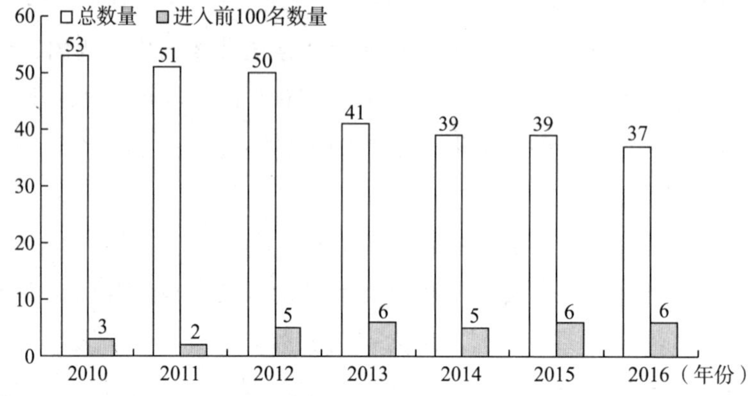

图 2－8　我国最具价值品牌 500 强中纺织服装品牌数量

资料来源：作者根据公开资料整理。

第 4 节　山东如意集团海外转移实例

1　企业现状

（1）企业整体运营状况

山东如意科技集团有限公司（以下简称山东如意集团）创立于 1972 年，前身为山东济宁毛纺厂。该集团目前已建成世界规模最大、最完整的棉纺、毛纺两个全产业链，在国内 A 股和日本东京各有一家上市公司，同时拥有遍布亚洲、澳洲、欧洲等地的 20 多家子公司、13 个高端工业园区、30 多个国际知名品牌、超过 5000 家零售店。2015 年营业收入 600 亿元，2016 年该集团位列我国企业 500 强第 282 位。如意集团近些年在立足国内市场基础上，主动进行转型升级，多渠道积极开拓国际市场，综合竞争力持续稳步上升，主营业务收入和综合竞争力连续两年居我国纺织服装企业竞争力 500 强榜首，如表 2－3 所示。

表 2－3　山东如意集团 2012—2015 年在我国纺织服装企业竞争力 500 强排名

年份	2012	2013	2014	2015
排名	4	2	1	1

资料来源：中国纺织工业联合会官网，www. ceti. cn。

（2）海外转移现状

山东如意集团海外转移路径与众不同，在经过生产加工环节完成原始积累后，迅速将目光聚焦在国际层面，并积极实施“走出去”战略，在全球范围整合优质资源，尤其是国际品牌资源。如意集团积极响应国家号召，紧跟国家战略脚步，在“一带一路”建设沿线布局发挥自身技术优势，大胆吸收国外先进品牌管理理念，从产业链上下游一起入手，来构建全产业链要素，以促进自身的转型升级。2011 年如意集团为打破国外企业对于原材料市场的垄断，建立企业自有的羊毛原材料供应基地，并注资收购了拥有百年历史的澳大利亚罗伦杜牧场。在此基础之上，如意集团连续出手收购了位于澳大利亚昆士兰州全球最大的高端棉花基地以及新西兰伦普利和

WSI 羊毛公司。

表 2-4 如意集团 2010—2016 年并购外企情况

被并购企业	并购时间	主营业务	并购原因
日本瑞纳公司	2010 年	服装	进驻日本市场
罗伦杜农场	2011 年	毛纺原料	澳洲毛纺资源
韩国 YeonSeung 公司	2012 年	服装	国际品牌建设
普利公司	2013 年	羊毛类纺织	优质原材料资源
卡比棉田	2013 年	棉纺	澳洲优质棉花资源
新西兰羊毛服务公司	2013 年	羊毛	新西兰羊毛资源
马苏德纺织公司	2014 年	棉纺	建立棉纺产业链
法国 SMCP 集团	2016 年	服装	国际品牌建设

资料来源：商务部官网站，www.mofcom.gov.cn。

为打造全产业链，如意集团在全球范围内收购优质资源，如表 2-4 所示。以收购澳大利亚的卡比棉田为例，该棉田产量达到澳大利亚棉花总产量的 10%，是南半球面积最大、品质最好、单产最高的棉花种植基地，该农田还直接拥有 930 多平方公里土地永久所有权以及 5 亿立方米水权[①]。如意集团的一系列对于原材料的收购行为大大提高了其对原料掌控能力和价格话语权。在获取澳洲优质原材料的同时，如意集团紧跟国家战略步伐，积极对产业链上游与终端市场进行了延伸。如意集团在巴基斯坦纺织和能源领域积极开展投资布局，在获得低成本竞争优势的同时实现了市场与产业向该区域的转移。由于巴基斯坦基础设施落后，尤其是电力设施制约了行业的发展，如意集团在萨希瓦尔与我国华能集团合作投资 20 亿美元建设 2×660MW 电源项目。如意集团还同我国工商银行合作，联合投资 10 亿美元建设马苏德纺织服装工业园，并同时开建配套煤电项目以支持园区发展[②]。巴基斯坦良好的政策与发展潜力为如意集团在巴基斯坦的后期发展提供了保障。通过整合全球资源，实施系列收购，如意集团迅速成长为一家

① 全球纺织网．布局全球　如意整合全球资源，打造国际品牌［EB/OL］．http://www.tnc.com.cn/info/c-001006-d-360 1930.html.

② 华南城网．如意荣登我国纺织服装业 500 强榜首［EB/OL］．http://fangzhi.csc86.com/2015/jrjd_1114/17509.html.

颇具实力的跨国公司，海外运营能力稳步增强。近 5 年来，如意集团在我国 100 大跨国公司排名中稳步提升，如表 2-5 所示。

表 2-5　山东如意集团近 2012—2015 年在我国 100 大跨国公司排名

年份	2012	2013	2014	2015
排名	71	63	61	59

资料来源：中国企业联合会官网，www.cec-ceda.org.cn。

（3）海外转移问题

在 2010 年国内外棉价倒挂时，如意集团投资 15 亿元收购全球第一大也是最具现代化的澳大利亚昆士兰州库比棉花生产基地。在收购过程中，因该农场持有澳大利亚最大的用水执照以及具有年产棉花量占澳大利亚全国产量 10% 的重要地位，所以从一开始就备受争议。从最初的承诺减少持股比例，到保证现有人员的岗位数量，再到后期的审核汇报，这次海外投资面临来自澳大利亚内部诸多反对。我国纺织服装企业“走出去”的过程中，多是靠企业本身力量；欧美、日本等发达国家企业在“走出去”过程中常常可获得国家帮助，国家有帮助企业分散风险的机制，也有专业化的中介机构或者律师事务所在保险、担保、咨询等方面给予支撑，在流程和实操方面可获得具体的细节性服务。因此，我国企业在国际化过程中，与拥有众多支持的国际大牌企业开展直接竞争往往面临较大的压力。长期以来，我国纺织服装企业沦为国际大牌服装企业的代工车间，设备陈旧、设计落伍、利润单薄，在国际市场竞争中为拿订单不惜走低价路线。长期低价策略不仅使利润受到影响，也丧失了自主品牌建设的机会和行业话语权。据调查，如意集团在刚刚转型的初期，也同样面临这些困难，在随后的海外转移和发展探索中，逐渐认识到掌握技术话语权、品牌话语权的重要性。

2　海外转移对策

在布局全产业链全球收购方式方面，如意集团在积极“走出去”的过程中，将全产业链建设放在首要位置，从原材料源头到全球市场与品牌建设方面，不断完善其产业链薄弱环节。如意集团通过在海外开展的一系列有效收购行为，先是从棉花种植基地到纺织服装厂，再到国际时尚大品牌，沿纺织全产业链依次布局，最终使得自身迅速成长为既有原材料话语权，又有国际品牌影响力的跨国公司。

在增强科技含量方面，如意集团重视新技术的研发与学习。每年集团投入专项资金进行新产品设计、新技术研发、新材料推广，研发出了“如意纺”新型纺纱技术。“如意纺”新型纺纱技术的成功让如意集团如虎添翼，并在2009年登上法国第一视觉面料博览会（简称巴黎PV展），这是我国纺织服装企业首次在国际顶级面料交易和信息发布平台展会中亮相（侯欢真，2011）。在国际化运作中，如意集团充分发挥技术优势，利用“如意纺”技术对收购的印度GWA毛纺公司、英国哈里斯花呢公司、英国泰勒毛纺公司进行了产品升级和技术提升。如意集团长期以来所积累的技术优势正逐渐显现其价值，为如意集团后续产品研发与市场开拓奠定了坚实基础。

在海外并购与国际品牌打造方面，如意集团曾经重生产加工、轻品牌建设，因而已深刻感受到品牌缺失带来的劣势。在国际化过程中，为弥补自身品牌建设短板并节约品牌建设时间，如意集团采取了“短、平、快”的方式——直接收购海外优质品牌企业。如意集团通过全球收购，使其收购的外国企业成为中国定点生产企业，使其实现了由“中国制造”变为“中国创造”。如意集团为自身品牌建设并购海外优质品牌企业。在拥有国际大牌企业后，如意集团不仅弥补了自身品牌不足的劣势，还借机提升自身在全球价值链上的影响力和地位，更能借助其已有的销售平台和渠道，让自身的产品直接进入欧美高端市场。再如，如意集团以1.2亿美元收购英国风衣品牌雅格狮丹也是一个不错的例子。优质品牌的建立让如意集团真正实现了从基础制造型企业向科技制造型时尚产业集团的转型。

3　海外转移策略效果验证

在构建两大全球最大全产业链方面，如意集团通过“走出去”的方式，在全球范围内建立了全产业链，其在业界的实力与影响力也因此获得提升。通过收购澳大利亚罗伦杜农场、新西兰羊毛服务公司、澳大利亚伦普利公司和澳洲牧场后，如意集团全面掌握了毛纺的关键原料即优质羊毛。此外，如意集团对澳洲牧场的收购也使得原材料供应更加稳定，原材料价格大幅度波动风险随之降低。在此基础之上，如意集团建立起全球最大的毛纺产业链，从优质羊毛牧场开始，完成染、纺、织、整、成衣，直到国际品牌零售终端一体化，如图 2－9 所示。

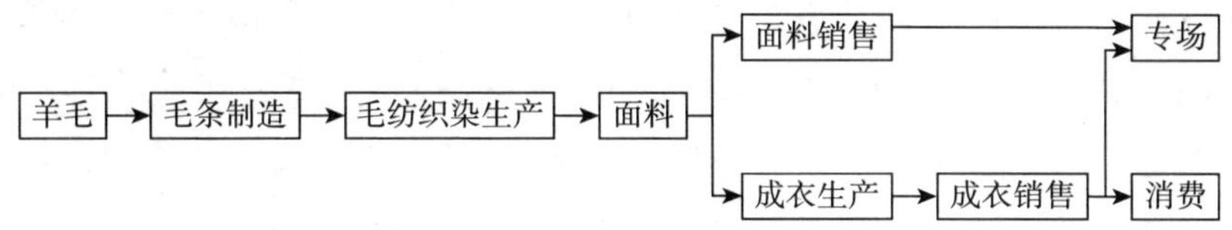

图 2－9　如意集团毛纺产业链

通过收购澳大利亚伦普利公司、卡比棉田，并与苏格兰纺织企业 Carloway Mill 公司合作引入哈里斯粗花呢，如意集团解决了棉花原材料来源与棉花产业链建设问题（崔亚浩，2015）。从棉田棉花、面料、成衣直到国际品牌网络终端，如意集团建立起全球最大的棉纺产业链（李芫，2013），如图 2－10 所示。

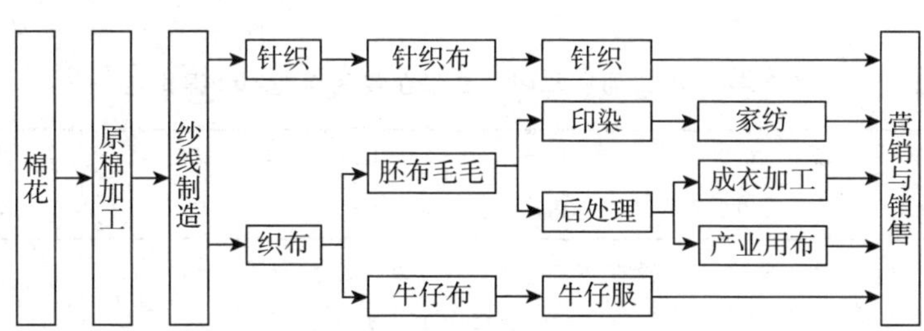

图 2－10　如意集团棉纺产业链

目前如意集团旗下已拥有 30 多个品牌，顶级品牌如“皇家如意”“如意”等，高端品牌如“Durban”“英迪龙”“路嘉纳”等，以及中端品牌如“Simple Life ”“Mano”“如意家纺”等[①]。2016 年收购法国 SMCP 集团后又将 Sandro、Maje 和 Cluadie Perlot 等轻奢品牌收入囊中。国际品牌具有较高的品牌价值，如日本瑞纳公司每年为集团贡献营业收入 700 多亿日元（李攻，2010），而法国 SMCP 集团 2016 年上半财年报告显示，旗下品牌 Sandro、Maje 和 Cluadie Perlot 的营业收入同比 2015 年增长接近 20%。

在走向高端市场的过程中，全产业链模式建立后，在技术研发上不遗

① 中国服装网．如意：“四化”推动如意腾飞［EB/OL］. http://news. efu. com. cn/newsview－1025428－1. html.

余力的如意集团，以科技为支撑，借助互联网和智能制造的时代机遇，携国际大品牌的影响力，将目光放在了国际高端市场，开始专注于挖掘和服务海外高端客户。在高端客户市场开拓过程中，如意集团坚持高端客户、高端质量、高端定价的原则（王沛，2011：24－25），甚至连处于加工环节的“如意纺”也卖出每平方米过万的高价。如今如意集团已成功研制出1.7万个高档品种，毛利率维持在30%以上，连续五年全国出口单价第一（服装时报，2008）。

在综合实力持续上升方面，如意集团通过全球化运作，在海外转移过程中建起全产业链，打造优势品牌，并迎来了快速发展的机遇。当前如意集团的影响力、竞争力在稳步提高。如表2－6所示，如意集团2012—2016年在我国企业500强排名中稳步前进。如今如意集团已逐渐成长为一家具有国际影响力和竞争力的科技制造型品牌运营企业。

表2－6　山东如意集团近5年在我国企业500强排名

年份	2012	2013	2014	2015	2016
排名	397	304	305	296	282

资料来源：中国企业联合会官网，www.cec-ceda.org.cn。

第5节　海外转移对策思考

1　国家政策

目前全球经济低迷，欧美日三大传统市场需求萎缩，在这种环境下积极开拓新市场显得尤为重要。新市场的开拓离不开国家战略的支撑，国家战略影响力不仅便于企业积极开拓该区域的市场，也更有利于争取到利于我国企业的贸易规则，如目前我国主导下的区域全面经济伙伴关系（Regional Comprehensive Economic Partnership，简称RCEP）。RCEP在2012年东盟峰会上提出后，随即得到中、印、日、韩、澳和新西兰等国的响应，形成了“10＋6”的格局。RCEP拟覆盖全球48%的人口和全球1/3的GDP与进出口贸易额（杨虹，2016）。RCEP虽是在东盟峰会上提出的，但是在目前的背景下，作为世界上最大的发展中国家和世界经济第二大强国，我国一方面有责任，另一方面也有能力在 RCEP 建设中起主导作用。而且一旦 RCEP 在我国主导下建成，将有助于摆脱欧美国家控制，成为目前世界上唯一一个由发展中国家主导的全球最大规模的自贸区。中方主导下的自贸区，可在促进区域内贸易往来的同时，对自贸区内所有成员国产生新的影响力，以缓解中日、中韩、我国南海等地区地缘政治的压力，也更有利于我国纺织服装企业借国家强势之东风积极开拓更大的市场。因而 RCEP 的启动显得非常有意义，一旦启动，不仅可促进我国企业利用自贸区关税的优惠来开拓亚太市场，还可推动重点企业"走出去"，同时亦有助于引导有条件的企业进行合理的跨国资源的配置。这一方式可迂回突破 TPP（跨太平洋伙伴关系协定）、TPIP（跨太平洋贸易与投资伙伴协定）等欧美贸易规则的封锁，有助于我国纺织服装企业在"走出去"的过程中打造跨国供应链，从而保持可持续竞争优势（杨纪朝，2017：2－3）。

在金融支撑方面，可进一步完善金融服务体系，加大金融扶持。如代表国家意志的中国进出口银行、国家开发银行等政策性银行及我国工商银行等大型商业银行（这包括了丝路基金、金砖国家新开发银行、上海合作组织开发银行等金融机构），应对有能力走出去的纺织服装企业进行资金支持。在政策上，应构建有利于企业走出去的金融支持体系，以提高我国纺织服装企业在汇率和税费等财务方面的抗风险能力。在税收方面，应制定优惠鼓励政策，把纺织企业在海外的利润更多地保留给企业，以增强其资金实力，壮大企业海外市场的生存能力和竞争能力（陈菲琼、钟芳芳，2013：170－180）。而在政策的制定上，对于"走出去"企业以及人员应给予更大范围的保险措施，为企业以及人员在境外财产与人身安全方面提供切实而有力的保障（林风霞，2010：13－14）。

在国际投资条约方面，国际投资协定和规则发展对我国的双边投资协定的发展有重要影响，我国已签订了 112 个双边投资协定，在数量上仅次于德国，已同全球超过百个国家和地区签订了投资协定。具体而言，在国家层面上，可通过签署国际多边和双边投资条约来促进国际投资健康发展，这可以为企业营造更加公平、透明和可预见的投资环境与贸易环境。在这方面，如具备调整投资保护关系功能的双边投资保护协定，可提高投资自由化与优惠待遇的自由贸易协定如《多边投资担保机构公约》《华盛顿公约》等，都可向发展中国家提供投资担保。国家出面签署具有国际公信力的投资条约，不仅有助于企业在“走出去”的过程中减轻政治风险，还有助于改善企业海外贸易环境，有助于打破欧美国家因对贸易规则的垄断而带给我国企业的压力。

2 行业协会

纺织服装行业协会在资源和信息以及政策解读方面经验丰富，且对主要市场中的企业运营情况了解透彻，可在以下几个方面积极发挥作用。（1）可积极进行境外纺织产业园区的谈判工作，一旦条件具备，时机成熟，可鼓励并引导国内纺织服装企业以集群方式进驻海外园区。因为专项园区更有利于产业上下游和相关配套产业的集聚，一方面可有效地提高整体运营的效率，提高我国纺织服装企业整体竞争力。另一方面也有利于争取主权国家之间的协议性支持，以保障企业海外投资与安全。（2）通过积极与转移国行业协会和工会组织进行沟通与合作，减轻转移国行业协会、工会等组织针对我国纺织服装企业的压力。

3 企业准备工作

在自主创新与高端品牌建设方面，创新是企业发展永恒的主题，是引领发展的第一动力。企业应从自身实际发展出发，在产品质量与技术创新上做好功课，并通过过硬的技术创新来打造企业和整个行业核心竞争力的基础。这是行业持续发展的动力源泉。在行业竞争中要实现纺织服装行业的转型升级，要坚持科技创新。随着工业 4.0 的来临，在智能化、自动化和绿色化生产的时代更加需要创新驱动，只有自主创新能力得到提升，才能占领高端市场，赢得高端客户。在技术创新与研发过程中，山东如意集团积极投入技术研发，成功研制出“如意纺”技术，并代表我国纺织服装企业首次登上法国高端面料展览会。山东如意的技术创新案例说明，技术水平的自主创新才是企业的核心竞争力。我国纺织服装企业长期以来处于价值链底端，品牌建设严重缺失。嵌入全球价值链的我国纺织服装企业则面临升级障碍和升级路径选择的挑战。而资源环境对产业发展的约束及产业内部结构性矛盾已成为制约产业发展的突出问题。真正能让企业获取最大竞争优势的恰恰是高端品牌，所以自主品牌、高端品牌建设刻不容缓。一方面，这需要企业重视并培养本土品牌，也可以如山东如意集团一样抓住机会收购有品牌优势的欧美企业，从而快速形成品牌优势。另一方面，可依托我国巨大的消费市场，在学习发达国家以及国际一线服装品牌在价值维护和价值传递的过程中提高品牌建设和运营能力，为高端品牌维护和运营练好内功。

在风险的评估与规避方面，在海外投资运营的过程中，企业要将风险管控放到战略高度，既要建立海外投资风险管控体系，也要考虑建立海外投资风险管控制度，同时应加强第三方风险评估机构的使用并充分利用风险缓释工具（中央企业投资监督管理办法，2017）。尤其是前期的调研，企业要从劳动力规模、基础设施配套、生产率高低、产业链完整等方面进行全面调研分析。（刘花，2010）承接国相关方的资质与资信也同样很重要，寻找专业律师事务所等机构的帮助，有助于规避投资国的政治和法律风险。如山东如意集团在收购澳大利亚棉花种植基地的过程中，就遇到了各方面阻力，但仍然顺利实现了并购。这与如意集团前期大量的准备工作以及强有力的外交努力是密不可分的。对于存在金融、财务等风险的区域，如确有必要进行商务活动，购买必要的保险可有利于减轻意外损失，而借助于有实力的担保机构、银行金融机构可将财务风险降到最低。

在国家战略的跟随方面，当前的国际竞争往往直接体现在经济层面，经济层面的竞争又决定了上层建筑的竞争，体现在国家战略层面。企业在“走出去”过程中，如果有了国家战略布局的支撑，跟随国家战略推进的脚步，往往能更高效地开拓海外市场。一方面，随着我国“亚投行”“一带一路”倡议的落地，部分南亚和中东地区原本基础设施落后的国家将有所改变，这将为我国纺织服装企业打开南亚和中东的市场提供新机遇。另一方面，国家战略行为所影响的区域，为企业在该区域无论是从政策支持还是资源使用方面，都能获取更大的议价空间。企业要想在新一轮产业变革中把握机会，就要学会借助国家政策的东风，提前谋划，提早布局，紧跟国家战略脚步。只有这样，才能在新的贸易格局中先发制人，获得主动，为企业更深一步国际化运作打下坚实基础。

总体看来，在新常态下，我国纺织服装企业海外转移是大势所趋，以转移促转型在业界已经达成基本共识。国内纺织服装产业通过海外投资转移，可以合理利用自身规模及产业链优势，规避国内原材料价格、劳动力成本、贸易技术壁垒等方面的劣势，做到取长补短。海外转移不仅可有效控制生产成本，还能在转移过程中借助采购、生产和销售的全球化突破各类贸易规则限制，改善企业的经营效益。目前，我国纺织服装企业海外转移正由服装制造向产业链上游扩展。国家战略行为如“一带一路”建设的逐步展开、亚投行积极发挥作用、RCEP 谈判进程的加速，都为我国纺织服装企业向产业链上游转移提供了国家层面的支持。海外转移获取全球资源与市场是大势所趋。企业无论是去资源丰富地区投资建厂以获取低成本优势，还是用兼并收购的方式快速进行海外扩张，只要做好准备且方式得当，都可有效弥补企业的短板，增强企业的实力。

第 6 节　国内转移情况

按照孙瑞哲的观点，2000 - 2010 年发生在我国制造业的从东南沿海向中西部内陆地区规模化转移的经济现象是颇受瞩目的，在这其中，纺织服装业是此次产业转移中的先锋和骨干力量，目前已经形成多方协作共同推动纺织服装业转移的局面。实际上我国大部分地区，经济发展不平衡的现状还很普遍，将发达地区的产业转移到不发达地区去，不仅可降低企业生产成本，还可以推动各地区的经济合作。纺织服装产业是最早实现全球产业转移，也是产业转移特征最为明显的行业之一（吴爱芝等，2015）。我国纺织服装产业整体规模较大、配套设施完整、内销市场前景广阔、产业发展区域性不平衡，纺织服装产业的国内转移不会在短期内完成（陈晓燕，2015）。值得关注的还有，2012 年工业和信息化部公布了《产业转移指导目录（2012 年本）》，并对 15 个传统产业提出了转移的方向和重点。针对纺织服装产业，项目研究团队对我国几个主要地区的产业进行了调研，并对其纺织产业发展情况进行了简要概括。目前，我国纺织服装产业格局仍以东部沿海地区为主，江苏、浙江、广东、福建、山东、上海等省份的纺织服装行业生产总值占全国比值极大。服装产业转移各省评价数据汇总表见下表 2 - 7（详见第八章）。

表 2-7　服装产业转移各省评价

省份	综合得分排名	产业规模排名	产业增长能力排名	区位优势排名	技术创新能力排名	产业效益排名	综合得分	产业规模得分	产业增长能力得分	区位优势得分	技术创新能力得分	产业效益得分
江苏	1	1	16	15	8	18	1.09	3.38	-0.09	0.08	0.30	-0.18
贵州	2	17	1	12	5	25	0.83	-0.34	4.17	0.23	0.61	-0.79
山东	3	3	13	4	15	14	0.80	1.57	-0.04	1.49	-0.16	0.25
广东	4	4	11	3	2	24	0.69	1.04	0.04	1.62	0.81	-0.79
浙江	5	2	17	27	22	16	0.65	3.13	-0.15	-1.12	-0.52	-0.03
河南	6	6	10	2	20	9	0.36	0.00	0.04	1.64	-0.41	0.61
江西	7	8	4	14	18	2	0.33	-0.09	0.82	0.10	-0.29	1.71
湖北	8	7	8	6	9	15	0.29	-0.01	0.13	1.04	0.25	0.12
北京	9	15	27	23	1	8	0.28	-0.31	-0.93	-0.81	4.67	0.67
陕西	10	25	6	17	6	1	0.20	-0.56	0.24	-0.02	0.46	2.21
安徽	11	11	7	8	11	17	0.16	-0.18	0.14	0.88	0.13	-0.13
四川	12	29	20	1	7	21	0.11	-0.65	-0.22	1.93	0.33	-0.65
河北	13	13	19	7	25	5	0.10	-0.25	-0.20	0.90	-0.57	0.98
云南	14	31	12	9	10	7	-0.03	-0.73	0.04	0.42	0.13	0.76
福建	15	5	14	24	26	10	-0.03	0.67	-0.08	-0.87	-0.68	0.47
宁夏	16	10	3	31	21	4	-0.06	-0.13	1.30	-1.77	-0.51	1.20
湖南	17	27	23	5	14	22	-0.09	-0.60	-0.30	1.25	-0.10	-0.65
西藏	18	18	2	25	4	31	-0.09	-0.36	1.56	-0.88	0.65	-1.88
重庆	19	23	21	21	17	3	-0.16	-0.51	-0.25	-0.46	-0.22	1.52
黑龙江	20	28	18	13	23	11	-0.23	-0.61	-0.19	0.16	-0.56	0.43
广西	21	21	15	18	24	13	-0.23	-0.46	-0.09	-0.09	-0.57	0.27
天津	22	12	24	29	12	12	-0.39	-0.20	-0.47	-1.34	0.13	0.29
辽宁	23	16	31	11	19	19	-0.39	-0.33	-1.28	0.27	-0.33	-0.20
内蒙古	24	24	26	19	31	6	-0.40	-0.56	-0.71	-0.30	-0.88	0.98
甘肃	25	22	9	20	28	23	-0.41	-0.46	0.10	-0.45	-0.74	-0.77
青海	26	14	5	30	29	20	-0.45	-0.28	0.53	-1.51	-0.83	-0.37
新疆	27	30	22	10	16	30	-0.45	-0.66	-0.29	0.34	-0.22	-1.83
上海	28	9	28	26	3	27	-0.46	-0.10	-1.05	-0.95	0.71	-0.92
吉林	29	19	25	22	30	28	-0.58	-0.39	-0.56	-0.47	-0.87	-0.93
山西	30	26	30	16	27	26	-0.63	-0.58	-1.14	0.00	-0.70	-0.85
海南	31	20	29	28	13	29	-0.82	-0.43	-1.06	-1.31	-0.01	-1.50

1 传统纺织强省的转移需求

我国大部分地区经济发展状况不平衡，在这种情况下，将发达地区的产业转移到不发达地区既可降低企业生产成本，还可推动省内地区的经济合作（陈晓燕，2015）。我国的纺织服装产业在其发展过程中区位特征明显，且多集中于东部地区，但近年来，服装产业逐渐实现了区位迁移。我国纺织业生产力布局大致有以下特点：一是产业在东部沿海地区集中，浙江、江苏、山东、广东、福建五省是布局的主体区域；二是生产力布局由东部沿海向中西部地区呈梯度转移趋势；三是产业集群化发展特征突出。其中，江苏、浙江、山东、广东和福建是我国传统纺织产业强省，这 5 省分列产业规模的前 5 位（陆亚新，2016）。

在传统纺织强省中，江苏、浙江和福建等省由于其区位条件的限制原因，未来很难再进一步扩大产业规模。以江苏为例，江苏正以丝绸之路经济带核心区建设和国家在新疆实施发展纺织服装产业带动就业为契机，积极鼓励本省纺织服装企业将生产等环节向新疆转移，新疆伊犁哈萨克自治州建设的具有园区模式的伊犁（江苏）纺织服装产业园就是例子（赵国玲，2016：11）。此外，广东省虽然不受区位条件的限制，但产业效益下降明显，因此这 4 省产业转移需求都很迫切，应坚定纺织产业转移战略，积极探索产业转移的路径。在五大传统纺织强省中，山东省由于其优越的地理位置、丰富的资源、快速发展的经济，使得其支撑纺织服装产业发展的区位条件、产业效益和产业增长能力都处于较良好的状态。因此，山东省的纺织服装产业可寻求本地发展，或走本地发展与转移延伸相结合的发展道路。

2 中西部和东北地区产业转移承接力

2016 年中部地区中，河南、江西、湖北、安徽 4 省产业综合排名分列第 6、7、8、11 位，这说明前几年的产业向中部地区转移取得一定成效（陆亚新，2016：151－153）。这几个省是中部地区发展的龙头，不仅劳动力丰富且基础设施等资源要素富足（叶茂升、肖德，2013：83－94），在产业规模、效益、增长能力、区域条件等方面的发展都较好，并具备了承接产业转移的能力和潜力。如以中部地区的河南为例，河南作为中部大省，不仅人口众多，且交通资源方面亦比西部一些省份拥有优势，在承接现代服装业转移中具有明显的竞争力（胡洛燕、蔡海霞，2009：29－30）。这几个省的不足是在技术创新能力方面还比较薄弱，需加强技术创新能力，以使产业发展具备持续动力。总体而言，西部地区承接产业转移发展不如中部地区，但贵州、陕西、四川三省的产业综合排名分别为第 2、10 和 12 名。其中，贵州产业增长能力排名全国第 1，陕西产业效益排名全国第 1，四川区位条件排名全国第 1，是西部地区承接产业转移的重点省份。以贵州为例，贵州的兴仁县瓦窑寨工业园区规划建设了 120 万平方米标准厂房，并配有八千套园区公寓、30 万平方米教育城、10 万平方米布匹辅料交易中心，其产业定位就是以服装纺织加工等劳动密集型产业为主，并着力承接东部沿海服装纺织产业转移。

可以看出，西部地区凭借丰富的资源和政策支持已成为未来纺织产业转移重要地区。在东北地区，黑龙江、辽宁、吉林三省产业综合排名分别是第 19、22、28 名，而且各个公因子排名均未进入到前十名（陆亚新，2017）。从要素禀赋理论看，纺织产业需要大量的劳动力和先进的产业技术，东北人口出现负增长，说明东北地区已无传统产业优势，也没有未来承接产业转移的支撑，纺织产业在东北地区未来恐怕难有大发展。更深层次的原因是东北地区在技术、人才、资金、观念和政策等方面支撑不足（孙明慧，2016），缺少在未来承接产业转移的要素，纺织产业未来在东北地区难有大的发展。

3　产业转移重点承接地区

发达地区纺织服装产业向中西部转移不仅符合国家的产业调整政策，可以获得中西部地区各级政府的扶持和当地优惠政策，且中西部良好的发展条件和优惠政策也吸引着发达地区纺织服装业的进入。

纺织服装业转移方向决定了产业发展的未来，纺织服装相关原料丰富的地区将获得市场更多关注并吸引更多的相关政策的倾斜，作为重要纺织原料供给地的新疆，其关注度在日益提高（陈晓燕，2015）。据有关资料表明，2016 年上半年，我国东部地区投资增长较去年放缓 7.3%，中部地区 17.2% 的放缓程度要更大一些，而新疆的投资则增长达 1.3 倍，西部地区投资增长率达31.4%，其发展速度明显加快。如以新疆为例，第二次中央新疆工作座谈会即提出大力促进新疆发展纺织服装产业带动就业。早在2014年，新疆就实施了以发展纺织服装产业带动就业战略并给予多种补贴（纺织品服装运费补贴、使用新疆棉花补贴、企业社保补贴、印染污水处理设施建设补贴等）。目前新疆已经形成了以乌鲁木齐—昌吉、石河子—奎屯、库尔勒—尉犁、阿克苏—阿拉尔、喀什五个有代表性的产业集聚区域，初步形成“三城七园”的产业集群发展格局。数据显示，国内外知名纺织企业中已有超过40家在新疆投资设厂。

按照孙瑞哲（2015）的观点，目前60%—70%的产业转移仍是围绕劳动要素成本进行。此外，沿海发达地区纺织服装业转移至中西部不仅可获中西部地区各级政府扶持，还可享受当地优惠政策，如新疆即全国最大优质棉花生产地（陈晓燕，2015）。另外河北、河南、江西、贵州、四川和陕西等省也将成为承接产业转移的重点承接地区。如以四川省为例，该省的桑蚕养殖和苎麻种植都是传统优势，有丰富的皮革原料和基础好、配套齐全产业，可重点承接高档丝绸、棉和苎麻制品、服装与皮革产业。再以河南为例，虽该省劳动力要素素质不高以及产业集群水平尚弱，但区位优势、劳动力资源禀赋优势和产业基础优势都有助于承接纺织服装业的转移（张超，2015）。

此外，可将东部地区中的河北省作为京津冀协同发展的重要承接地，是承接纺织产业转移的重点省份。中部地区中的河南、安徽、江西、湖南、湖北，其由于区位条件优势，前些年已经承接了部分纺织产业的转移，已具备了一定的产业集群的基础，如湖南在原料资源、人力资源、基础优势、区位、体制等方面都有较大的承接优势。此外，值得关注的还有西部地区。西部地区在承接产业转移方面还赶不上中部地区，但是贵州、陕西、四川三省的排名则分别是第2、10、12名，尤其是贵州，虽目前产业规模还不是很大，但其产业增长能力排名全国第1，技术创新能力排名全国第4，区位条件排名全国第12，是西部地区承接产业转移的重点省份（陆亚新，2017）。总体来看，西部地区的四川和贵州、云南、陕西、宁夏等省份资源较为丰富，政策优势较为突出，园区建设如火如荼，人力资源可有所保障，有较强的承接产业转移的能力，将成为承接纺织产业转移的重点区域。西部省份处于“一带一路”建设和“新丝绸之路”经济带中，具有广阔的产业发展空间。（陈建军，2002：64－74）此外，新疆地区由于其原材料优势和“一带一路”建设，承接国内纺织产业转移趋势增长较迅猛，将成为未来纺织产业转移的亮点。在未来，国内的产业转移将更看重市场和资源优势，高层次转移趋势也正在形成（孙瑞哲，2015）。

4　产业转移中的技术创新

传统产业纺织业对国民经济发展起着非常重要的作用。但是伴随后配额时代、无配额时代的到来，我国纺织服装业面临更激烈的国际竞争（庞金玲、李瑞洲，2010）。而技术创新是今后我国纺织产业发展关键之一。东部地区是我国纺织产业传统高地，在综合实力前 10 名中占据 6 席，产业规模前 5 强均在东部地区。北京、广东、上海是我国知识密集程度最高的区域，是文化教育和科学技术最发达的地区，其技术创新能力排名前三强，远高于全国其他省份。东部地区除海南省外都是我国纺织产业强省，又毗邻北京、上海和广东三大技术创新中心，具备向高端发展的潜力和向中西部地区辐射的能力。因此，未来的东部地区更具备向高端发展的潜力优势，具有向中西部地区辐射的能力。技术在扩散时会形成梯度，在纺织产业中表现为纺织企业的很多设计和研发部门保留在东部，而生产工厂逐步向西部转移（陆亚新，2017）。

不过，江苏、浙江和北京因土地和劳动力成本的上升，其纺织产业发展的区位条件已不具备优势。此外，东部地区更应注重自身产业结构的升级，可发展高端纺织服装业，并在产业转移的过程中理性选择产业转入地，由简单低成本驱动向价值创造转变，以增强东部与中西部地区产业链间的联动合作，促进我国全产业结构调整和创新性发展。仅以江苏为例，纺织服装业即江苏国民经济传统支柱和重要民生产业，亦是国际竞争优势明显的产业，其主营业务收入、利润总额均居全国前列。无论是江苏省张家港的毛纺毛衫、常熟的服装、海门的家纺，还是江阴的毛纺、吴江的丝绸、常州武进的织造，还是宿迁的纺织服装业，都是颇具产业集群之实力的。更多研究表明，“在资金比较充足的情况下，产业转移和技术创新间存在一定程度互补关系；而在融资约束情况下，二者存在相互替代关系，从而互相抑制”（李晴，2015）。

产业转移给我国纺织服装业带来的不仅是发展机遇，也不仅是经济效益，还有新的发展理念、新的工艺技术，最终亦为产业升级奠定了基础（郝杰，2008）。总体来看，虽然目前东部沿海一带纺织服装业已形成了颇有效率的多个产业集群，但随着我国经济结构性调整优化的深入，纺织服装行业在全国的总体格局也将面临重大改变（汪秀琛，2007：41－42）。产业转移既是推进区域协调发展的必然选择，也是推进区域协调发展的客观要求，前者侧重经济层面，后者与社会层面相关（王欣亮，2014）。我国纺织产业在新的历史条件下，正面临新的发展机遇和挑战，产业转移升级的发展趋势也在日渐明显。由于产业转移受到政府驱动力的正向牵引和反向阻碍变得日渐明显（宋炳林，2014：74－78），各地区政府应抓住时机，适时转入或转出部分纺织服装企业，加快产业结构升级与调整（陆亚新，2016：151－153）。按照孙瑞哲（2018）的观点，近年来纺织产业转移进度在明显放缓，且东部企业的转型升级投入再度成为行业投资增长主动力，而中西部转移投资项目则出现了停滞，资源、成本、政策、体制等均是影响因素，产业区域布局结构也急需按照市场经济规则，并应因地制宜，进行必要调整。如将国内和国外情况结合起来看，孙瑞哲（2018）的观点颇具启示性：“受国内制造成本高企影响，纺织企业境外投资快速增长，虽然企业跨国资源配置的能力大幅提升，但在国内投资减少也对产业整体布局效率及转型升级进度产生直接影响。纺织行业急需建立国内外协调互补、区域间分工互动的产业布局体系，为高质量发展奠定布局基础。”

第3章　京津冀协同发展概述

第1节　背景

从时间点来看，1986年国家领导人既已提过环渤海区域合作问题（谷国峰，2005），京津冀区域经济概念随之出现。从2004年开始，经过近十年发展，区域经济合作发展才被提升到一定的高度。2011年，河北省提出打造“环首都绿色经济圈”并重点发展环首都的13个县市，以承接北京产业转移和经济外溢服务之功能（高富强，2014）。北京提出的是打造全国的政治和文化中心。同年，国家“十二五”规划提出了“推进京津冀区域经济一体化发展，打造首都经济圈，推进河北沿海地区发展”。至此，推进京津冀区域经济一体化发展理念被正式写入国家级规划。从首都北京的视角来看，“推进京津冀协同发展以及建设和管理好首都是国家治理体系和治理能力现代化的重要内容，而优化首都功能既是这一轮京津冀区域规划的突破点，也是难点”（张兵，2016）。

按照来自学界的观点，京津冀协同发展是我国经济社会和生态环境协调科学发展的战略性问题（许文建，2014），其提出有着深刻的时代背景和现实内涵，并由首都经济圈概念发展而来（蒋向利，2015），包括了北京、天津以及河北省的保定、唐山、石家庄、邯郸、邢台、衡水、沧州、秦皇岛、廊坊、张家口和承德等地。2014年，习近平在北京主持召开座谈会，强调实现京津冀协同发展是面向未来打造新的首都经济圈、推进区域发展体制机制创新的需要，是探索完善城市群布局和形态、为优化开发区域发展提供示范和样板的需要，是探索生态文明建设有效路径、促进人口经济资源环境相协调的需要，是实现京津冀优势互补、促进环渤海经济区发展、带动北方腹地发展的需要，同时也是一项重大的国家战略。

第2节 京津冀协同发展要求

2014年，习近平就推进京津冀协同发展提出了七点要求①。

（1）要着力加强顶层设计，抓紧编制首都经济圈一体化发展规划，明确三地功能定位、产业分工、城市布局和设施配套、综合交通体系等重大问题，并要从财政政策、投资政策、项目安排等方面形成具体措施；

（2）着力加大对协同发展的推动，自觉打破自家“一亩三分地”的思维定式，抱成团朝着顶层设计的目标一起做，充分发挥环渤海地区经济合作发展协调机制的作用；

（3）着力加快推进产业对接协作，理顺三地产业发展链条，形成区域间产业合理分布和上下游联动机制，对接产业规划，不搞同构性、同质化发展；

（4）着力调整并优化城市布局和空间结构，促进城市分工协作，提高城市群一体化水平，提高综合承载力和内涵发展水平；

（5）着力扩大环境容量生态空间，加强生态环境保护合作，在已经启动大气污染防治协作机制的基础上，不断完善防护林建设、水资源保护、水环境治理、清洁能源使用等领域的合作机制；

（6）着力构建现代化交通网络系统，把交通一体化作为先行领域，并加快构建快速、便捷、高效、安全、大容量、低成本的互联互通综合交通网络；

（7）着力加快推进市场一体化进程，下决心破除限制资本、技术、产权、人才、劳动力等生产要素的自由流动和优化配置的各种体制机制障碍，推动各种要素按照市场规律在区域内自由流动和优化配置。

2014年7月23日，北京市发展改革委向北京市人大汇报京津冀协同发

---

① 新华网．打破“一亩三分地”习近平就京津冀协同发展提七点要求［EB/OL］．［2014－02－27］．http://www.xinhuanet.com/politics/2014－02/27/c_119538131.htm.

展情况时表示，北京市针对京津冀协同发展已研究部署了年内重点推进的9大类58项工作任务，并将在交通先行、助力经济、环保共建与服务于民四个方面实现突破。2015年4月30日，中共中央政治局召开会议，分析研究了当前经济形势和经济工作，审议通过了《中国共产党统一战线工作条例（试行）》和《京津冀协同发展规划纲要》。中共中央政治局审议通过的《京津冀协同发展规划纲要》即包括交通一体化细则、环保一体化细则和产业一体化细则。据财政部测算，京津冀协同发展未来6年需要投入42万亿元（振华，2015：5）。

1　交通

来自学界的研究表明“交通一体化是京津冀协同发展的先行领域，对调整优化城镇群空间布局和推动区域协同发展具有重要的引导和支撑作用”（孙明正等，2016：61－66）。交通对京津冀协同发展的顺利推进至关重要，特别是对现代化交通网络系统的构建以及对基于交通产业空间下的京津冀协同发展至为重要。道路设施的互联互通在京津冀协同发展中占据重要的位置。根据政府工作报告提出：“未来将抓好京沈客运专线、京唐客运专线、京张城际铁路、京昆高速北京段、国道110二期等重点项目，促进京津冀交通一体化。”① 如果结合具体资料来看，有多条未来在东西南北四个方向从北京放射性延伸的大通道正在积极推进。具体而言：东面京秦高速在2015年开工；南面新机场交通规划则跨越京冀之地；西面的京昆高速已实现通车；北面京张城际线路则进入可行性研究阶段②。结合资料记载，将来，北京将打造“一环六放射二航五港”的交通体系。其中，“一环”指首都经济圈环京的高速走廊；“六放射”指以北京为中心向六个方向放射的运输通道，分别是西北的京张方向、正东的京唐秦方向、东北的京承方向、东南的京津方向、正南的京开和新机场方向、西南的京石方向；“二航”是指首都国际机场和新建北京新机场；“五港”是指秦皇岛港、京唐港、曹妃

---

① 人民网．首都经济圈建设 多条放射大通道连起京津冀［EB/OL］．［2014－01－20］．http://auto.people.com.cn/n/2014/0120/c1005－24170852.html.

② 人民网．首都经济圈建设 多条放射大通道连起京津冀［EB/OL］．［2014－01－20］．http://auto.people.com.cn/n/2014/0120/c1005－24170852.html.

甸港、天津港和黄骅港。

值得关注的还有“北京大外环”的贯通，大外环高速公路又称首都地区环线高速公路，包括张涿高速、张承高速、承平高速、密涿高速、廊涿高速等，规划总里程约940公里，其中河北省境内约850公里①。北京市交通委的一位负责人表示，京津冀将交通一体化作为京津冀区域协同发展的先行领域，实现区域规划“一张图”。即使从京津冀城镇体系格局和产业布局调整的角度来看，京津冀区域交通网络形态在目前的中心放射状基础上加强各城市互联互通和对外直达以形成交通网格状结构依然显得颇为重要（程世东，2015：38－41）。如今，北京大七环即将全面贯通，河北有多达11条高速公路直达北京，涿州、固安、廊坊、燕郊、大厂等小城镇将被囊括于内，兴隆、廊坊、固安、涿州、涿鹿、张家口、崇礼等地也一一串联起来。北京大七环是继2009年六环贯通9年后又一条“首都环线”，“七环”的90%都在河北境内，这也将推动京津冀地区高速公路形成新格局。

在新能源汽车方面，京津冀新增新能源公交等至少占35%。交通运输部还发布了《关于加快推进新能源汽车在交通运输行业推广应用的实施意见》，并根据该文件制定了总体目标：我国到2020年，新能源汽车在交通运输行业的应用将初具规模，在城市公交、出租汽车和城市物流配送等领域的总量达到30万辆，其中新能源城市公交车将达到20万辆，新能源出租汽车和城市物流配送车辆共达到10万辆。其中，在京津冀地区的新增或更新的城市公交车、出租汽车和城市物流配送车辆中，新能源汽车比例不低于35%。值得关注的还有京津城际将引入天津机场。按“客货分离，快速疏解”原则，天津滨海国际机场将形成由城际铁路、城市轨道交通、快速路以及城市主干道组成的集疏运网络体系②。应进一步加快京津城际机场引入线工程、地铁2号线机场延长线工程、机场大道、津汉快速路等道路工程。资料显示，2014年开工建设的京津城际引入线工程将天津机场的直接服务半径进一步扩大，实现天津机场与铁路客运系统的有机衔接，与其他

① 人民网．“北京大外环”或后年贯通［EB/OL］．［2014－05－03］．http://politics.people.com.cn/n/2014/0503/c1001－24967180.html.

② 凤凰资讯．京津城际通机场明年初开建2号线延长线明年通［EB/OL］．［2013－12－26］．http://news.ifeng.com/gundong/detail_2013_12/26/32485666_0.shtml.

交通方式共同构建环渤海地区快速、便捷的综合交通体系。

2　经济

京津冀经济板块是我国经济发展的重要部分（寇冠彪，2016：24－26），该区域经济能否实现整体发展以及能否充分发挥首都经济圈的实际效用，对京津冀战略的顺利推进至关重要。2014 年 1 月 19 日，北京市人大代表、中关村管委会主任郭洪在参加北京市人大分组讨论会时透露，从 2014 年起中关村将牵头建立一条“京津冀大数据走廊”，中关村数据交易市场将启动规划建设，“创新资源”将成为连接京津冀地区的纽带。此外，在天津市宝坻新区，一座“京津中关村科技新城”即将崛起，助推京津冀协同发展，京津两座城将用两个 CBD（商务中心区）的互联上演一出“双城记”①。此外，京津冀三地旅游企业及相关政府部门也将充分接触，为“京东旅游圈”提供支持。如平谷区已与河北兴隆、遵化，以及天津蓟县签订了框架协议，以打造北京东部旅游联合体来推动“京东旅游圈”的建成。“京东旅游圈”也将首先整合周边包括河北、天津的优质旅游资源，并根据不同的特色遴选出精品旅游线路（北京日报，2014）。按照来自学界的研究，区域经济一体化是京津冀都市圈发展的重大问题，不仅关系到京津冀区域自身的长远发展，还关系到中国区域协调发展的大局（孙久文、丁鸿君，2012：52－58）。

在疾病预防控制方面，资料显示，北京市、天津市、河北省三地疾病预防控制中心已签订《京津冀协同发展疾病预防控制工作合作框架协议》。根据协议，三方将共建京津冀“疾病防控一体化”合作平台，对重大疫情将联防联控。此次签约是为贯彻落实京津冀协同发展总体要求。在科技研发和成果转化方面，北京东南约 130 公里的天津宁河县西南部，有一块北京的“小飞地”——北京清河农场，这里将崛起一座京津合作示范区，成为对接北京科技研发和成果转化的新城②。目前，北京首创集团、天津未来科技城、宁河县政府已经启动规划建设。到时从北京中关村到天津武清、北

① 人民网．联手中关村打造京津创新共同体［EB/OL］.［2014－04－11］. http://leaders.people.com.cn/n/2014/0411/c370354－24878729.html.

② 人民网．京津合作示范区启动建设 将形成百余公里创新带［EB/OL］.［2014－05－19］. http://leaders.people.com.cn/n/2014/0519/c58278－25035653.html.

辰、宝坻、东丽、宁河、滨海新区，将形成一条近150公里的创新带（北京日报，2014）。另有资料显示，京津冀三地金融工作部门正酝酿在三地交界处共设金融试验区，尝试通过金融改革与创新助推三地实体经济发展。北京将依托金融街作为国家管理中心的优势强化总部金融，重视首都金融业面向全国配置资源的作用。

3 环保

京津冀协同发展正在中央的主导下顺利推进，在推进过程中如何推进环境保护一体化也是急需解决的问题之一（常纪文、汤方晴，2014）。京津冀在快速推进的进程中，由于缺乏严格的资源环境空间管理措施，出现了工业园区发展成片、污染排放监管不严等现象，而水资源短缺和生态失衡等区域性环境问题也在不断挑战资源环境承载底线（吴殿倬，2016：210－211）。因此京津冀三地不仅在经济、政策方面实行一体化，环境方面也已进入全面一体化日程。如针对雾霾天气的防治工作，河北省气象局联合京津气象部门制定了《人工消减雾霾技术方案》，目前已获取一定空间探测数据，可为通过人工措施缓解雾霾压力提供初步依据。河北还通过建立地面环境气象观测系统、人工增雨雪作业、推进空气污染防治气象保障工程建设以及开展环境气象技术研究，探索消减雾霾新路径。此外中央财政新增设大气污染防治专项资金，首批安排50亿元支持北京、天津、河北等5省份的大气污染治理。京津冀协同发展是国家战略，河北在承接北京非首都功能的过程中需要保护生态环境（宋海鸥、王滢，2016）。

京津冀协同发展不是去工业化，而是实现更加高级的工业化，而生态保护是建立京津冀协同发展新战略的出发点和理论基石（杨德春，2015）。特别是随着首都经济圈上升到国家战略，协同京津冀和周边地区共同治理大气环境的计划逐步提上议事日程。比如城市发展改革委委员刘伯正在北京国际节能环保展上表示“北京对高污染、高排放的企业和产业的不疏解、不转移，而是要就地淘汰和退出”。更多资料表明，为了共同推进生态环境建设，京津冀将研究制定统一的生态红线划定标准，共同开展划定生态红线相关工作。

4　服务与物流

被列为京津冀三省市区域旅游合作重点的“2014 京津冀旅游一卡通”全面发行。当地市民持一张卡可在京津冀 600 余家旅游景区享受优惠门票价格。北京、天津、河北三地旅游部门合作推出的旅游一卡通，将进一步整合优质旅游资源，为三地输送更多周边客源，助推京津冀旅游合作发展。另根据《天津市推进电子商务发展三年行动计划（2014—2016）》，天津将加快快递物流体系建设，完善冷链物流体系，实现从出库到消费者的全程无缝对接，实现京津唐地区 1 小时冷链配送。此外，天津将加快空港物流园区、分拨中心、仓储中心以及航空、陆运集散中心和城市末端配送快递网点建设。客观而言，传统服务业跨省市合作受到的地域限制较大，而现代服务业跨省市发展的障碍相对较少，且随着网络技术和交通基础设施的完善还会越来越便利。同时，由于现代服务业发展水平对地区经济社会综合发展水平的现代化程度至关重要，因此可将统筹推进京津冀现代服务业一体化作为推进整个京津冀经济一体化的着力点（于刃刚，2009：30 – 33）。同时，区域现代物流被认为是区域经济一体化的桥梁和纽带，京津冀协同发展的实质性进展与现代物流的发展关联很大。京津冀区域物流一体化可谓至关重要（丁俊发，2014）。按照于刃刚的观点，可着力加快推进京津冀区域金融、物流、技术研发等现代生产性服务业和旅游等现代生活性服务业的一体化进程。

第 3 节　京津冀产业结构、城市群落、发展方向定位与产业布局

1　产业结构

产业结构调整优化是区域经济一体化的重要内容（任伟峰、马英杰，2015）。京津冀协同发展已经上升为一个重大的国家战略，在京津冀协同发展中，产业结构的调整处于核心地位（李春生，2015）。根据党中央、国务院有关工作部署以及京津冀地区产业协同发展的需要，工信部、北京市人

民政府、天津市人民政府以及河北省人民政府联合编发了《京津冀产业转移指南》，以引导京津冀地区合理有序地承接产业转移，优化产业布局，加快产业结构调整和转型升级。京津冀三地在发展方式转型与产业结构调整中有各自的优势与劣势，面临不同的机会和威胁，追求不同的发展愿景和利益诉求（刘安国，2012）。据统计，第三产业比重仍在继续提高。如2016年京津冀三种产业构成为5.2∶37.3∶57.5，与2015年相比，第三产业比重提高了1.4个百分点，第一、二产业比重分别下降了0.3个百分点和1.1百分点，其中北京三产比重突破80%，达到80.3%，且比前一年提高0.6个百分点，而天津、河北三产比重分别为54%和41.7%，分别提高1.8个百分点和1.5个百分点。北京第三产业的占比和增比说明北京正在有序疏解非首都功能产业，像服装加工制造型企业的搬迁和减少，导致北京2015年第二产业增加值相比2014年减少了2.16亿元。这说明北京正在不断调整优化产业结构，疏解北京劳动密集型产业，以优化北京产业布局，加快产业升级转型。

在京津冀地区，北京、天津的高新技术产业处于全球垂直产业分工的中间环节，缺少高附加值核心产业链环节，其集聚效应大于扩散效应，发展差距依然较大（陈叶军，2018）。从第一产业增加值来看，河北省占比仍然较高，京津两地占比较低。河北一直是京津地区农副产品和相关服务的重要供应地，一方面资源丰富，另一方面劳动力充足，其在为北京的发展提供有力支持的同时也具有区域优势，可主动承接北京相关产业的转移。尤其是纺织服装类密集型企业的转移，可发挥河北劳动力资源充足优势，有效增加就业率，促进经济的发展。但是，面对京津冀经济一体化协同发展，“河北的产业结构调整仍然滞后于京津冀经济一体化发展，导致经济发展的后劲不足”（张昆宇，2015）。

如从第二产业的增加值来看，北京市第二产业的比重近年来在不断降低，目前增长较缓慢。河北省的第二产业比重增加迅速，同时天津市的第二产业比重也较高，这显示出在京津冀内部第二产业比重分化趋势明显。在京津冀区域经济一体化影响下，产业转移使北京第二产业比重明显降低，河北作为主要的承接地，其第二产业比重显著提高。北京服装加工制造业作为首批搬迁的产业，对于河北省第二产业比重的增加具有一定的影响作用。

如从第三产业来看，京津冀三地之间的差异明显，北京市依靠其长期的积累，现在第三产业已成为主导产业，增长迅速。更多研究也表明，北京的产业结构在逐年优化，且后工业化特征明显（武义青、张晓宇，2017）。天津和河北第三产业也出现快速增长，但仍以第二产业为主。根据产业经济学相关理论，像纺织服装类等第二产业从北京地区转移到河北，河北的经济基础会得到进一步的加强，随着产业一起转移过来的必然有新的技术及管理经验。这些对于河北省的经济发展都是十分重要的。随着经济基础不断优化，河北省自身也会不断调整第二产业，实现经济结构的总体转变，从而使第三产业比重在此过程中也得到提升。

近年天津装备制造业和金融业发展较快。装备制造业增加值占规模以上工业的36.1%，并拉动了全市工业增长3.7个百分点，同比提高1.6个百分点，其中航空航天、汽车制造、电气机械、专用设备等重点行业实现两位数增长；金融业增值1735.3亿元且增长9.1%，占地区生产总值的9.7%。河北目前仍以第一和第二产业为主，装备制造业占规模以上工业的比重达到26%，成为工业第一支柱行业。河北应该在京津冀协同发展中明确自身的发展定位，作为非首都产业的主要承接地，在巩固自己原有重工业基础上，努力发展第三产业，不断调整产业结构，使其趋于合理化发展。总体看，京津冀产业结构调整会不断促进相关产业在该区域内流动和转移，对北京和河北各自产业结构发展定位十分明确，北京重点发展第三产业，河北则是以第一、第二产业为主，在产业结构调整的同时，对于不符合首都发展定位的纺织服装类产业须转移出去，寻求新的发展空间。此外，京津冀协同发展须坚持以问题导向和资源环境承载力为基础，且应立足于各自的比较优势，符合现代产业分工要求，以区域优势互补原则与合作共赢理念为导向（周伟、蔡培，2016）。

2 城市群落

城市是现代文明的标志。城市群概念最早由法国学者戈特曼于1957年提出，他认为城市群是经济社会发展的自然产物。目前世界上主要有40个城市群，其经济规模占世界经济总量的66%，我国的城市群则承载着中国

2/3 的经济总量（文辉，2013）。城市群是未来我国城市化的重要方向，也是我国逐步城市化发展的必然结果（丁聚红，2013：60－61）。目前京津冀地区已形成了典型的城市群。

产业结构的调整与城市化进程相互存在着十分紧密的联系（王远，2015）。京津冀协同发展亦应考虑以京津冀城市群建设为载体（周伟，2016）。京津冀城市群概念由首都经济圈发展而来，其未来发展目标是明确三地功能定位、产业分工、城市布局、设施配套和综合交通体系等重大问题，尤其要加大对协同发展的推动，可自觉打破自家“一亩三分地”思维定式，发挥环渤海地区经济合作发展协调机制的作用。京津冀地区是我国城市群、港口群和产业群最为密集的区域之一，在国民经济整体格局中占有重要战略地位（肖金成等，2015）。京津冀城市群呈现双核心发展，群内城市的发育还不均衡，有效的协同发展机制则是面临的新机遇（李磊、张贵祥，2015）。京津冀城市群包含了北京、天津两大直辖市及河北省的保定、唐山、廊坊、秦皇岛、石家庄、张家口、承德、沧州、衡水、邢台、邯郸、河南省安阳等 14 个城市。这些城市的发展各自之间存在一定的经济梯度和产业梯度，其第一、二、三产业发展不均衡，空间差异化和产业结构差异化并存。城市群不同规模、等级城市服务业发展的重点、空间结构等差异很大（曾春水等，2018）。而更多的研究则表明：京津城市的发展质量指数高于河北省 11 个地级市，衡水市发展质量指数最低，而天津生态可持续发展质量指数低于城市群内其他城市（李磊、张贵祥，2015）。

经济发展和社会进步不仅体现在城市数量的较快增加，也体现在城市质量的提升，而城市化和城市发展过程的影响因素很多，无论是城市还是人力资本都已被国内外学术界广泛关注（赵振坤，2012）。如孙瑞哲（2015）也认为，在我国纺织服装产业转移的五个特点中，人力资源被认为是转移升级的关键，政策导向是产业转移的重要因素。实际上，京津冀城市群应重塑其地理新格局，以加速要素自由流动。制约京津冀城市群发展的瓶颈在于行政分割、市场分割和空间分割所导致的要素空间自由流动限制，破除这三大分割关键在于同城化的顶层设计和开放的共生理念（李国庆，2016）。在京津冀协同发展背景下，北京服装业将有序疏解非首都功能产业，进行垂直转移，调整优化城市布局和空间结构。天津、河北可以努力提高城市群一体化水平，提高其综合承载能力和内涵发展水平。天津、河北具备承接北京疏解出的相关产业的条件，尤其是河北在劳动力资源、土地、交通便利性等方面优势比较明显，能对接北京服装产业的转移。从目前看，河北的石家庄、保定、廊坊、唐山、沧州等城市具有一定的产业承接基础，具有良好区位优势（如图 3－1），且劳动力资源丰富、生产成本低，加工制造、厂房资源丰富。此外，京津冀区域内部科技要素分布不均，科技合作机制和政策协同还不完善，促进创新资源整合的一体化要素市场不活跃，区域内部创新资源配置落差较大（陈诗波等，2015）。

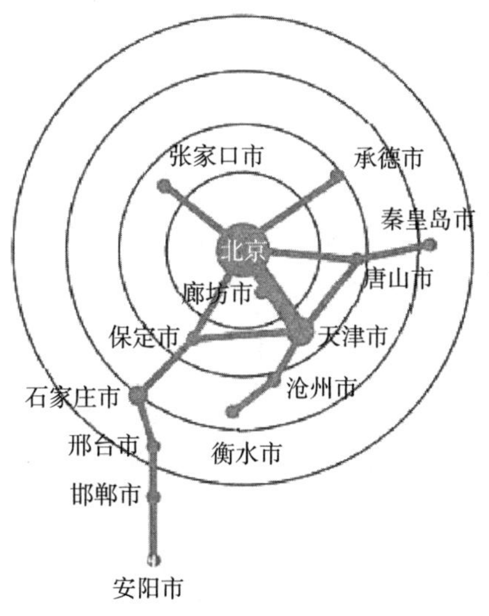

图 3－1　京津冀城市群

按专家观点，在未来，纺织服装业会逐步剥离“微利行业、汗水经济、劳动密集型、低附加值制造业”这些传统印象标签，“时尚产业”将成为纺织服装业未来发展的个性标注（孙瑞哲，2017）。从服装产业的未来发展来看，相较而言，服装产业链上低附加值部分在北京已经失去优势，无论是政府的宏观调控还是遵循市场的驱动，服装业加工制造部分和大规模批发、零售都将转移到这些地区。时尚产业涉及的研发、设计、创意等高端部分可留在首都。在市场规律的驱动下，时尚相关产业可向北京的周边地区倾斜，从而完善整个京津冀区域内服装产业链，实现北京服装产业的疏解和转型升级。

3 京津冀协同发展方向及定位

京津冀协同发展战略将产业升级转移作为三个率先取得突破的重点领域之一，同时要求产业联动发展取得重大进展，这要求探讨如何进一步明确产业发展定位和方向，以进一步加快产业转移对接和转型升级以及优化产业空间格局（李国平，2017：92－95）。随着京津冀协同发展上升为国家战略，产业一体化也就成为京津冀协同发展战略的关键支撑。结合各方资料来看，京津冀协同发展应当是这样一个方向：以市场一体化建设为基础，促进区域内资金、技术、人才、信息等资源的自由流动，以完善的城市体系为保障，从而建立城市等级序列完善、结构梯度合理的联动发展城市群。在协同发展的过程中，以产业合作为核心，城市职能定位要有所明确，各城市产业结构调整和空间重组有助于打造产业内部纵向与产业之间横向联系的产业价值链条。从长远发展来看，京津冀经济圈将是以京津为核心，以周边城市为依托的高度经济一体化的都市圈。当前，制造业转移和疏解是对北京纺织服装业最大的影响，目前北京纺织制造业已基本疏解、转移完毕，留在北京的服装制造基本以小规模为主，同时也在疏解过程当中。

在定位方面，京津冀城市圈应重点培育和发展京津周边次级城市的建设，并形成与核心城市相互衔接，空间布局与功能协调发展的城市体系。京、津尤其是北京在城市规模逐渐膨胀的情况下，经济发展处于过度竞争状态，需要通过合理的产业规划转移来缓解。这一地区的经济发展和产业转移应该从京津冀整体城市群的角度出发，协调各方利益。也就是说，京津两大城市的发展与环京津区域城市化同步进行，且要分散大城市职能，合理发展中等城市，以加快小城市建设，为京津冀区域的产业转移打下坚实的基础（何海军等，2008）。此外，值得关注的还有，多年来河北省受京津两大城市自我发展的影响（张晓勇，2005：49－51），其经济发展定位摇摆不定，河北应结合京津冀协同发展战略，在定位上进一步梳理，为培育自己的特色产业打好基础。京津冀区域区域产业定位如图 3－2 所示。

此外，强化北京四大核心功能并落实首都战略定位，以推动京津冀协同发展和调整非首都核心功能的疏解也是不可被忽视的问题。北京的非首都功能既包括了首都四大核心功能以外的其他功能，也包括了直接导致北

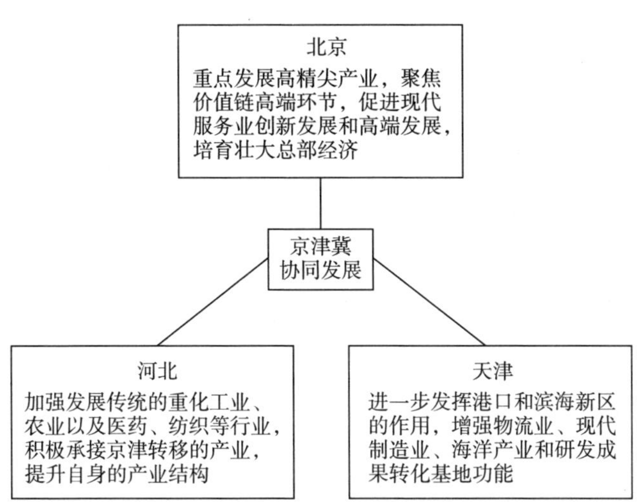

图3－2　京津冀区域产业定位

京大城市病的其他功能，有的功能虽然与四大核心功能有关，却可能导致大城市病，这也属于非首都功能领域（连玉明，2015）。北京的部分工业制造业、批发市场、物流需要疏解，把这些非核心功能疏解出去可带动周边城市的产业发展，也可有效改善北京中心城区功能，缓解人口过度聚集的状况。北京应充分发挥其人才、技术、信息齐备的首都优势，重点发展具有更高层次的知识密集型产业、信息产业、金融产业和“总部经济”。北京四大核心功能如图3－3所示。

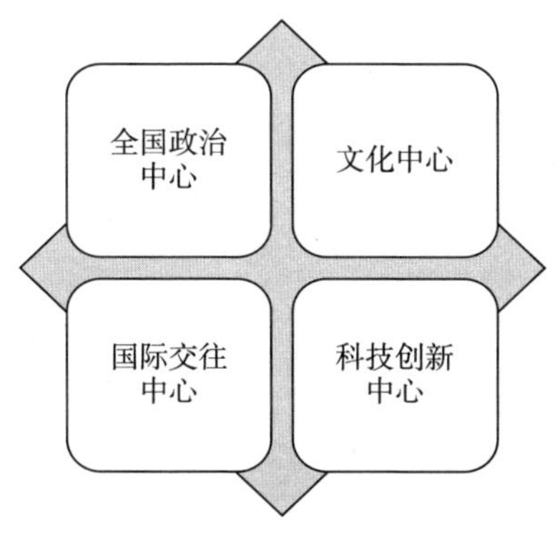

图3－3　北京四大核心功能

对于天津，可进一步发挥港口和滨海新区的作用，以增强物流业、现代制造业、海洋产业和研发成果转化基地功能。天津滨海新区的产出占天津市的一半以上，其发展要和港口优势结合起来，以推动河北与北京间的产业链分工（陈秀山、左言庆，2014）。同时，天津可发展以电子信息、汽车、化工等为主的先进技术制造业、以港口为主的交通运输业，充分利用天津沿海区域盐、油、气资源丰富的特点，发展以石油化工为主的多种化工工业，开拓离岸金融业务。而河北省可从自身的资源和基础条件出发，放到京津冀协同发展的大格局中来谋划推进，走绿色崛起之路，努力促进整个区域的均衡发展和共同繁荣。河北除了要继续加强发展传统的重化工业、生态和特色农业以及有比较优势的医药、纺织等行业外，还应积极承接京、津转移的产业，提升自身产业结构。如京津冀纺织服装产业协同发展推进联盟在衡水成立就是例子。以重点承接京津食品加工、纺织服装、商贸物流产业和技术转移的衡水工业新区为例，预计2024年将形成年产服装2亿件的规模。

京津冀协同发展打破了京津冀各省、各地区间的壁垒，自该战略实施以来，三地人才的支撑资格互认对发展有很大的帮助。河北环绕京津，地理区位、资源禀赋、产业基础、设施条件等都是全国最好的省份之一，且河北与京津的产业协作有良好的基础，有配套条件和人缘优势，因此可吸引京津战略性新兴产业、高端产业制造环节和一般制造业的整体转移。秦皇岛、唐山和沧州沿海地区，特别是唐山的曹妃甸区和沧州的渤海新区，以循环发展为方向，可重点承接京津部分装备制造等重化工业转移，与天津合作发展大宗港口物流和临港工业。张家口、承德和秦皇岛可依托自身优势着力建设特色旅游城市，并与京津共同打造文化旅游、高端休闲、健康养老服务业基地。廊坊、保定地区可利用地缘优势，抓住京冀共建北京新机场及临空经济区有利时机，发展临空经济、现代服务业、现代物流等产业。石家庄、邯郸、邢台、衡水重在吸引京津战略性新兴产业、高端产业制造环节和一般制造业整体转移，推进科技创新及成果转化基地建设（王民，2014）。对三地部分企业而言，葛传兵强调，三地的部分纺织制造业可通过一级公司资本相互参股，以形成决策法人治理结构，使资源更加有效利用，使人、财、物流动更加充分，使科研和成果共享。

4　产业协作要素平台与区域产业布局分工

京津冀是我国资本最密集、技术最先进、人才最集中的地区，需要构建一个科学的市场机制和平台来引导纺织服装产业生产要素在区域内自由流动，以打破行政地域的限制，从而使各省市能够最大限度地发挥自身的比较优势。当前，纺织服装行业已经由廉价劳动时代转向人才红利时代，而人才是驱动产业升级的关键资源。因此既可通过建设区域性人才市场以打破区域内人才自由流动的壁垒，也可通过在户籍制度、就业政策和社会保障等方面的协调来强化衔接，从而为促进高层次资源共享营造良好的政策环境。产业的转移不仅是位置移动，还会伴随人才和技术的移动，因此当地政府能否通过硬件环境改善和软实力提升建立完善的人才吸引制度，是能否实现产业可持续发展的重要环节。基于这种考虑，可通过政策协调、制度衔接、服务贯通实现人才资源的共享，同时促进区域内人才流动以发挥人才资源的整体优势。

京津冀产业协同发展离不开金融的支持（张军扩，2016）。北京金融业发达，具有相对完善的金融服务，但对于中小企业信贷和金融支持较少。河北省的金融机构较少，虽然中小企业是纺织服装产业的中坚力量，却得不到相应的资金支持和金融服务，因而不敢将钱投入技术研发和产品质量的提升上面，长此以往将不利于产业创新。基于此，政府可逐步完善政策性资金支持，可简化贷款的行政审批手续，提供金融服务保障。此外，京津冀拥有北京服装学院、天津工业大学和中国纺织科学研究院等诸多著名纺织类高校和科研机构，有丰富的科技资源和智力成果，可为产业发展输送高端人才。基于此可逐步完善产学研合作机制，使高校和科研机构的研究成果转化为生产力，以促进纺织服装产业的良性发展。

产业转移作为一种生产要素的空间转移方式，实现了生产要素在地区间的重新配置，对促进产业更新换代、技术进步起着重要作用（余斌、陈秧贵，2010）。而生产要素在产业转移中起着重要作用。北京地区生产要素成本的上升是促使北京向河北进行产业转移的重要因素，而培育和完善生产要素市场是保障要素能够跨地区自由流动的重要措施。对河北而言，应利用其地理区位优势来积极引进资金、技术和管理人才等要素，推动生产要素的跨地区流动。同时，政府应制定和实施优惠鼓励性政策以吸引京津地区先进生产要素到河北。

区域经济协调发展本质是发展中的协调，是在市场机制和政府干预共同作用下，发挥区域优势以使区域间形成相互依赖、合理分工、协调发展的经济统一体（孟翔飞、李飞，2007）。区域经济协同发展的本质是区域的分工，根据区位理论，工业区位应该选择能够获得最大利润的市场区域。京津冀纺织服装产业协调发展要使产业分工和城市功能定位吻合。这有助于优化产业分工，推动城市错位发展，可避免由产业结构相同而导致的竞争和内耗。根据城市的资源禀赋条件，这有助于发挥城市比较优势，实现经济效益、环境效益和社会效益的最大化。北京是人才密集地区，且拥有众多高校和科研机构，技术创新能力强，因此应该依托首都的人才资源来发展高端设计，同时注重开发高附加值产品。

对北京而言，可着重做好以下几点工作。（1）加快研发平台的建设，为设计和技术研发人员提供研发、设计、展示发布等全方位配套服务。例如，可建立完善类似751D·PARK北京时尚设计广场的项目，聚集国内外顶尖的设计师，从而共享设计资源。（2）在信息爆炸时代，流行资讯也是很重要的生产要素，因此北京应提供政策和资金支持以促进专业的流行信息服务企业发展。当前时装和时尚产业信息咨询服务在我国还处于萌芽阶段，国内只有中国纺织信息中心和中国流行色协会等少部分机构在做时尚产业的信息服务，还没有类似于WGSN这样专业的第三方公司来为服装企业和品牌公司提供趋势分析及新闻服务。（3）中关村是我国科技中心，有大量高科技信息公司，可引导科技、媒体和时尚创意产业的融合。（4）大力发展北京时装周、中国国际服装服饰博览会和北京服装学院时装周等展会，以吸引国内外知名时尚品牌聚集，分享最新的流行资讯、设计资源和技术工艺，推动北京成为世界的流行中心。（5）加强三地行业会的合作，如三地行业协会在北京时装周举办的“京津冀青年设计师百强推选活动”就对提高整个地区的产业水平和时尚水平有着很好的推动作用。

北京的产业转移带动了河北特别是该省农村劳动力的就业，同时也对该省纺织服装业产业集聚和整合推动较大，特别是对行业的规模化、产业化有积极作用。对河北而言，可着重做好以下几方面工作。（1）河北省是产业承接和升级的重要基地，可侧重产业转型和升级、商贸物流、环保和生态涵养以及科技成果的转化，应对此提供优惠政策，引进人才和科技；（2）由于环京津区位被认为是河北省的最大“资源”（林超英，2010：10－11），河北省可加大承接纺织服装产业转移的力度，加强对现代化工业园区的建设，并在承接产业有序转移过程中提供技术、装备、人才和资金等配套服务以优化产业结构，从而打造完善的纺织服装产业链；（3）由于河北省工业园区紧邻北京、天津两个全国超强的研发基地，有大量技术资源和科技成果，因而河北应该和北京、天津的纺织高校和科研院所签订战略合作，引进先进技术工艺和设计资源，增加产品附加值；（4）河北应着重搭建纺织服装产业转移承接平台，推动纺织服装产业向技术密集型和知识密集型转变，形成产业集群，发挥规模效应。

天津的城市定位是全国先进制造研发基地、北方国际航运核心区、金融创新示范区和改革开放先行区，并拥有良好的纺织工业基地。对天津而言，可着重做好以下几点工作。（1）天津是传统纺织工业基地，拥有天津工业大学和天津纺织工业研究所、天津服装研究所等科研机构，在新材料和技术研发方面具有较强的竞争力，也有较大的产业规模，这都有利于技术成果转化以促进服装产业的发展，可带动河北的服装产业发展，达到产业升级的目的。天津也可借力北京技术研发来发挥服装产业的基础优势，以提升先进纺织服装制造业的辐射带动能力。（2）天津有发达的物流业，且处在北京与河北的中间位置，是连接三地的重要交通枢纽。天津港是中国北方最大的港口，便捷的物流服务是纺织服装产业发展的重要保证，天津可发挥港口优势，把自身打造成一个纺织服装产业出口和贸易的重要平台。此外，天津滨海自贸区是国家批准成立的京津冀协同发展的对外开放平台，可促进京津冀纺织服装产品出口贸易，拉动三地的销售增长。天津可利用自贸区带来的金融创新服务纺织服装企业，鼓励京津冀服装产业生产要素的自由流动，优化三地资源配置。

5　区域产业协同发展保障及需要注意的问题

京津冀三地可建立政策协调机制以保障三地政策沟通与协作，以落实国家关于《京津冀协同发展规划纲要》的政策和规划。三地政府可根据自身的产业分工和城市定位，从产业区域整体发展考虑，来了解企业的真正需求和京津冀纺织服装产业在全国的发展情况，制定能够吸引企业的优惠政策和长远发展规划，并在政策上保障区域纺织服装产业发展。在税收方面，可统筹地方税收优惠政策，还可对纺织服装的高新技术企业区域内提供统一的税收减免政策和融资服务，以为企业的发展提供资金来源。

同时，行业协会和企业可积极促进区域内税收优惠改革和金融服务标准化，避免企业因行政管辖的区域不同被差别对待。在信息化管理平台建设方面，三地可建立产业信息化管理平台，探索企业层面的合作机制，以促进企业间的联系，保障区域产业规模优势的发挥。例如可以纺织协会和中国纺织信息中心等信息平台为基础，打造区域资源信息共享平台，为企业生产和人才流通提供信息服务。在品牌发展方面，可依托北京市文化创新和科技创新战略的主战场，利用建设“时装之都”和“设计之都”的契机，借助品牌塑造工程。河北、天津可尽快完善品牌发展的政策扶持体系并制定细则，打造优秀品牌联盟，扩大区域服装品牌整体知名度，扩大京津冀的纺织服装品牌普及程度。对品牌企业而言，可借助政府和协会的宣传推广平台，提升品牌知名度，形成独特的品牌风格和设计美感，提升高附加值产品的开发，推动产业链的升级。值得关注的还有，2014 年由中国纺织工业联合会牵头，以北京纺织服装协会、天津纺织服装协会和河北纺织服装协会三家为主体的京津冀产业协同发展产业联盟形成。联盟的成立推动了京津冀产业链生态圈的形成，有助于形成自有品牌的京津冀产业极，将来亦可和长三角、珠三角形成有着互补性的新的增长极。

虽然近年来京津冀区域一体化取得了积极进展，在政府的大力推动下，区域经济联系更加活跃，产业分工合作水平进一步提升，市场整合度在不断提高，但京津冀区域一体化在深化发展过程中还存在一些问题，主要表现在以下几个方面。

（1）京津冀区域内发展不平衡问题还较突出。京津冀地区存在不合理的经济梯度，北京和天津两大中心城市处于绝对优势地位，其他城市不能很好衔接，城乡二元结构明显，这导致产业带动能力较差。此外，在京津冀区域之内部还没有形成有序的梯度，城市等级结构还不太合理，中等和小城市的发展还不充分，缺少发挥“二传手”作用的中间层次的城市，这导致发达地区的产业聚集、产业规模和产业链向周边落后地区的推广和扩散相对缓慢（林超英，2010：10－11）。

（2）京津冀区域产业分工合作水平有待提升。2005 年以来，随着区域经济的快速发展，京津冀区域在产业分工合作方面取得了明显的进步，产业同构化有所下降，产业转移与承接更为活跃。但部分行业区域差异化程度不够，部分区域分工不明确，这导致京津冀区域产业分工合作水平不仅与自身区域一体化要求还有距离，也与长三角都市圈、珠三角都市圈产业分工合作水平有一定差距。

（3）京津冀区域经济一体化协调机制有待完善（刘晓春，2010）。从地域看，京津冀虽是一个整体，但三地分属三个不同的行政区域，区域内部协调难度较大。到目前为止，京津冀区域一体化协调机制还没有完全建立起来，高层次合作磋商协调机制不够完善，三省市在产品、生产要素、服务市场等多个层面还不够统一、规范。

（4）京津冀三地产业错位融合协同发展应持续加强。在将来，京津冀地区纺织服装产业的发展应向错位融合、协同发展、分工合作、互补优势方向发展，从而避免区域内部同质竞争甚至互相消耗，以打造贯穿三地的高效产业链。在三地产业链的布局发展方面：北京可关注设计、研发、品牌建设；天津可定位高端制造、现代都市纺织；河北可关注原料供应、加工、人力输出、物流和终端产品集散，让京津冀产业协作名副其实。

（5）京津冀协同发展已进入资源整合新阶段（张晓勇，2005：49－51），合理的产业布局、产业分工和产业协作将是京津冀协同以及培育区域竞争力的颇为有效的途径。同时，对作为北京纺织服装业转移主要承接地的河北而言，京津两地应对转移到河北的产业融资给予支持，同时应着力发展河北物流产业，以增强其对转移而来产业的吸引力。同时京津冀应大力推进本地区公共服务的均等化，以推动产业跨区域布局，实现京津冀包容性增长（李书锋，2016：93－98）。

第4节　京津冀协同发展与“一带一路”建设

京津冀协同发展和长江经济带是近年中央提出的新的区域发展战略，而“一带一路”建设则是我国全方位对外开放的总体方略（刘慧、刘卫东，2017：340－347）。京津冀协同发展战略和“一带一路”建设均是当前和未来时期我国重要战略体系中的一部分，同为国家顶层设计，且二者在华北地区的大部分空间覆盖区域是重合的。二者同为国家战略，在促进国家经济发展的取向上一致（王倩，2016），可互为依托、互为支撑。更重要的是二者具有几乎相同的战略目标——要带动区域经济开放发展，逐步融入世界经济。因此京津冀协同发展应该同“一带一路”建设进行整合，使其成为“一带一路”建设的先导或龙头（杨德春，2017）。

促进京津冀协同发展，形成与“一带一路”建设互动新格局对我国经济发展有很大的促进作用（马伦伦，2016）。因此，研究如何实现这两个重要战略的对接，使其起到以点带面、相互促进的作用，既有利于京津冀区域经济的发展，更有利于各国经济的共同发展。客观而言，“一带一路”建设的提出无疑为京津冀地区的发展提供了更加广阔的发展空间和良好的机遇。如果能将京津冀协同发展战略以恰当方式融入“一带一路”建设中，就会以更低的成本、更高的效率获得全国乃至全球的优质发展要素，这也必然能为区域内产品拓展市场。同时，京津冀协同发展战略能为“一带一路”建设的实施提供支撑。因为京津冀地区具备先进的技术条件和优质人力资本，发展基础和条件都比较好，如果将这些要素合理地纳入“一带一路”建设中，将会有力地促进“一带一路”建设的发展。因此说，京津冀协同发展战略与“一带一路”建设之间相互依托、相互补充、相互支撑、相互促进。

在跨区域现代运输网方面，仅就交通设施现状来说，“一带一路”建设沿线的交通基础设施建设较薄弱，这直接导致“一带一路”建设沿线运输成本偏高，给沿线国家和地区的经济活动带来阻碍，将对深化区域合作构成一定障碍。由此看来，“一带一路”建设的优先和重点是交通基础设施建设。不过形成鲜明对比的是京津冀协同区域在铁路网密度、高速公路网密度等方面具有绝对优势。交通设施建设水平差异使两大战略对接存在可行性。北京为全国铁路运输的中心，天津港则地处辐射三北地区（华北、东北、西北），面向东北亚的重要位置，是“一带一路”建设的重要战略支点。因此在京津冀协同发展过程中，天津可充分发挥软环境和硬环境居间京冀的优势（王民官，2015）。加快京津冀协同发展，形成以高速公路为主通道，水运、铁路、公路、管道等多种方式并存的现代化运输网络，这将成为京津冀协同发展战略与“一带一路”建设对接的关键。如河北省地处环渤海的中心区域，是“一带”和“一路”的重要节点，且河北省与“一带一路”建设融合度高，关系密切（王倩，2016）。基于此，可构建跨区域路网系统，这要求两大战略应增强战略对话机制，在制定建设规划时做好沟通，力争一项建设工程辐射更多区域，降低产品输入、输出成本，提高经济贸易效率。此外，强化航空物流合作也很重要。陆路运输建设速度会受地质状况因素影响，所以建设航空物流线是短期内提升运输水平的重要选择，可有效缩短运输时间，节省交易费用，提高物流效率。

在技术资源优势互补方面，两大战略区域的比较优势明显不同：京津冀地区高端科技人才资源集聚，在技术创新领域具有优势，而“一带一路”建设在矿产、石油、天然气等自然资源方面优势突出（王娟娟，2015）。面对日益复杂的经济环境，如果两大经济区只专注于发展自己的优势产业，抵御市场风险的能力将受到限制。而如果两大经济区能够整合各自的资源互帮互助，京津冀地区可为“一带一路”建设提供技术方面的便利以提高生产效率。反过来，“一带一路”建设可为京津冀地区提供廉价的生产资源以降低成本。两者可以实现技术资源领域优势互补并加速发展，提升抵御市场风险的能力。

在低碳节能经济结构方面，生态文明建设是这个时代的主题，经济结构的转型升级势必要顺应生态文明建设的要求，因此大力发展低碳节能产业无疑是必要的。如在 2013 年城市 PM2.5 污染排名榜上，污染最严重的前十个城市中有七座城市位于京津冀地区，严重的雾霾天气也给京津冀地区经济发展和人民健康造成不利影响（李少聪，2015）。“一带一路”建设基本覆盖了我国所有的生态环境脆弱地区（王倩，2016：96－98）。京津冀协同区要求北京疏解非首都功能产业，并将河北建设成为京津冀生态环境的支撑区。可见，低碳节能成为两大战略面临的共同问题。要实现这一目标，必须明晰两大经济区的生态环境承载力，各地区要根据生态环境承受能力来规划经济结构。此外，两大经济区必须通力合作，互相学习，通过技术创新降低能耗。

在沟通和民心方面，民心相通是“一带一路”建设的社会根基，通过交流促进民心相通能为“一带一路”建设夯实民意基础和社会基础（赵磊，2017）。京津冀地区最大的特点是政治资源和人文资源丰富，历史文化底蕴深厚，是我国的政治中心和文化中心。从京津冀地区的特点出发，应该着力发挥这一经济圈在“一带一路”政策沟通和民心相通方面的主力军作用。其中，北京是首都，政治资源和文化资源丰富，可通过搭建平台、整合资源和发展服务等渠道，举办各种政策论坛，完善对话机制，举办社会文化活动等，创造“一带一路”沿线国家沟通交流的机会，在交流中实现政策沟通、民心相通。要想释放该地区在“一带一路”政策沟通和民心相通方面的活力，须致力打破壁垒，增强相互协作，从政治、经济、人文等各个层面搭建合作共进的平台，形成规模优势。其中，最主要的是加强与蒙古、俄罗斯、日本、韩国、朝鲜等国家的联系，推进中日韩自由贸易区与京津冀协同发展，增强“一带一路”建设北线的带动力。

在深化金融创新及充分发挥互联网金融优势方面，京津冀协同发展为三地开展科技创新协同发展创造了条件，科技创新协同发展离不开科技金融的支持（许爱萍，2015）。京津冀地区应通过整合资本，搭建更多金融服务平台，从而将闲置资本投入更多好的发展项目中去，以充分发挥金融杠杆作用，其溢出效应也必将成为“一带一路”建设的重要动力。同时，京津冀地区要建设金融创新服务区，以促进资本市场国际化，适应“一带一路”建设的发展要求。近年来，以大数据、移动互联网、云计算、物联网等为代表的新一代信息科技的进步日新月异，世界各主要经济大国都正在加快信息化进程，我国也在此进程中，这形成了互联网金融领域的相对领先优势。目前，“一带一路”建设已经成为我国产业转型升级的中长期国家战略。我国应该充分发挥互联网金融优势，利用好全球信息化的趋势，着力打造“网上丝绸之路”，采取线上和线下结合模式促进产品快速流通。“一带一路”建设能走多远，归根结底要看核心城市的引领效应发挥得好不好。京津冀地区要带动区域内的协同整合和抱团取暖，从而真正实现我国与“一带一路”建设沿线国家和地区同发展、共繁荣（王倩，2016：96－98）。

第 5 节　供给侧改革与京津冀协同发展机遇

京津冀协同发展本质上是供给侧改革的先行先试，推动京津冀协同发展实际上是推动供给侧结构性改革（姚伟，2017：105－107）。从当前的全球经济形势以及国内经济实际来看，京津冀地区真正的发展新机遇就在于供给侧改革上。只有“供给侧实现了全面的改革，才可能真正地与需求侧相匹配，进而实现京津冀经济转型升级，从而促进消费回流，建立全球竞争优势，形成区域发展的核心动力”（沈琦，2017）。

1　新常态与全球经济挑战

中国经济新常态不同于全球经济新常态，全球经济新常态在各个领域均有表现，中国经济新常态最主要的表现是结构性减速（李扬、张晓晶，2015）。中央经济工作会议重点强调，认识新常态、适应新常态、引领新常态是当前和今后一个时期我国经济发展的大逻辑。“2016 年经济社会发展特别是结构性改革任务繁重，战略上要坚持稳中求进、把握好节奏和力度，战术上要抓住关键点，主要是把握好去产能、去库存、去杠杆、降成本、补短板五大任务。”国家统计局网站消息显示，经核算，2015 年我国全年国内生产总值为 676708 亿元人民币，按可比价格计算，比上年增长 6.9%。可见我国经济领域的“新常态”特征不断凸显。在《全球前景和政策挑战》中，国际货币基金组织指出，我国经济转型过程对全球贸易和大宗商品带来溢出效应，我国经济增长模式的再平衡将有利于全球经济并减少尾部风险，呼吁国际社会支持我国经济转型。如从全球视角看，2015 年全球经济将步入低速增长“新常态”（陈文玲、颜少君，2015）。作为全球最大的发展中国家和第二大经济体，我国正融入全球化的治理体系并发挥作为“负责任大国”的作用，我国正在通过认识新常态、适应新常态、引领新常态这一过程，在发展理念、制度建设、实践探索、国际合作、减

少贫困 、节能减排、发展循环经济等方面做出实质性的贡献（沈琦，2017：17－21）。

2 供给侧改革与经济可持续发展

20 世纪 70 年代末期，在国内经济长期处于短缺和国际需求持续扩容的大背景下，我国实施了改革开放。由于当时需求侧的矛盾十分突出，所以强调以经济建设为中心，通过消费、投资、出口“三驾马车”带动我国经济实现飞速增长成为当时我国的战略性选择。经过三十多年的改革开放，我国取得了举世瞩目的发展成就，现已跃升为世界第二大经济体、世界第一出口大国、多个行业的世界产能第一。2008 年世界金融危机后，“人们做出对传统经济学理论框架和宏观调控中的需求管理为主实践经验的反思，引发了学界和决策层对供给管理调控与供给侧结构性改革的重视”（贾康、苏京春，2016）。与此同时，国际需求的增量空间开始急剧缩小，中低端产能过剩问题开始突出，当前供需矛盾的主要方面已经演化到了供给侧（沈琦，2017：17－21）。近年来，因受到产能过剩、杠杆率高及外需疲弱等因素影响，单纯的需求端管理遇到了瓶颈。面对新的经济发展问题，需要不断地进行改革，供给侧改革成为必然。供给侧结构性改革是对过去三十多年改革注重需求端的重大思路调整，是长周期经济改革，是破解中长期经济可持续发展难题的根本所在。而在新常态下，我国已是一个供给决定型经济，这是中国供给侧改革的逻辑起点（龚刚，2016）。总的来说，拥有 13 亿人口的中国在经济上实现可持续发展绝对是一个举世瞩目的系统性工程，任重而道远。对于当前的全球经济形势以及国内经济实际而言，把握住供给侧结构性改革这条主线是破解我国经济当前诸多难题、实现我国经济可持续发展的重中之重。

3 供需匹配与京津冀协同发展新机遇

京津冀、长三角和珠三角是我国目前最重要的城市群和增长极，不到 2.8% 的国土面积集聚了 18% 的人口，创造了 36% 的国民生产总值，已然成为带动我国经济快速增长和参与国际经济合作与竞争的主要平台（姚伟，2017：105－107）。在我国的经济格局中，这三个城市群像三个马力强劲的火车头带着我国经济列车向前驰骋。过去，需求侧的改革是这三个火车头的主要动力源。在新形势下，这三个火车头必然要更新升级，必然得有新的动力源。当前供给侧改革正是要为这三个最重要的火车头注入新的动力，以带动我国经济继续安全、稳定高速运行。或者说，推动京津冀协同发展，实际上是推动供给侧结构性改革的先行先试（沈琦，2017）。与世界发达国家城市群相比，我国城市群在数量和协同发展水平上仍有较大差距，其中京津冀城市群发展失衡问题较为突出（沈琦，2017）。我国将京津冀协同发展上升为一个重大国家战略，就是为了解决这一失衡问题。

2017 年是实施“十三五规划”的重要一年，是供给侧结构性改革深化年（沈琦，2017）。从战略定位上看京津冀协同发展一开始就带有供给侧改革的影子，从这个意义上讲，京津冀协同发展战略本质上就是供给侧改革的一次先行先试。其根本目标是要提升区域内全要素的生产率，降低市场制度性成本，从而使京津冀真正打破“一亩三分田”的发展格局，实现优势互补、互利共赢。目前京津冀地区的产业布局得到了持续优化，更多优质产业不断入驻河北和天津，区域交通体系取得长足发展，环保体制机制不断得以完善。这表明京津冀协同发展战略正在沿着供给侧结构性改革这条主线不断地走向落地。但京津冀协同发展仍需要在坚持供给侧改革这条主线的基础上继续稳扎稳打，不断将战略目标分解为具体任务以落地。按照学界的观点，京津冀协同发展战略在经济层面上必须接受供给侧结构性改革的指引，并在此基础上实现与其他国家战略的衔接，最终通过国家各个战略之间的协同来探索出该地区发展的长期机遇（沈琦，2017）。京津冀协同发展须得切实地把结构性改革作为引领发展的“牛鼻子”，坚持在供给侧和需求侧两端发力，注重供给侧改革，创新发展路径，完善政策举措，提高发展的质量和效益。这一过程是京津冀协同发展新的机遇所在，这些机遇有助于该地区建立起真正的全球竞争优势，而这些优势必然会最终转化为区域发展的核心动力（沈琦，2017：17－21）。

第4章　京津冀三地服装业发展状况及三地服装业协同发展条件

第1节　北京服装业发展环境

1　经济一体化与产业转型

我国纺织服装行业面临双重竞争压力：一方面发达国家实行“再工业化”战略，其在价值链高端领域仍占据强势和主导地位；另一方面以东南亚、南亚国家和地区为主的发展中国家正成为我国纺织业传统优势竞争者。但综合来看，我国竞争力并不输于东南亚地区，未来较长一段时间我国依旧是国际采购的首选地（孙瑞哲，2013）。结合各方观点判断，当前我国纺织服装消费有以下特点。（1）市场拥有新动力，国内外市场需求总体保持稳定增长，但消费结构、消费方式在发生变化，内需扩大和消费升级将是行业发展的最大动力。（2）信息时代新革命带来的影响深远，跨境和国内电子商务高速发展，电子商务对传统纺织品和服装销售渠道的补充和替代作用不断加强。互联网经济深刻影响着传统产业模式和消费模式，重构的商业链条催生了企业间新生产组织方式，制造模式向需求导向转变。（3）实施的区域经济新战略推动了更为开放和协同发展的行业布局调整。以“西部开发、东北振兴、中部崛起、东部率先”为驱动，通过实施“一带一路”建设和京津冀协同发展、长江经济带发展这三个重大战略，协同发展区域经济。这是我国首次将西部大开发、东北振兴、中部崛起和东部率先发展概括为“四大板块”，将“一带一路”建设、长江经济带发展和京津冀协同发展明确为“三个支撑带”。

随着国家全面深化改革的深入推进，京津冀协同发展正式成为重大国家战略。根据《京津冀协同发展规划纲要》，京津冀区域的整体定位是“以首都为核心的世界级城市群、区域整体协同发展改革引领区、全国创新驱动经济增长新引擎、生态修复环境改善示范区”。目前，北京、河北、天津正在联合做规划，就是要将首都政治、文化、国际交往和科技创新中心四大核心定位以外的其他功能疏解到周边。京津冀地区纺织服装业历史悠久，是该地区国民经济发展重要组成部分，京津冀也是我国主要的纺织服装产业集聚地（苏榕，2014）。如何建立三地协同发展，促进纺织服装产业转移的科学长效机制是北京服装产业在未来发展中的一个重要课题（苏榕，2014）。在结合三地交通区位、人力资源、生态环境等优势的基础上，深刻挖掘发展服装产业的突出优势，明确服装产业定位，可有的放矢地接纳转移企业，制定可促进服装业发展的优惠政策。

2　“一带一路”建设与产业发展契机

2013 年 9 月和 10 月，国家主席习近平在出访中亚和东南亚国家期间先后提出共建“一带一路”重大倡议，得到了国际社会高度关注。2015 年 3 月，我国发布《推动共建丝绸之路经济带和 21 世纪海上丝绸之路的愿景与行动》，提出要以政策沟通、设施联通、贸易畅通、资金融通、民心相通等“五通”为主要内容，打造利益共同体、命运共同体和责任共同体。沿线各国资源禀赋各异，经济互补性较强，彼此的合作潜力和空间都很大。“一带一路”建设的构想与东、中、西部的协同发展结构调整战略规划相协调，也与京津冀协同发展相一致，尤其是“一带”起始于西部，主要经过西部通向西亚和欧洲，为此，北京服装产业在国内发展原材料生产基地并开始向西部延伸，包括援助新疆项目。当前部分服装批发市场已向河北保定等地迁移（孙韶华、梁倩，2015）。

在国际上，随着我国的劳动力成本逐年上升，纺织品服装加工向劳动力成本比较低廉的国家转移是大势所趋。“一带一路”建设实施为重构北京在国际资源分配中的产业地位提供了良好的机遇。目前部分北京企业如白领等加工能力开始转移到要素成本更低的国家。而在加快设计创意、技术创新、商业模式创新、品牌文化软实力等方面，北京开始下功夫，比如751、798创意中心，威可多，探路者，朗姿等企业总部经济使得北京对外开放的产业格局发生重大调整。

当前的“一带一路”建设与我国自由贸易区战略紧密联系。目前，我国在建自贸区涉及32个国家和地区，大部分处于“一带一路”建设沿线。加强“一带一路”建设与自贸区彼此间的有机对接和战略联动，将为我国新一轮对外开放提供有力支撑。因此我国的自由贸易区战略也必将随着“一带一路”建设实施而得到落实和发展，以为我国品牌国际化发展提供更广阔的市场空间和发展平台。“一带一路”建设的本质是一个国际性区域经济范畴，随着“一带一路”建设的实施，首都作为国际政治中心，也必将汇集“一带一路”建设各国、各地区的政治信息，可为“走出去”的首都服装企业提供政策信息支持，可为首都服装品牌国际化创造广阔的市场空间。同时，“一带一路”建设沿线国家和地区多种形式的金融创新，包括发行证券、设立基金以及创新金融机制等，也将为首都服装品牌的发展带来更多的红利和机遇。对服装品牌企业而言，还可充分利用贸易合作关系，来逐步建立现代海外物流体系（刘兆征，2016）。

值得关注的还有首都的服务功能可为北京的服装企业发展提供更大支持。单个企业要到“一带一路”建设的沿线国家和地区进行考察是很困难的，首都的区位优势奠定了行业服务优势。全国性纺织服装行业组织——中国纺织工业联合会设在北京，国务院有关部门更是为企业有效服务提供了便利。北京纺织服装行业协会每年组织企业组团考察，并与“一带一路”沿线政府、行业、企业进行面对面的交流和沟通，服务北京的服装企业。同时，首都的优势还表现在人才资源充足，北京服装企业拥有得天独厚的高等院校人才资源优势，这亦是一个不错的支撑。

北京很早就确立了中外交流前沿地带的地位，成为五大洲文化交流的枢纽之一。就对接“一带一路”建设而言，无论从我国走向世界，还是从世界通往我国，北京都具有无可比拟的战略枢纽意义，北京未来的发展愿景应朝着沟通国内外世界大都市前进（赵可金，2016）。这一交通枢纽和文化交流的便利优势，使得北京越来越多的服装企业将发展的目标盯向海外。如印度重点区域安德拉邦、巴基斯坦、埃塞俄比亚和乌兹别克斯坦四个

“一带一路”建设沿线重点地区，且这些地区的纺织服装业政策、金融政策、税费政策、国内的政治、治安环境以及土地价格、相关的配套设施和劳动力状况等都有利于首都服装产业的资源对接与发展。

3　供给侧改革与产业发展方向

当前国际需求的增量空间开始缩小，中低端产能过剩问题开始突出，供需矛盾主要方面已经演化到供给侧。当前从北京来看，供需不匹配，特别是有效供给不足的问题还比较突出（郑国萍、陈国华，2017）。供给侧结构性改革是对过去 30 多年改革注重需求端的重大思路调整，是一项长周期经济改革，是破解我国中长期经济可持续发展难题的根本所在。供给侧改革是我国经济政策的一场前所未有的变革。京津冀协同发展战略在经济层面上必须接受供给侧结构性改革的指引，并在此基础上实现与其他国家战略的衔接。

从战略定位看，京津冀协同发展从一开始就带有供给侧改革影子，从一开始就向制度要空间，向改革要红利。从这个意义上讲，京津冀协同发展战略本质上是供给侧改革的一次先行先试，其根本目标则是要提升区域内全要素的生产率，降低市场制度性成本，从而使京津冀地区真正打破“一亩三分田”发展格局（姚伟，2017：105－107）。目前，京津冀地区产业布局得到了可持续的优化，更多优质产业不断入驻河北和天津，区域交通体系取得长足发展，环保体制机制不断得以完善。这一系列成果表明，京津冀协同发展战略正在沿着供给侧结构性改革的主线走向落地。但京津冀协同发展作为一项艰巨的任务，仍需要在坚持供给侧改革这条主线的基础上继续稳扎稳打。换言之，“京津冀协同发展须切实把结构性改革作为引领发展的‘牛鼻子’，应坚持供给侧和需求侧两端发力，并注重供给侧改革”。这一过程是京津冀协同发展新的机遇所在，这些机遇将会有助于该地区建立起真正的全球竞争优势，而供给侧改革无疑是探索区域协同发展新机遇的核心所在，同时，这也有助于挖掘出京津冀协同发展的新机遇（沈琦，2017）。

4 北京城市定位与产业发展

2015 年 8 月 23 日，中共中央政治局审议通过《京津冀协同发展规划纲要》，规划对京津冀区域整体定位和三省市功能定位。把北京定位为“全国政治中心、文化中心、国际交往中心、科技创新中心”；把天津定位为“全国先进制造研发基地、北方国际航运核心区、金融创新运营示范区、改革开放先行区”；把河北定位为“全国现代商贸物流重要基地、产业转型升级试验区、新型城镇化与城乡统筹示范区、京津冀生态环境支撑区”。中央已明确了北京政治中心、文化中心、国际交往中心、科技创新中心的城市战略定位和建设国际一流的和谐宜居之都战略目标，指明了新的历史条件下首都发展方向。大力推进北京“设计之都”建设，促进科技、文化、设计与经济建设、城市发展、市民生活深度融合，助力构建高精尖经济结构，疏解非首都功能，将成为全市产业结构升级和科学发展、全力支撑“四个中心”建设的重要引擎。北京市产业空间规划目前已由原来的 GDP 主导转变为首都定位，对吸引的人口规模、对环境造成的影响等综合要素进行考虑（李秀伟，2015）。新北京城市战略定位对每一个产业都提出了新的要求。政治中心、文化中心、国际交往中心和科技创新中心的新形象要求产业顾全大局。产业要融汇发扬中华优秀传统文化和展示民族文化精华；产业要不断提高国际影响力和努力打造国际活动聚集之都；产业要充分发挥科技资源优势，不断提高自主创新能力，努力打造世界高端企业总部聚集之都、世界高端人才聚集之都。

5 北京服装业发展具备的条件

北京是全国政治、文化和国际交流中心，是我国经济的决策中心和管理中心。北京有三千余年的建城史和八百余年的建都史，是“中国四大古都”之一，具有一定的国际影响力。北京荟萃自元明清以来的中华文化，拥有众多名胜古迹和人文景观，是全球拥有世界文化遗产最多的城市之一。作为世界文明古都之一，辉煌的历史文化积淀及深厚的历史文化底蕴，为服装开发、创作提供了丰富的素材资源。北京目前常住人口高达 2000 万，每天拥有数十万的流动人口。依照世界银行划分的世界上不同国家和地区的贫富程度标准看，北京已经接近富裕国家水平。庞大的人口规模和频繁的流动有利于多元文化的快速形成、碰撞与扩散，而发达的经济水平将使消费者对产品的文化精神价值产生旺盛需求，这对服装产业的发展极为有利。北京亦是全国教育最发达的地区。目前北京市共有普通高等院校 82 所，包括众多艺术类院校。其中清华美院、中央美术学院、北京服装学院、北京工业大学艺术学院等院校在服装艺术与设计的教学研究上位于全国前列。北京也是全国最大的科学技术研究基地，拥有中国科学院、中国工程院等科学研究机构和号称“中国硅谷”的北京中关村科技园区，每年获国家奖励的成果占全国的 1/3。北京还拥有世界第三大、亚洲第一大图书馆——中国国家图书馆。

北京市政府出台了一系列支持文化产业发展政策和配套措施。例如《北京市文化创意产业发展专项资金管理办法（试行）》《北京市促进文化创意产业发展的若干政策》《北京市文化创意产业分类标准》《北京市“十一五”时期文化创意产业发展规划》等，为文化创意产业的发展提供了组织保障、资金支持、统计标准，并将文化创意产业纳入北京市国民经济和社会总体发展规划中。“十一五”时期，北京市相继分多批认定了多个文化创意产业集聚区，覆盖 16 个区县，涉及 8 个行业，即文化艺术类集聚区，新闻出版类集聚区，广播、电视、电影类集聚区，软件、网络及计算机服务类集聚区，广告展会类集聚区，艺术品交易类集聚区，设计服务类集聚区，旅游、休闲娱乐类集聚区。北京市“十二五”规划纲要提出将努力提升文化创意产业竞争力，整合提升 30 个市级文化创意产业集聚区，打造国际级、市级和区县的文化创意产业中心、文化创意产业示范区，形成不同梯度、不同产业集群合力的发展架构。此外，北京各类传媒资源亦很丰富，为时尚资讯的传播提供有效平台。例如，北京新闻出版产业规模庞大，其中图书出版占全国的 41%，报刊种类占全国的 30%；北京广播影视资源在全国最为丰富，其中电影生产制作占全国的 50%；北京网络资源丰富，重点网站占全国的 90%。另外，还有众多专门发布时尚资讯的报纸和杂志。此外，北京还是中国唯一入选全球前 10 名的国际会议城市。

第2节　北京服装业发展现状

1　服装业总体效益状况

北京服装业规模以上企业依靠企业自身品牌优势或资金、研发设计、技术、设备、营销体系优势，2004年到2017年以来产业效益保持良好增长。尽管统计标准不同，在服装企业用工人数总量减少情况下，行业主营收入、利润总额仍呈现增长局面。2004年末，北京市规模以上服装企业218户，从业人员平均人数7.1万人，资产总额57亿元，产品销售收入56.2亿元，利润总额0.89亿元，销售收入亿元以上企业27家，其中5亿元以上企业5家。到2010年末，规模以上服装企业数量285户，从业人员平均人数5.9万人，资产总额101.3亿元，主营收入112.4亿元，利润总额4.3亿元，行业中销售收入亿元以上企业59家，其中5亿元—10亿元企业7家，10亿元以上企业6家，销售收入亿元以上企业超过50户，提前实现行业“十一五”规划目标。

特别是自2004年“时装之都规划纲要”实施以来，北京自主品牌企业发展较快。2017年末，北京服装行业规模以上企业数110户（自2011年起规模以上企业改为新统计标准，即年销售收入2000万元及以上的企业），主营收入129.87亿元，利润总额5.69亿元，资产总额167.65亿元。北京规模以上服装企业的综合实力在不断增强。北京雪莲毛纺服装进入2005—2006年中国毛纺织行业竞争力10强；铜牛集团进入2005—2006年中国针织行业竞争力10强；北京百荣世贸商城进入2006—2007年中国十大服装专业市场行列；“水孩儿”曾连续两年获“中国十大童装品牌”称号；派克兰帝品牌曾获“北京品牌服装营销金牌”；小护士曾获“中国女性消费者最满意服装品牌”；朗姿品牌曾连续多年在国内高端女装品牌中排列前五；北京卓文时尚纺织股份有限公司对欧盟出口毛衫曾位列全国第一位（中国纺织品进出口商会统计），入选纺织服装行业出口百强企业；杰奥、雪伦羽绒服连续荣获全国和北京亿元商场品牌销售前六名；庄子皮衣连续六年入选“我国十大真皮衣王”“全国皮革服装同类产品市场占有率第一”；铜牛针织内衣荣列全国市场同类产品销量前三名（国家统计局中国行业企业信息统计）；“白领”“依文”“派克兰帝”“爱慕”“李宁”“诺丁山”“朗姿”品牌先后获得中国服装品牌年度奖。2010—2011 年，中国纺织企业竞争力 500 强中北京有 6 家企业入围，其中北京雪莲时尚纺织股份公司位列第 77 位，北京铜牛集团位列第 81 位。

目前，北京服装业形成了大企业数量少但规模较大、中小微企业规模较小且数量众多的“二元结构”，规模以上企业的经营效益状况并不能完全代表行业水平。为降低交易成本，拓展利润空间，服装行业通过收购、兼并、重组、联合等资本运营形式，大型企业和企业集团投资多元化，有一部分利润并不完全来自服装生产。此外，行业整体用工缺口扩大、原材料价格上涨等因素，使贴牌加工的中小服装企业竞争乏力，利润空间缩小，部分企业亏损经营，导致停业、转产，行业生产规模缩小。产业资源向大企业集中，能够承接小批量、多品种、高附加值订单的企业效益状况较好。

2　服装业经济运行综述

（1）生产规模

2017 年，本市规模以上服装企业总产量 8395 万件，同比增长 6.44%。其中，梭织服装 4221 万件，同比增长 9.4%；针织服装 4174 万件，同比增长 6.23%。2017 年全国服装行业规模以上企业服装总产量 287.81 亿件，同比下降 8.49%。2012—2017 年直辖市规模以上服装企业数量、服装产量对比见表 4 - 1。

表 4 - 1　2012—2017 年直辖市规模以上服装企业数量、服装产量对比

直辖市	2012		2013		2014	
	规模以上服装企业（户）	服装产量（万件）	规模以上服装企业（户）	服装产量（万件）	规模上服装企业（户）	服装产量（万件）
北京	176	11206	170	10097	156	8515
天津	161	14245	154	16402	139	19222
上海	586	50441	537	47761	444	46610
重庆	58	9717	75	11039	82	10700

续表

直辖市	2015		2016		2017	
	规模以上服装企业（户）	服装产量（万件）	规模以上服装企业（户）	服装产量（万件）	规模上服装企业（户）	服装产量（万件）
北京	128	7647	117	7787	110	8395
天津	129	21082	122	28505	51	11490
上海	357	44867.04	—	40429.1	—	40041.09
重庆	73	11984	79	12567	71	9531

注：规模以上服装企业户数未包括皮革、毛皮、羽绒制品及制鞋企业在内。
资料来源：各直辖市 2013—2018 年统计年鉴。

（2）主要经济指标

据北京统计局数据，2017 年北京市规模以上纺织服装企业 117 户，主营业务收入为 129.87 亿元，同比下降 0.24%。其中服装、服饰企业 110 户，主营收入 122.02 亿元，同比增长 2.07%；皮革和毛皮、羽绒制品及制鞋业企业 7 户，主营收入 7.85 亿元，同比下降 26.26%。2017 年纺织服装业规模以上工业企业利润总额为 5.69 亿元，同比下降 26.96%。其中服装、服饰业利润总额 5.59 亿元，同比下降 22.14%；皮革、毛皮、羽绒制品及制鞋业利润额 1.06 亿元，同比增长 73.77%。2017 年北京规模以上服装工业企业经济效益情况见表 4-2。

表 4-2　2017 年北京规模以上服装工业企业经济效益情况

	北京规模以上服装工业企业	
	2017 年	比 2016 年（%）
企业户数（户）	117.00	-6.40
主营收入（亿元）	129.87	-0.24
资产总额（亿元）	167.65	-5.23
存货（亿元）	54.96	-7.97
出口交货值（亿元）	22.52	16.38
利润总额（亿元）	5.69	-26.96
亏损户数（户）	31.00	—
行业亏损面（%）	26.50	—

2017 年北京服装业与全国服装业规上企业主要指标增幅比较见表 4－3。

表 4－3　2017 年北京服装行业与全国服装行业主要指标（规模以上企业）增幅比较

	北京服装行业规模以上企业		全国服装行业规模以上企业	
	2017 年	比 2016 年（%）	2017 年	比 2016 年（%）
企业户数（户）	117.00	－6.4	22839.00	－5.50
主营收入（亿元）	129.87	－0.25	34997.73	－10.04
利润总额（亿元）	5.69	－26.96	2123.72	－12.11
成本利润率（%）	4.41	－1.66	6.49	－0.59
销售利润率（%）	4.22	－1.34	6.07	－0.14
资产负债率（%）	55.89	－1.11	46.57	0.88
行业亏损面（%）	26.50	0.10	—	—

资料来源：2017 年、2018 年《北京统计年鉴》；2017 年、2018 年《中国统计年鉴》。

（3）企业结构调整对行业运行当期的影响

进入“新常态”时期，企业生产小型化、智能化、专业化将成为产业组织的新特征，企业进入新的布局阶段，压缩产能，产业结构不断优化升级，行业运行增速虽受到影响，但长远来看对行业可持续发展有利。

（4）内需市场衣着类商品消费情况

2017 年北京全市衣着类消费品零售额 774 亿元，与 2016 年相比增长 0.96%，零售额增幅比全市社会消费品零售总额增长幅度低 6.1 个百分点。其中，全年衣着类零售额占全市社会消费品零售额的 6.7%；限额以上服装、鞋帽、针纺织品商业企业商品批发的零售总额为 1154.96 亿元，同比增长 2.13%。另据全国商业信息中心数据，2014 年，全国 50 家重点大型零售企业服装类商品零售额同比增幅 0.9%，比 2013 年下降 3.2 个百分点；50 家重点大型零售企业服装零售量增速仅为 0.7%，大幅低于 2013 年水平，销售增速呈现出量价齐跌态势。

（5）服装行业进出口情况

2017 年北京市服装、纺织品进出口总额 39.14 亿美元，比 2016 年增长 14.41%。其中，行业出口额 28.11 亿美元，同比增长 15.06%；行业进口额 11.03 亿美元，同比增长 12.78%。从行业出口结构看，纺织品类出口增速快于服装出口增速，纺织纱线、织物及制品出口额 9.39 亿美元，同比增长 45.13%；服装及衣着附件出口额 18.72 亿美元，同比增长 4.23%。从行业的进口结构来看，同样是纺织品进口增速快于服装进口增速，服装进口额为 3.77 亿美元，同比增长 6.2%；纺织品进口额 7.26 亿美元，同比增长 16.53%。

（6）服装行业固定资产投资完成情况

2017 年全行业 500 万元以上项目固定资产投资完成额 3.08 亿元，同比增长 18.69%。其中，服装服饰业实际完成固定资产投资 2.71 亿元（同比增长 11.52%）。2017 年全国纺织行业固定资产投资额为 11912.9 亿元，东、中、西部的投资增速逐步递增。

（7）全国服装行业分地区主要指标完成情况

2017 年，全国服装行业（规模以上企业）分地区主要指标统计简况，见表 4－4。

表 4－4　2017 年服装行业（规模以上企业）分地区主要指标统计

序号	地区	企业户数	主营收入（亿元）	同比增减（%）	利润总额（亿元）	行业亏损面（%）
	全国	15167	20770.00	8.02	1247.28	11.43
1	北京	117	129.87	－0.25	5.69	26.50
2	天津	75	226.35	－57.23	31.38	—
3	河北	245	269.20	1.40	15.20	—
4	山西	18	23.76	－32.65	1.36	16.67
5	内蒙古	—	—	—	—	—
6	辽宁	274	214.73	－71.63	8.76	12.06
7	吉林	78	164.39	－0.39	6.96	6.41
8	黑龙江	49	108.48	8.89	5.31	14.29
9	上海	—	541.85	3.49	12.94	34.91
10	江苏	2630	4281.83	－25.33	266.02	10.57
11	浙江	4018	3223.21	－14.15	145.89	13.12
12	安徽	1368	1497.62	－3.80	70.81	—
13	福建	—	5673.45	7.80	448.54	—
14	江西	1306	1780.17	—	139.46	4.82

续表

序号	地区	企业户数	主营收入（亿元）	同比增减（%）	利润总额（亿元）	行业亏损面（%）
15	山东	1602	3446.21	-12.49	176.48	9.80
16	河南	1134	2944.14	0.53	242.31	—
17	湖北	658	1132.05	-5.20	47.49	—
18	湖南	615	937.04	10.48	44.43	3.08
19	广东	4652	5940.24	-8.50	264.46	—
20	广西	121	318.00	18.06	19.78	12.39
21	海南	1	0.33	57.14	0	0
22	重庆	138	263.89	6.85	17.28	—
23	四川	320	520.54	9.81	30.18	—
24	贵州	105	104.43	-18.19	5.54	—
25	云南	23	29.42	3.19	1.03	13.04
26	陕西	77	93.95	12.01	9.64	2.60
27	甘肃	24	21.70	-21.46	0.86	12.50
28	青海	7	7.88	30.73	0.49	28.57
29	宁夏	23	10.28	-35.91	0.56	13.04
30	新疆	23	27.86	0.94	2.08	21.74
31	西藏	0	—	—	—	—

资料来源：中国及各省、区、市 2018 年统计年鉴。

表 4-4 显示，2017 年全国服装行业主营收入排前五位的省份是广东、福建、江苏、山东、浙江，主营收入同比增长的有 14 个省份。利润总额前十位的有福建、江苏、广东、河南、山东、浙江、江西、安徽、湖北、湖南。2017 年，全国服装行业（规上企业）亏损面平均为 11.43%。

3　服装行业主要经济指标十年数据对比

（1）企业效益对比

统计显示：2004—2017 年规模以上企业主营收入增长 1.16 倍，年均增幅 8.9%；利润总额增长 5.12 倍，年均增幅 39.4%，且利润增幅高于销售收入增幅；资产总额、固定资产投资额、衣着类消费品零售额及服装进出口额均有增长，服装行业运行质量稳步提高。北京服装行业规模以上企业

2004 年、2017 年的主要经济指标数据对比见表 4－5。

表 4－5　北京服装行业规模以上企业主要经济指标数据 2004 年、2017 年对比

北京服装行业规模以上企业	2004 年	2017 年	2017 年与 2004 年相比较
企业户数	246	117	（2010 年前后统计口径有变化）
其中亏损户数	65	31	
亏损面（%）	26.4	26.5	亏损面上升 0.1 个百分点
主营销售收入	60.25 亿元	129.87 亿元	2017 年比 2004 年增长 115.6%，年均增幅 8.89%
户均销售收入	2449.2 万元	11100 万元	2017 年比 2004 年增长 353.2%，年均增幅 27.2%
利润总额	0.93 亿元	5.69 亿元	2017 年比 2004 年增长 5.12 倍，年均增幅 39.4%
户均利润总额	37.8 万元	486.32 万元	2017 年比 2004 年增长 11.9 倍，年均增幅 91.3%
资产总额	63.5 亿元	167.65 亿元	2017 年比 2004 年增长 1.64 倍，年均增幅 12.6%
户均资产总额	2581.3 万元	14329.1 万元	2017 年比 2004 年增长 4.55 倍，年均增幅 35%
负债总计	41.7 亿元	93.69 亿元	2017 年比 2004 年增长 124.7%，年均增幅 9.6%
服装行业固定资产投资完成额	3235 万元	27145 万元	2017 年比 2004 年增长 7.39 倍，年均增幅 56.9%
衣着类商品社会零售总额	242.1 亿元（占全市社会消费品零售额的 11%）	774 亿元（占全市社会消费品零售额的 9.37%）	2017 年比 2004 年增长 2.2 倍，年均增幅 16.9%
服装进出口总额	14.9 亿美元	22.49 亿美元	2017 年比 2004 年增长 50.9%，年均增幅 3.9%
服装出口额	14.39 亿美元	18.72 亿美元	2017 年比 2004 年增长 30.1%，年均增幅 2.3%
服装进口额	0.51 亿美元	3.77 亿美元	2017 年比 2004 年增长 6.39 倍，年均增幅 49.2%

注：统计口径，2004 年规模以上企业统计包括年销售收入 500 万元及以上企业，从 2011 年开始，规模以上企业统计调整为年销售收入 2000 万元及以上企业

资料来源：2004 年、2017 年《北京市统计年鉴》。

（2）服装行业主要指标占整个纺织服装行业比重

经过十多年发展，服装产业在行业发展中的地位更加突出。2004 年、2014 年、2017 年服装行业主要经济指标在北京纺织服装行业整体中所占比重见表 4－6。

表 4－6　2004 年、2014 年及 2017 年服装行业经济指标在北京纺织服装行业中所占比重

年份	项目行业	企业数量	资产总额（亿元）	工业总产值（亿元）	主营收入（亿元）	利润总额（亿元）
2004	纺织服装全行业合计	391.00	153.50	120.80	112.50	1.16
	服装业	246.00	63.50	67.00	60.30	0.93
	占行业比重（%）	62.90	41.40	55.50	53.60	80.20
	纺织业	145.00	90.00	53.80	52.30	0.23
	占行业比重（%）	37.10	58.60	44.50	46.50	19.80
2014	纺织服装全行业合计	183.00	233.30	169.60	192.90	12.04
	服装业	156.00	176.20	149.00	155.70	10.75
	占行业比重（%）	85.20	75.50	87.90	80.70	89.30
	纺织业	27.00	57.10	20.60	37.30	1.29
	占行业比重（%）	14.80	24.50	12.10	19.30	10.70
2017	纺织服装全行业合计	135.00	213.19	131.12	151.79	6.20
	服装业	117.00	167.65	119.23	129.87	5.69
	占行业比重（%）	86.67	78.64	90.93	85.56	91.77
	纺织业	18.00	45.50	11.89	21.92	0.51
	占行业比重（%）	13.33	21.34	9.07	14.44	8.23

资料来源：2014 年、2014 年及 2017 年《北京市统计年鉴》。

十多年来，本市规模以上服装企业数量占全行业比重从 2004 年的 62.9% 上升到 2017 年的 86.67%，提高近 24 个百分点。服装企业销售收入占行业比重从 2004 年的 53.6% 上升到 2017 年的 85.56%，提高 32 个百分点。2017 年，超九成的行业利润来自服装企业，服装产业在北京纺织服装行业发展中的地位更加突出。

（3）不同所有制企业之间指标对比情况

从行业统计数据可看出，大中型企业在行业中的地位和分量十分突出。2004 年大中型企业数量占服装行业的 1/10，从业人数占行业的 32.8%，销售收入占行业比重为37.5%，利润总额占行业比重为59%。到2017年，大中型企业数量占比29.06%，但销售收入占比56.89%，利润总额占比106.33%，从业平均人数占比68.03%。2004年、2014年及2017年分类别服装企业销售收入数据对比见表4－7。

表4－7　2004年、2014年及2017年分类别服装企业销售收入数据对比

单位：亿元

年份	行业分类	规上企业户数	亏损户数	从业平均人数	工业总产值	产品销售收入	利润总额
2004	服装行业	246	65	74987	67.000	60.250	0.930
	国有控股企业	23	8	6258	3.800	3.850	-0.082
	股份制企业	43	8	13625	12.500	11.200	0.150
	外资企业	87	28	32602	29.300	26.200	0.700
	大中型企业	25	4	24589	27.800	22.600	0.550
2014	服装行业	156	38	47603	149.000	155.700	10.750
	国有控股企业	8	1	2192	4.100	6.500	0.500
	股份制企业	36	7	14312	46.700	54.400	6.400
	外资企业	31	13	13277	33.000	33.900	0.780
	大中型企业	44	17	32552	84.300	83.200	8.300
2017	服装行业	117	31	33411	119.170	129.870	5.690
	国有控股企业	5	1	***	7.430	11.790	0.043
	股份制企业	—	—	—	—	—	—
	外资企业	24	10	6856	19.730	20.960	-0.089
	大中型企业	34	8	22730	70.380	73.880	6.050

*** 表示数据缺失或未披露。

资料来源：2004年、2014年及2017年《北京市统计年鉴》。

4　服装消费市场

（1）服装内需、规模与增速

伴随全面建设小康社会步伐的加快，国民经济和城乡居民收入稳步增长，北京市衣着类消费保持连续增长态势。2011年前各年度衣着类商品零售额同比增幅均为两位数，为历史时期最高增速水平，其中衣着类商品零售额占全市社会消费品零售总额比重为9.7%。从2012年开始，内需市场开始疲软，零售额增幅迅速下降，2015 年和 2017 年出现了负增长。2004—2018 年北京市衣着类商品零售额及年增幅对比见表 4 - 8。

表 4 - 8　2004—2017 年北京市衣着类商品零售额及年增幅对比

年份	北京市衣着类商品零售额（亿元）	同比增幅%
2004	242. 1	15. 00
2005	282. 4	16. 65
2006	314. 7	11. 44
2007	359. 3	14. 17
2008	411. 7	14. 58
2009	482. 2	17. 12
2010	558. 2	15. 76
2011	712. 7	27. 68
2012	769. 3	7. 94
2013	777. 1	1. 01
2014	783. 3	0. 80
2015	742. 8	- 5. 17
2016	781. 5	5. 21
2017	774. 0	- 0. 96
2018	793. 3	2. 49

资料来源：2005—2019 年《北京市统计年鉴》。

北京市衣着类消费品零售额自 2013 年以来增长减缓，各年度分季度增速统计情况见表 4 - 9。

表 4 - 9　北京市衣着类消费品零售额 2010—2018 年季度数据及同比增速

	北京市衣着类消费品零售额（亿元）	与上年同期相比增速（%）	北京市衣着类消费品零售额至本季累计	累计同比增速（%）
2013 年 1 季度	196. 26	4. 41	196. 26	4. 4
2 季度	169. 44	0. 14	365. 70	2. 4
3 季度	161. 63	3. 48	527. 33	2. 7
4 季度	199. 98	- 2. 29	727. 31	1. 0
2014 年 1 季度	192. 78	- 1. 77	192. 78	- 1. 3
2 季度	177. 17	4. 56	369. 95	0. 1

续表

	北京市衣着类消费品零售额（亿元）	与上年同期相比增速（%）	北京市衣着类消费品零售额至本季累计	累计同比增速（%）
3 季度	175.41	8.53	545.36	1.6
4 季度	206.67	3.35	783.30	0.8
2015 年 1 季度	188.92	-2.00	188.92	0.4
2 季度	174.01	-1.78	362.93	1.1
3 季度	170.66	-2.71	533.59	0.6
4 季度	209.19	1.22	742.78	0.9
2016 年 1 季度	192.31	1.79	192.31	0.7
2 季度	183.47	5.44	375.78	0.7
3 季度	177.05	3.74	552.83	1.1
4 季度	228.62	9.29	781.45	2.1
2017 年 1 季度	189.64	-1.39	189.64	1.8
2 季度	175.50	-4.34	365.14	3.1
3 季度	175.55	-0.85	540.69	3.0
4 季度	233.33	2.06	774.02	3.9
2018 年 1 季度	189.61	-0.02	189.61	3.2
2 季度	185.26	5.56	374.87	3.0
3 季度	179.88	2.47	554.75	3.3
4 季度	238.51	2.22	793.26	2.7

资料来源：2005—2019 年《北京市统计年鉴》。

（2）服装批发零售企业销售收入增长情况

北京市限额以上服装、鞋帽、针纺织品批发零售企业营业收入，2004 年为 291.2 亿元，2017 年为 1132.8 亿元，2017 年比 2004 年增长了 289%。具体销售数据见表 4-10。

表 4-10　2004—2017 年北京市服装鞋帽及针纺织品批发零售企业销售收入

单位：亿元

年份	服装、纺织品批发零售额	与上年同比增幅（%）	年份	服装、纺织品批发零售额	与上年同比增幅（%）
2004	291.2	19.0	2007	577.70	18.1
2005	426.10	46.3	2008	642.0	11.1
2006	489.3	14.8	2009	832.80	29.7

续表

年份	服装、纺织品批发零售额	与上年同比增幅（%）	年份	服装、纺织品批发零售额	与上年同比增幅（%）
2010	953.2	14.5	2014	1154.96	2.10
2011	1070.60	12.3	2015	1134.45	-1.78
2012	1118.0	4.4	2016	1097.11	-3.29
2013	1130.88	1.2	2017	1132.80	3.25

资料来源：2005—2019 年《北京市统计年鉴》。

（3）纺织服装商品交易市场经营情况

北京具有市场贸易优势，一直以来都是北方地区重要的服装服饰产品集散地。据统计数据，2004 年全市有 399 个各类专业市场，其中纺织、服装、鞋帽专业市场 71 个。2010 年全市服装鞋帽专业市场达 90 个。2014 年末，全市纺织服装鞋帽专业市场 70 个，营业面积 219.1 万平方米，成交额 61 亿元。2007 年以来，大型商业巨擘发展成为商圈内的核心商业模式，批发零售型服装小商品市场逐步萎缩，批发零售市场逐渐从城市中心向郊区和周边转移。北京服装专业市场品牌化的趋势明显，且有加快发展之趋势。

（4）出口情况

2004 年北京服装及衣着附件出口额 14.39 亿美元，进口额 0.51 亿美元，贸易顺差 13.88 亿美元。2017 年北京服装行业出口额 18.72 亿美元，比 2004 年增长 30.1%；服装进口额 3.77 亿美元，同比增长 6.2%，比 2004 年增长 6.39 倍；贸易顺差 14.95 亿美元。根据海关数据统计，2004 年北京市服装行业出口额居全国省份第 9 位，占全国服装行业出口比重的 2.34%；2010 年北京服装行业出口额 17.75 亿美元，占全国服装行业出口比重的 1.37%，省份出口排名第 12 位；2014 年北京市服装行业出口额 16.57 亿美元，占全国服装行业出口比重的 0.88%，省份出口排名第 17 位。2004—2017 年北京服装行业出口额、进口额增长见表 4-11。2004 年服装行业出口地区排名前十位统计见表 4-12。2010 年服装行业出口地区排名前十五位统计见表 4-13。2014 年服装行业出口地区排名前十九位统计情况见表 4-14。

表 4－11　2004—2017 年北京服装行业出口额、进口额增长

单位：亿美元

年份	服装出口额	同比增速（%）	服装进口额	同比增速（%）	服装进出口总额
2004	14.39	16.52	0.51	41.67	14.9
2005	19.32	34.26	0.51	0	19.83
2006	17.80	－7.87	0.60	17.65	18.40
2007	18.93	6.35	0.54	－10.00	19.47
2008	19.31	2.01	0.96	77.78	20.27
2009	15.86	－17.87	1.07	11.46	16.93
2010	17.75	11.92	1.6	49.53	19.35
2011	19.56	10.2	2.5	56.25	22.06
2012	19.19	－1.89	3.37	34.8	22.56
2013	19.42	1.2	3.84	13.95	23.26
2014	16.57	－14.68	4.45	15.89	21.02
2015	25.48	53.77	3.72	－16.4	45.68
2016	17.96	－29.51	3.55	－4.57	34.21
2017	18.72	4.23	3.77	6.20	39.14

资料来源：北京海关网站，beijing. customs. gov. cn。

表 4－12　2004 年服装行业出口地区排名前十位统计

位次	地区	出口金额（亿美元）	同比增速（%）	出口金额占比（%）
1	广东	125.50	6.57	20.37
2	浙江	107.64	17.77	17.47
3	江苏	86.87	22.04	14.10
4	上海	84.4	14.04	13.70
5	山东	47.76	19.8	7.75
6	福建	37.59	55.44	6.10
7	河北	24.66	71.57	4.00
8	辽宁	18.36	12.64	2.98
9	北京	14.39	16.52	2.34
10	新疆	11.79	54.14	1.91

资料来源：北京海关网站，beijing. customs. gov. cn。

表 4-13　2010 年服装行业出口地区排名前十五位统计

位次	地区	出口金额（亿美元）	同比增速（%）	出口金额占比（%）
1	广东	276.72	23.05	21.37
2	浙江	248.98	20.05	19.23
3	江苏	192.40	18.68	14.86
4	上海	128.01	14.49	9.89
5	山东	87.39	16.46	6.75
6	福建	87.14	21.25	6.73
7	新疆	47.29	27.31	3.65
8	辽宁	32.1	3.94	2.48
9	黑龙江	30.6	73.25	2.36
10	河北	28.69	42.19	2.22
11	四川	20.88	36.67	1.61
12	北京	17.75	11.94	1.37
13	江西	16.28	31.66	1.26
14	广西	13.02	-7.85	1.01
15	天津	12.47	17.48	0.96

资料来源：北京海关网站，beijing. customs. gov. cn。

表 4-14　2014 年服装行业出口地区排名前十九位统计情况

位次	地区	出口金额（亿美元）	同比增速（%）	出口金额占比（%）
1	广东	366.32	9.99	19.50
2	浙江	335.13	4.48	17.84
3	江苏	256.37	3.42	13.65
4	福建	175.45	3.95	9.34
5	上海	142.81	1.02	7.60
6	山东	119.54	4.88	6.36
7	新疆	61.57	1.79	3.28
8	江西	46.71	19.92	2.49
9	河北	45.81	2.19	2.44
10	辽宁	45.34	-5.82	2.41
11	黑龙江	34.33	5.81	1.83
12	广西	33.42	-30.79	1.78

续表

位次	地区	出口金额（亿美元）	同比增速（%）	出口金额占比（%）
13	安徽	25.51	5.49	1.36
14	湖北	25.31	25.99	1.35
15	重庆	19.14	53.69	1.02
16	四川	19.02	-3.81	1.01
17	北京	16.57	-14.69	0.88
18	河南	13.86	37.48	0.74
19	天津	13.28	-8.39	0.71

资料来源：北京海关网站，beijing.customs.gov.cn。

国际金融危机给我国服装出口带来了巨大冲击。国际市场环境的快速变化，对企业的生存能力形成巨大挑战。特别是在外销订单收缩情况下，一大批以承接二、三手外贸订单为生存手段的小企业被迫关停。在利润空间急剧压缩的情况下，一些缺乏植根性的外资企业选择撤资。外贸订单加速向信誉良好、加工能力和交货有保障的大企业流动，使外贸企业呈现“冰火两重天”的局面，部分优势企业订单比以往更加充沛，而更大一部分中小企业却越来越接不到订单。

出口市场方面也呈多元化发展趋势。2004 年服装出口地区亚洲居于首位，出口额占服装出口比重的 53.3%，亚太经合组织国家是我国服装产品的主要流向。其次是欧洲，出口额占服装出口比重的 23.5%。第三位是北美洲，出口额占服装出口比重为 14.2%。我国服装进口国家和地区主要在亚洲，进口金额占比为 87%，其中从亚太经合组织国家进口服装的金额比重高达 74.7%。目前我国服装出口对发达市场的依赖程度逐步降低，对有自贸协定的国家和地区的出口增长较为明显。2013 年对亚洲的服装出口份额连续上升，对欧洲服装出口份额恢复小幅微增，对其他大洲的出口份额呈现不同程度的下降。结合各方资料，亚洲仍是我国服装出口第一大洲，服装出口额同比增长 15.07%，占出口总额的 40.53%；欧洲排第二位，服装出口额同比增长 13.97%，占比 28.77%；第三是北美洲，出口额同比增长 7.13%，占比 19.25%。我国对拉丁美洲、非洲和大洋洲服装出口额同比分别为 -5.32%、3.45% 和 7.53%，分别占出口总额的 5.02%、3.91% 和 2.51%。

近年来我国加快推进自贸区建设，大力开拓新兴市场，2013 年我国服装对新兴市场出口相较于传统市场保持较快增长。其中，对东盟地区服装出口额同比增长 30.24%，服装出口量同比增长 31.75%；对俄罗斯、巴西和墨西哥的服装出口额增幅分别为 45.45%、15.31% 和 50.14%，出口数量增幅分别为 39.45%、26.61% 和 76.86%。随着我国西部大开发、中部崛起等发展战略实施，国内服装出口布局进一步优化。虽服装出口仍集中于东部沿海省份，但东部地区服装出口占全国行业出口比重持续下降。

（5）服装行业固定资产投资完成情况

2014 年北京纺织服装行业规模以上企业实际完成投资额 3.83 亿元，同比下降 32%；施工项目数 15 个，同比下降 35%；新开工项目 3 个，同比下降 50%；竣工项目 4 个，同比下降 60%。其中：服装行业实际完成固定资产投资 3.52 亿元，占全行业总投资的 91.9%，同比下降 4.9%；施工项目数 9 个（同比下降 47%）、新开工项目 1 个、竣工项目数 1 个。时至 2014 年底，全国纺织行业固定资产投资额为 10362.5 亿元[①]，东、中、西部投资增速逐步递增，东部 11 省份投资增速为 11.80%、中部 8 省份为 14.13%、西部 12 省份为 21.55%。2010—2014 年北京市服装行业规模以上企业投资情况见表 4-15。

表 4-15　2010—2014 年北京市服装行业规模以上企业投资情况

年份	500 万元固定资产投资完成额及同比增幅	施工项目数（个）	新开工项目数（个）	竣工项目数（个）
2010	3.12（亿元），同比 -8.24%			
2011	3.87（亿元），同比 -16.4%	20	6	9
2012	4.45（亿元），同比 +15.1%	17	3	9
2013	3.7（亿元），同比 -16.9%	17	4	9
2014	3.52（亿元），同比 -4.9%	9	1	1

5　产业基础与产业结构

到 2017 年，北京市纺织服装行业规模以上企业 135 户（服装业 117

① 2014 年纺织行业运行情况报告［EB/OL］.［2018-01-29］. https://wenku.baidu.com/view/05ce2efa1711cc7930b7165e.html.

户)，服装产量 8395 万件，主营业务收入 143.9 亿元，利润总额 6.1 亿元，利润率 4.24%。爱慕、朗姿、雪莲、卓文时尚、威克多、依文等 6 家企业进入全国服装行业“产品销售收入”百强企业。2017 年纺织品、服装进出口总额 39.15 亿美元，其中出口 28.12 亿美元，进口 11.03 亿美元。[①] 目前北京市服装行业已经初步形成以时尚创意、设计研发与品牌营销为龙头的都市服装产业发展体系，一批知名品牌企业集团的营销能力得到迅速提升，品牌多元化发展格局初步形成。

北京服装品牌的多元化发展格局可归纳为如下几个方面：以白领、朗姿、玫而美、赛斯特、蓝地、靓诺为代表的女装品牌系列；以李宁、卡帕(Kappa)、探路者为代表的体育休闲品牌系列；以雪莲羊绒衫为代表的羊绒制品系列；以威克多、顺美、依文、五木、大华天坛和雅派朗迪为代表的男装品牌系列；以爱慕、铜牛、小护士、纤丝鸟为代表的内衣服装品牌系列；以水孩儿、派克兰帝为代表的童装品牌系列；以杰奥、雪伦、思诺依维为代表的羽绒服品牌系列；以庄子、白领、奥豹为代表的皮衣品牌系列；以木真了、格格、璞玉为代表的中式服装品牌系列；以玛萨·玛索（Masa Maso)、裂帛等为代表的电商品牌系列等。此外北京已经拥有一批无论是在知名度、市场占有率还是在品牌形象上都表现出色的新生品牌，它们注重突出民族文化与品牌文化的融合，把握服装品牌的国际化流行趋势，突出设计款式和时尚特色，如五色风马、碧琦、迎政、高田等品牌。总体看，北京服装产业具有一定的产业基础，产业结构在持续优化中。

6 原创设计和技术研发

北京服装产业以品牌为其核心，强化科技研发意识，促进品牌、工作室与研发机构的对接，推动产业朝健康、绿色、可持续方向发展。2004—2014 年，共 4 家北京纺织服装品牌企业被列为北京市专利试点单位，10 家具有较强技术创新能力和较高研究投入的企业技术中心被认定为市级企业技术中心，十多家企业获得市级高新技术企业认定，30 余项科研成果获得“中

---

① 百度文库 .2015 年服装纺织行业经济运行分析［EB/OL］.［2018 - 01 - 29］. https://wenku.baidu.com/view/a3a4679a168 8848686 62 d 6a4. html.

国纺织工业联合会科技进步奖”，另有 20 家北京自主品牌企业共申请专利 400 余项。据不完全统计：目前北京有服装设计师 2000 多人，各类服装设计工作室过千家；全国 122 位十佳服装设计师中有 22 位服务于北京的品牌或在北京设有工作室；荣获金顶奖的 11 名设计师中有 5 人在北京。北京服装设计创新主要表现为各北京服装企业兴建的设计基地及文化创意空间，不仅展示了各品牌的优秀设计，更是对生活方式、企业理念、设计表现的整体呈现。北京各品牌服装企业及知名设计师工作室积极参与国外重大活动的服装设计展示，不仅提升了企业的设计力与竞争力，更展示了“中国设计”的实力。近年北京地区孵化与集聚众多优秀设计师和品牌，足迹遍布伦敦、米兰、巴黎和纽约，往来于韩国、新加坡、澳大利亚、法国、意大利等国家。

服装创意的实现依托于新面料与新技术的应用。借助新型材料与工艺技术的创新，服装面料产品开发更加关注面料风格、手感、造型展现、原料应用、纺纱与织造技术以及染整技术等。以国家纺织产品开发基地企业为例，2011 年企业研发投入占比 3.42%，并先后出现一批优秀的纺织面料创新型企业。其中，北京服装企业尤其重视各种新型面料的研发及新技术的应用。资料显示，“十一五”期间北京地区全行业有 22 项科技成果获得国家科学技术奖，其中，两项获得一等奖；269 家企业获得 304 个中国名牌。北京纺织服装企业依靠企业创新，提高了科技贡献率和品牌贡献率。目前，北京纺织服装业共获得各项专利数十项，获省部级及以上的科技成果多项，多家市级技术中心顺利通过考评复审，其中光华纺织集团、雪莲集团和京棉纺织集团被北京市知识产权局认定为北京市专利示范单位。近年来，多家北京纺织服装企业连续入围“中国纺织服装企业竞争力 500 强”与“中国纺织服装各行业竞争力 10（20）强”。另据国家统计局统计，我国行业企业信息统计数据表明北京服装企业产品销量居于全国市场同类产品销量前列。北京服装企业不断加大对技术研发机构的投入，使得技术研发机构在产品开发、技术升级、成果转化和推动企业转型升级中的作用日益凸显。

7　展示、发布平台与时尚传媒

北京涌现出诸多传播服装服饰信息的专业媒体，取得了强势话语地位。北京地区主要服装媒体包括专业主流报纸杂志、时尚电视媒体、各类专业展会及服装数字图书馆。初步统计，北京现有专业主流报纸有《中国纺织报》和《中国服饰报》；杂志相对于报纸来说数量庞大很多，譬如《中国纺织》《中国服装》《中国制衣》《时尚芭莎》《时尚》《瑞丽》等，为时尚人士提供最新的时尚资讯；此外还有《纺织学报》《国际纺织导报》《纺织服装周刊》等导向性科技期刊，旨在对纺织技术发展动态进行深度报道和分析，对科技政策和产业规则进行权威的解读。此外，时尚电视媒体也是传播时尚资讯颇有效率和最具视觉化功能的传播渠道。北京纺织服装在主流媒体上的影响力不断扩大，中央电视台的《东方时尚》与北京电视台的《时尚装苑》栏目在全国的收视率不俗。一些大的门户类网站例如新浪、搜狐、太平洋网站都相继推出了女性时尚频道，目前，北京的时尚类网站或网络频道有上百个。

北京汇集了纺织机械、面料辅料生产、成衣设计、流行资讯、市场交流、品牌推广、行业展示等全产业流行时尚展览展示平台，为北京确立了时尚信息传播的重要地位。其中中国国际时装周是由中国服装设计师协会推动的国际时装周，是国际性时装作品展示和流行趋势发布活动，来自中国、日本、韩国、新加坡、法国、意大利、美国等国家知名品牌和设计师先后举办了近300场时装发布会，520多名中外时装设计新秀参加了21场专业大赛。同时这也是国内顶级的集时装、成衣、饰品、香包、化妆造型等新产品、新设计、新技术的专业发布的重要传播平台。中国国际时装周经过十余年不懈努力，已经成为海内外关注的时尚焦点，充分展现了“发布新品、引领时尚、张扬风格、塑造品牌”的专业功能和影响力，使北京成为国内外品牌展示流行时尚的中心舞台。

8 文创集聚情况

北京798艺术区、751D·PARK北京时尚设计广场、北京服装学院时尚产业创新园、莱锦创意产业园、大红门服装服饰文化创意产业集聚区对汇集国际设计资源、提升北京服装设计创意新颖性与实用性、提高北京时装产业竞争力有重要的推动作用。如751D·PARK北京时尚设计广场是设计师集聚型与公共服务平台型园区的典型代表。从2007年正式开园，已吸引了武学伟和武学凯、曾凤飞等全国著名时装设计师，刘薇、邹游等优秀青年设计师，知名模特经纪公司，展会设计公司，木真了品牌艺术馆，时尚展示发布活动，等等。包括北京国际设计周、751 国际设计节、中国国际时装周、中国国际大学生时装周在内的特色常态活动，吸引了众多国内外时尚设计群体，形成了以服装服饰设计为引领，“动静”结合的设计产品展示、时尚生活体验、国际创意及设计产业交流的平台。这推动并实现了包括时装、艺术、影视、传媒、IT、汽车在内的全方位跨界合作，现已成为艺术区热点和北京时尚地标。此外 BIFTPARK 是于 2012 年由北京市人民政府与北京服装学院共建的“中关村科学城第四批签约项目”，是在北京高校签约中关村科学城 7 个文化产业项目中唯一的服饰时尚设计产业园，是国内国际时尚创意文化交流合作等为一体的创意园区。

9　教育资源与行业协会

与服装产业相关的人才培养是北京服装产业发展的核心竞争力。北京地区拥有专业服装教育高级院校和各类时尚培训机构，如北京服装学院、清华大学美术学院等，为产业的提升和人才队伍的建设服务。时尚培训机构是在北京时尚产业大发展大繁荣的背景下，以为时尚行业输送专业人才为目标，兴建起的一批时尚培训机构，这些机构在整合专业实战人才和企业定向培训方面起到了不可替代的作用。同时，每年北京地区举办的大量与服装创意产业相关的活动、比赛、专业课题研究也发掘培养了各类专业人士。如通过丰富和深化设计师“时尚沙龙”活动，办好 Fashion art 时尚艺术展，积极筹办国际青年服装设计周，探索搭建青年设计师的展示平台，为设计师水平提升奠定良好平台。此外，由于中国纺织工业联合会及下属中国服装协会、中国流行色协会等组织都齐集北京，汇聚了全国的行业信息和全球流行趋势信息，同时掌握政策趋势和变化，积极与品牌企业沟通，为品牌间相互交流提供了有利的平台。北京纺织服装行业协会是联系政府和北京品牌企业之间的桥梁和纽带，在与世界各国同行进行联系、相互交往中发挥着重要的作用。

10　产业结构新特点

纺织服装行业是北京都市产业中的第二大产业，经过多年的培育、发展，目前已在向设计、研发、品牌、营销、网络销售、体验展示等产业链的高端集聚，其发展转型态势非常显著。当前一般性加工企业在逐步弱化，退出生产领域，开始进入终端零售环节和产业服务业领域，这些企业以雪莲集团、铜牛集团为代表。同时，高端定制、旅游消费等一批新兴业态在不断壮大。从产品产量上看，主要产品纱、布、服装是纺织服装产业的主要产品品种，由此可看到工业产能逐步退缩的态势。北京市布产量逐年下降，2005 年有 3800 万米的年产量，2014 年仅有 360 万米，主要是织布环节产能不断下降的结果。由于印染环节用水量大，伴随生产还会有污水的排放，不符合都市产业定位，因而已经彻底退出。仅就终端产品服装而言，其产品产量较 10 年前有较大萎缩。由此可见，生产环节在北京全面退出的态势十分明显。

第 3 节　津、冀地区纺织服装业

京津冀区域涵盖以北京、天津为主中心的华北市场，辐射到北京、天津、河北省市，是我国服装消费市场的重要中枢，是中国百货业最为发达的区域之一。该区域纺织服装产业历史悠久，是该地区国民经济发展的重要组成部分，同时京津冀也是我国主要的纺织服装产业集聚地。

1　区域经济特点

2012 年，北京和天津的人均地区生产总值和人均可支配收入均远远超过河北省，这形成了巨大的落差。京津冀人均地区生产总值和可支配收入对比如图 4－1 所示。这种不均衡还体现在资源分布、城市结构以及产业格局等方面。由于直辖市在集聚资源方面能够给创业者和投资者提供更好的平台，各方人才资源都集聚到京津，不具备竞争力的经济个体被排斥到京津周边。加上长期以来，河北在水资源、交通资源、用地资源上全力支持京津，却没有得到相应的补偿。因而京津冀区域内城市结构梯度不合理，大城市处于绝对优势，缺少发挥“二传手”作用的中等城市和小城市，与周边地区相对独立的小城市群在发展上相互脱节、较为封闭，尚未形成完善的网络体系。同时中心城市辐射功能不是很强，如与上海所在的长三角区域的"群芳竞秀"相比，北京在京津冀区域内发展则为"一枝独秀"，前者为辐射模式，后者属于吸收模式。如果从两种不同机制下城市体系的发展结果来看，上海周围形成了与周边地区共同富裕的格局，而北京的发展对京津周边区域则起到"釜底抽薪"的作用。京津冀区域由于合作观念的缺乏、行政区划的分割，在区域经济发展的过程中存在主导产业趋同现象，还没有形成合理的产业链，重复投资和建设较严重，从而形成了相对独立的产业分工体系。此外，河北省高能耗、高污染产业密集，毕竟河北是我国最大钢铁和平板玻璃生产省份，其产量分别占全国产量的 1/4 和 1/5。同时河北拥有全国排名第五的水泥产能和第七的火电发电量，这些产业在河北省高密集度布局。

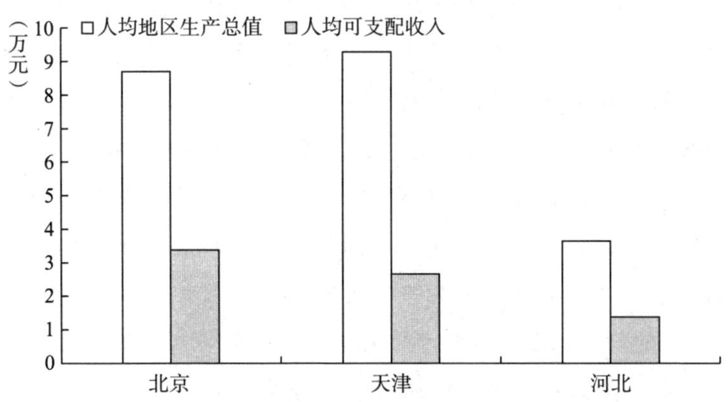

图 4-1　京津冀人均地区生产总值和可支配收入对比

2　天津市纺织服装产业特点

天津虽然不算是一个服装产业先锋的城市，但其纺织业发展历史颇为悠久，是我国老纺织工业基地之一，曾与上海、青岛并列成为我国的纺织"三雄"，其纺织服装业的发展前景依然是极具吸引力的。早在 1986 年，天津就是我国重点纺织服装综合出口基地十二个城市之一。纺织工业为天津的经济发展做出了颇为重要的贡献。在天津纺织工业的转型升级中，最突出的特点是现代化纺织园区建设，如天津滨海新区、天津空港物流加工区高新纺织产业园。在天津纺织服装产业集聚发展、打造产业链的过程中，重点发展高端制造是天津纺织服装产业的另一个特点。天津纺织服装产品将由低档次、低附加值、结构单一走向高档次、高附加值、结构多元化。天津纺织服装产业现拥有市级著名商标22个，宝坻服装城、艾德瑞羽绒商城等交易市场形成了一定规模。在自主品牌建设方面，天津有田歌纺织、菲尼克斯、桂玲、抵羊1932等品牌，相比较北京，天津纺织服装业缺少具有全国影响力的终端产品品牌，品牌建设还有待加强。

3　河北省纺织服装产业特点

虽然河北省纺织服装产业集群有了长足的发展，但与先进地区的纺织服装产业集群相比，尚有不小差距。从产业链结构角度观察河北纺织服装产业，处于产业链前端的纺织和化纤制造部分相对庞大，处于终端的服装制造部分占比较小。在产业链各环节中，化纤常规产品产能增长快。在衣着、家用和产业用三大纺织产品中，劳动密集型的服装加工竞争激烈，技术含量较高的产业用纺织品仅占5%左右，远低于发达国家30%的水平。河北省纺织服装企业多以生产加工见长，规模企业多从事“贴牌生产”，尚还缺少全国著名企业和品牌、资源整合的产业集群，其纺织服装企业发展尚属缓慢（李鹏等，2017：75－78）。河北省纺织服装企业多是出口导向型企业，产品的生产以加工型贸易为主，对外的依存度很高。出口贸易仍处于“以量取胜”的阶段，以中低档产品为主。纺织服装产品主要出口美国、欧盟、澳大利亚等国家和地区。纺织服装产业集群是河北省纺织服装产业的重要组成部分。河北省现有纺织产业集群6个，主要分布在河北省中南部，均具有一定的历史和规模。河北省纺织服装产业集群目前面临全面的产业提升，可通过有效的资源整合，促进产业集群间的协同合作，提高整个产业集群的制造水平。2016年河北省纺织产业主要产品产量见表4－16。

表4－16　2016年河北省纺织产业主要产品产量

产品名称	单位	产量	比上年增长（%）
纱	万吨	222.15	8.77
布	亿米	70.96	1.87
化学纤维	万吨	61.79	18.29

在河北省，以衡水市为例，衡水纺织服装产业近年来各项指标保持较好增长趋势，2013 年衡水市规模以上纺织服装企业实现销售收入 302 亿元，工业增加值 95 亿元，利税达 6 亿元，出口 5 亿美元，各项指标均较上年有较大增长（见表 4－17）。皮毛业是衡水市的代表性产业，在纺织服装产业中占有很大比重，且发展成熟，产业链逐渐趋于完善。衡水市枣强县大营镇有“天下裘都”的美称，皮毛业是大营镇传统优势产业，已形成生产销售链，同时还带动了相关产业的发展，对周边的辐射范围也较大。[①] 衡水市的纺织服装产业正依托招商引资，积极促进产业链配套与发展，不断丰富产品种类，扩大出口。

表 4－17　2013 年衡水市纺织服装业主要经济指标

指标	金额	比上年增长（%）
销售收入（万元）	3025122	25.4
工业增加值（万元）	953078	21.1
利税（万元）	64071	39.8
出口（万美元）	51829	44.8

4　京津冀纺织服装业之关联

京津冀三地纺织服装产业各具特点，经过多年发展，全面协同合作尚未实现，主要呈现出“各自为政”的状态，流通方面多为单向流通，竞争大于合作。京津冀纺织服装产业关联体现在以下几个方面。首先，北京和天津作为大型现代城市，人口众多，为河北的纺织服装产品提供了潜在的巨大消费市场。但是目前来看，产于河北的纺织服装产品及其品牌在北京和天津市场所占的份额并不突出，无明显市场优势。其次，北京和天津吸纳了大量来自河北的劳动力，这些劳动力长期在京津地区从事纺织服装的制造和批发销售。这种人才吸收从目前来看，主要是单方面的，还缺少双向流动和促进。再次，河北省为北京和天津的纺织服装产品提供了部分原

① 百度百科．大营镇．[2018－01－29]．https://baike.baidu.com/item/%E5%A4%A7%E8%90%A5%E9%95%87/8490?fr=aladdin.

料，目前只部分承接了北京和天津的纺织服装产品的加工生产。最后，目前北京和天津两地的纺织服装产业之间的相互竞争大于相互协作，还没有形成有效的合作。京津冀纺织服装产业关联现状如图 4－2 所示。

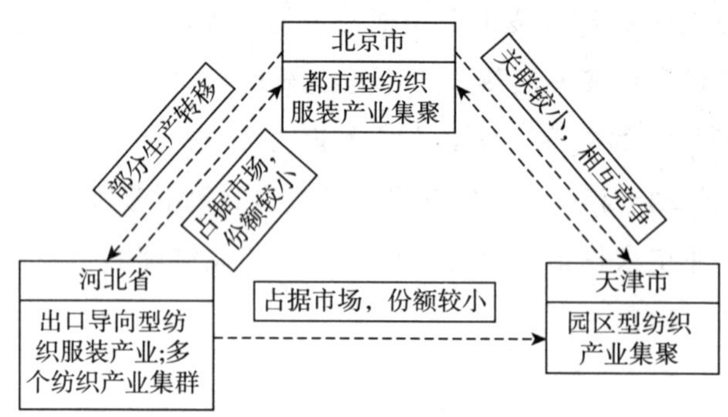

图 4－2　京津冀纺织服装产业关联现状

5　京津冀服装批发市场现状

服装批发市场的主要业务为各类服装商品批发，兼顾零售，且市场成员的主体是民营企业和个体工商户，其经营的服装商品来自国内各地甚至海外市场，有的销往周边地区甚至国外。服装批发市场在我国发展迅速，一方面是由我国发展较成熟、产品充足的服装产业作为支撑。另一方面，由于我国城乡之间、地区之间的经济发展水平和消费习惯相差很大，为主营中低档服装、大出大进的服装批发市场提供了广阔的市场空间。北京在地理区位上的优势为服装批发市场的发展给予了极大的推动作用。北京最具有代表性和影响力的服装批发市场有动物园服装批发商圈、大红门服装批发商圈、雅宝路服装批发市场以及秀水街服装批发市场等。如从地理位置上看，动物园、雅宝路服装批发市场位于北京城区北部，大红门、秀水街服装批发市场位于北京城区南部。如从市场规模来看，动物园和大红门是位于北京一北一南的两大龙头服装批发商圈，而雅宝路和秀水街与前两者相比，规模稍有逊色。可以说，长期集聚在北京的服装加工、批发产业是重要的非首都功能疏解对象。

动物园服装批发商圈自 1980 年形成，现有一批颇具规模的专业化服装批发市场，世纪天乐、新天地、东鼎、金开利德等多个服装市场构成了整个动物园服装批发商圈。由于客户相对集中，市场规模大，周边又有北京动物园、北京展览馆、首都体育馆、北京天文台等人文景观的优势，动物园服装批发商圈每天的人流量能达到数十万。

大红门服装批发商圈集中在北起南三环木樨园、南至大红门桥的区域内，是我国长江以北地区最大的服装集散地。大红门服装批发商圈形成于 20 世纪 80 年代，到 90 年代京温、大红门服装商贸城、新世纪等服装市场相继建成，大红门地区实现了从大棚经济到现代化市场的跨越。近年来，大红门服装批发商圈年交易额增长率高达 30%，年交易额达几十亿元。大红门服装销售渠道不仅辐射全国各地，还远达欧洲、俄罗斯、乌克兰、朝鲜半岛等国家和地区。经历了多年批发市场的“大规模低价批发”的经营模式，大红门商圈正向着“精品”方向发展，已经取得不错的口碑。[①] 多年来北京市大兴区服装加工厂集聚，服装批发市场则集中在丰台区大红门等地。在高峰时期，北京有 15000 多家服装生产企业，大红门批发市场 70% 的摊位都是北京的服装生产企业在经营。

对于天津而言，天津市的主要服装批发市场集聚在天津市的宝坻区，分布有富达服装城、琦琦服装城、经纬服装城、宝玉服装城、大牛服装城、娇典服装城、洋溢服装城、依依服装城、情侣岛服装城等十几座服装城。

河北省较为具有代表性的服装批发市场有位于石家庄市的新华集贸市场、南三条服装批发市场。这些市场属于中转型批发市场，自有品牌很少，大多是外来品牌。近年来，随着北京服装批发市场的发展，辐射范围的增强，影响力的增大，石家庄服装批发市场的发展受到一定的影响，并逐渐出现衰落的迹象。

6　津、冀纺织服装结构特点

天津、河北的发展并不平衡，都市中老的工业生产在逐步向周边转移，新的集群地生产环节在不断壮大。河北省除石家庄市以外的城市由于要素成本上升十分明显，一些老国有企业的生存面临挑战，并以传统棉纺产品

---

① 南苑乡 .［2018 - 02 - 14］. http://www. baike. com/wiki/% E5% 8D% 97% E8% 8B% 91% E4% B9% A1.

为主，纱布产量保持一定水平，如衡水、邯郸。新的民营企业在各地均有新建企业，在石家庄周边宁晋等园区都有私营纺纱、织造企业发展。除了传统棉纺，毛纺借助京津老国企技术力量也产生了一大批中小企业，主要是清河羊绒、南宫羊剪绒的产业集群，蠡县和高阳的绒线以及粗梳毛纺织业也是比较集中的区域。由于企业的规模较小且同质化严重，多年经营都是成本竞争，缺少龙头企业崛起，整体行业水平不高。不过服装业发展则持续好于其他行业，保定容城的服装产业承接京津的外贸企业加工订单，已发展成一个初具实力的集群地，并以男装、针织服装为主。石家庄、宁晋则以棉型面料的优势形成了裤子集群，特别是宁晋牛仔裤，区域特色明显。除此之外，还有童装、皮草服装也在全国有一定的特色。

如果从京津冀区域内来看，河北之于北京地域优势很明显，有着不错的资源配置。对河北而言，在把握京津冀协同发展契机的机同时，推动当地已有产业基础的地区承接北京外迁企业也是一个很不错的选择。

而天津则处在北京、河北之间，是我国纺织工业“上青天”（上海、青岛、天津）基地之一，拥有非常雄厚的纺织工业产能技术和人力资源基础。随着天津市整体产业布局调整，天津纺织产业特别是国有纺织业早已完成全面整合，并成为天津市空港经济区最早入驻的产业之一。2014 年末，包括空港经济区在内的中国（天津）自贸试验区获批，这对天津纺织服装业发展已有非常明显的支持作用。2014 年，纺织系统主要经济指标实现了增长，但还面临能源和人力成本上升、国内外原料价格不平衡、环保治理要求提高等重重压力，纺织业发展动力不强。

7　发展趋势

借鉴长三角和珠三角地区纺织服装产业发展经验，不难看出协同发展将是京津冀地区纺织服装产业未来发展的趋势（梁龙，2014：38 -41），应打造贯穿三地的高效产业链，以形成京津冀区域纺织服装产业生态圈，同时京津冀三地应明确自身定位并发展各自优势。按照孙瑞哲（2013）的观点，产业转移并不是产能转移，避免走配套加工老路，应加大设计研发和品牌建设，向产业链高端提升。因此对北京而言，应坚持都市型纺织服装产业集聚发展，建国际设计之都，在生态圈中占据和深化价值链两极，利用其在文化、国际交往、科技创新等方面的优势，大力发展设计研发、品牌建设和服务。[①] 对天津而言，应优化高新纺织产业园区，重点发展高端制造业，以为区域产业的发展提供优质原料，并应利用港口优势发展出口贸易。对河北而言应提升现有纺织业集群制造水平，集群之间应错位发展，并应加大承接北京和天津制造业转移的力度。河北应建设较高的制造业水平以提高区域产业制造环节承接基础，同时应建多个纺织品服装专业市场，成为区域内重要的纺织服装终端产品集散地。

京津冀纺织服装业协同发展表现出的微笑曲线是：北京牢牢占据微笑曲线的两端，发挥最大优势来发展时尚、展览、设计研发、品牌建设和服务；天津和河北的发展重点应体现在原料供应、制造加工、交易商场、物流配送、出口贸易等方面。在这一过程中，天津的定位是高端制造基地，生产小批量、高品质产品；河北的定位应是大规模高水平制造，应成为京津冀地区纺织服装产业加工制造的基地。京津冀纺织服装产业协同发展趋势如图 4－3 所示。

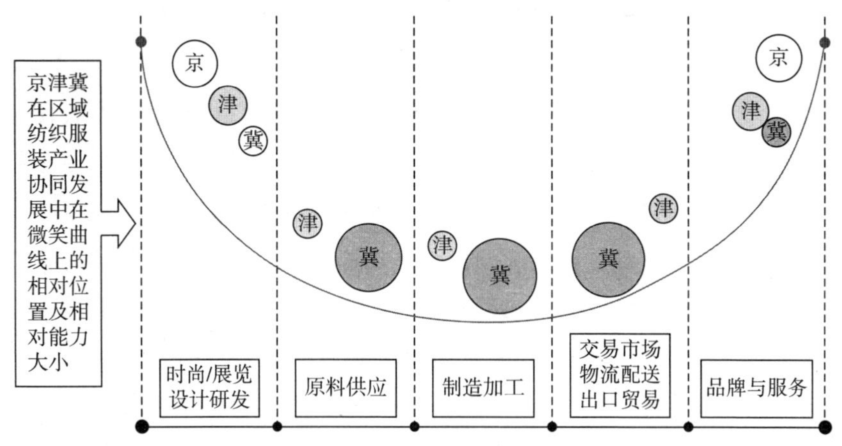

图 4－3　京津冀纺织服装产业协同发展趋势

注：圆点的相对大小代表各地在微笑曲线各段的能力相对大小。

① 北京“设计之都”建设发展规划纲要［EB/OL］.［2018－02－11］. https://wenku.baidu.com/view/55a376455a8102d277a22f3e.html.

第4节　京津冀纺织服装业协同发展条件

1　宏观环境

伴随中长期国家发展战略出台，京津冀纺织行业结构调整步伐在加快。纺织产业受到诸多因素影响，行业增速放缓，产业转型升级成为行业发展新常态和结构调整主旋律。《京津冀协同发展纲要》对京津冀城市定位重新调整：北京保持政治、文化、科技创新、国际交往四个中心地位不变；天津的定位调整为“一个基地三个区”，即全国先进制造研发基地、北方国际航运核心区、金融创新运营示范区、改革开放先行区；河北定位调整为四个基地，主要涉及产业转型升级、商贸物流、环保和生态涵养及科技成果转化等方面。通过疏解北京非首都功能以调整经济结构和空间结构，促进区域协调发展，以形成新的增长极（叶裕民，2019）。基于纺织服装行业的特点，首批服装商贸集散区向外转移，纺织产业结构优化和调整可谓是势在必行。

地区政策导向成为纺织产业转移升级的重要导向，挖掘要素资源，创造政策环境，推动纺织服装产业发展。北京为落实《中共中央、国务院关于文化体制改革的若干意见》，制定了《北京市促进文化创意产业发展的若干政策》。建设发展规划指出，设计服务板块依托北京设计之都的企业人才和资源优势，巩固北京在创意设计和服装设计等方面的优势，依托北京时尚产业基地和纺织服装企业，引导向服装设计转型，这对北京纺织服装产业向创意设计升级提供了重大的政策推动力。河北省各市积极制定相关政策，打造纺织工业产业园，在招生引资、金融服务和工厂建设等方面给予优惠政策。而天津纺织集团则制定了《推动科技创新、发展科技型中小企业工作的指导意见》，开展了以“121”为目标的科技助推活动，提升技术实力。天津天投国家级技术中心的能力建设项目已列入国家发改委资金支持的计划内。北京、河北、天津三地产业、区位、技术创新、产业增长和产业效益排名见表4－18（详见第八章）。

表4-18　京津冀三地产业排名

省市	产业规模排名		区位优势排名		技术创新排名		产业增长能力排名		产业效益排名	
	2012年	2010年	2012年	2010年	2012年	2010年	2012年	2010年	2012年	2010年
北京	11	19	23	16	1	1	25	25	16	20
河北	16	16	6	5	20	12	13	15	7	8
天津	9	13	28	26	11	22	8	24	24	19

资料来源：作者根据公开资料整理。

2　区位

京津冀地理位置相邻，已经初步形成互联互通的综合交通网络。北京、天津和河北省的主要城市轨道交通发达，大部分城市已经开通高铁，融入京津冀公路网络一体化、交通运输枢纽一体化、交通运输管理一体化、交通运输服务一体化、物流发展一体化战略。北京首都第二机场定位为大型国际航空枢纽，距首都机场67公里，距石家庄机场197公里，距廊坊市中心26公里，距天津滨海机场85公里，可满足年旅客吞吐量1亿人次需求。《河北省人民政府关于加快沿海港口转型升级为京津冀协同发展提供强力支撑的意见》提出：将深化区域物资合作，天津滨海新区到北京的第二条高速铁路正在规划中。表4-19是各主要城市到北京之间的时空距离。

表4-19　各主要城市与北京之间时空距离

城市	土地面积（平方公里）	人口（万人）	时空距离（时间）
北京	16400.00	2069.0	
天津	15000.00	1024.0	00：33
石家庄	15848.00	917.5	01：07
唐山	13472.00	714.5	01：10
保定	2.21	1000.0	00：41
秦皇岛	7812.40	276.0	02：21
廊坊	70.00	391.6	00：21
衡水	8815.00	409.0	02：04

资料来源：作者根据公开资料整理。

3 产业分工与互补性分析

协同发展被认为是区域多目标下的共赢，其意味着各自产业之间能够相互影响，相互感应（孙虎、乔标，2015）。北京和天津拥有良好技术创新能力，人才、科技和技术创新对河北省形成比较优势。由此前章节中的因子综合得分排名可以看出，河北省的区位优势比较明显。北京市把创意文化产业作为首都经济新的增长点，并在资金扶持、融资服务、交易平台以及人才保障等方面给予支持。如北京市文化创意产业 2013 年增加值达到 2406.7 亿元，同比增长了 9.1%，2004 年以来年均增速达到 17.3%，占全市 GDP 比重达到 12.3%。[①] 以中关村时尚产业创新园和 751D · PARK 北京时尚设计广场为代表，中关村时尚产业创新园聚集了大量的青年设计师，他们以北京服装学院为启动平台，专注于发掘、孵化优秀青年时尚设计师及新锐设计师品牌。北京时尚设计广场位于 798 艺术区，建筑面积 4.7 万平方米，可以提供近百个从 100 平方米到上千平方米的各种规模和特色的设计师工作室及展演、展示空间。这里将成为以政府创意规划为发展之导向，以设计、原创、时尚以及高端为主流，并且可彰显艺术设计魅力的聚集之地。而河北则具有良好的产业规模效益和区位优势，其低廉的生产要素价格的形成对北京天津的比较优势非常明显。由京津冀地区制造业工资对比表（表 4－20）可以看出，2012 年河北省制造业工资年收入为 25677 元，远低于北京的 38498 元和国家平均水平的 28215 元。

表 4－20 京津冀地区制造业工资对比

地区	2013 年制造业工资（元）	2012 年制造业工资（元）	2011 年制造业工资（元）
北京	42809	38498	30420
天津	42765	35721	28905
河北	28983	25677	22159
全国	32035	28215	24138

① 首都之窗 . 北京市文化创意产业功能区建设发展规划（2014－2020 年）[EB/OL]. [2018－02－12]. http://zhengwu.beijing.gov.cn/gh/xbqtgh/t1433061.htm.

在进出口方面，从 2008—2012 年这五年的趋势图可以看成绩。北京和天津出口额逐渐平稳，河北则是增长迅猛；而进口额方面，北京以平均 32.19% 的速度增长，这说明北京市场还有很大的增长空间，而河北和天津呈现缓慢增长态势，北京纺织服装消费市场是河北产业发展的巨大的增长点。如从北京进口的服装产品结构来看，以高级面料和成衣为主，高端产品的缺乏在一定程度上阻碍了产业发展，但同时也在一定程度上促进了技术创新。京津冀纺织服装业进出口情况见图 4－4。

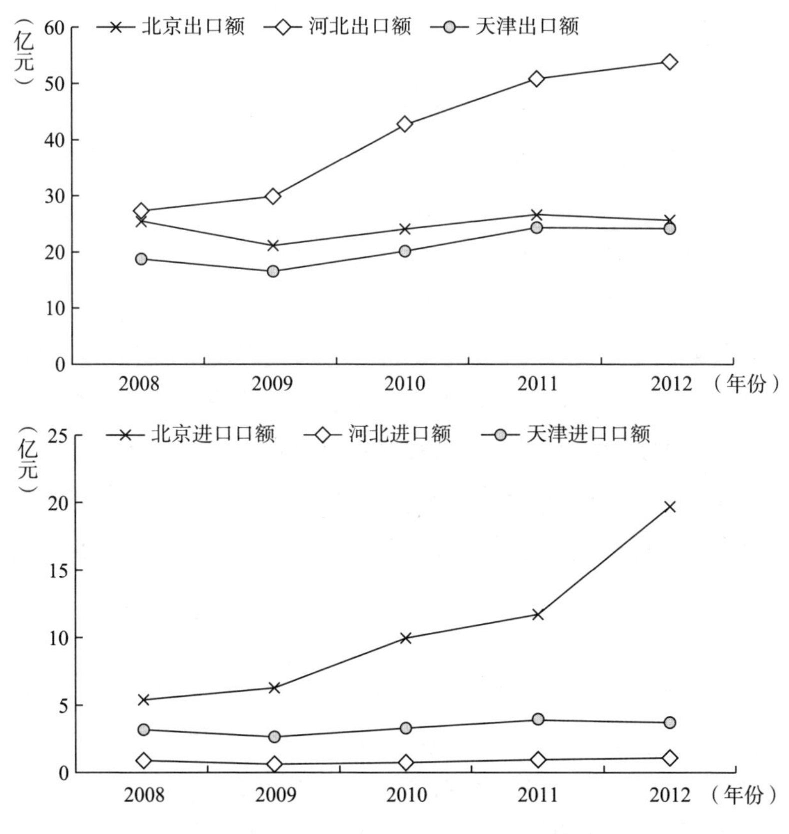

图 4－4　京津冀纺织服装业进出口情况

资料来源：中国纺织工业发展报告。

结合京津冀各自发展阶段和要素禀赋特点，目前已经形成错位发展的产业格局，且三地产业互补性强，有利于三地实现产业链、产品链环节上的分工协作（陈叶军，2014）。当前京津冀纺织服装集群专业化形成，区域性特征明显，1400多家纺织服装企业遍布各地，已形成了纺纱、织布、设计和生产等完善的供应链体系。北京服装品牌和创意产业融合，推动了品牌竞争力的日益提升。依文、白领等品牌先后获得营销金牌称号，众多服装品牌举办了服装动态秀开始走向国际市场。顺美、爱慕和大华等本地服装品牌则去新加坡开展纺织服装产业贸易交流活动，增强了品牌影响力。在我国纺织工业联合会重点跟踪的企业中，获得“中国驰名商标”的服装品牌大部分入选我国服装产业“利润总额”和“销售利润率”百强企业。资料显示，2013年“时装之都北京最具文化创意十大品牌”在北服创新园评选中，凡客诚品和顺美等获得该项荣耀，这形成了企业围绕“时装之都”和“文化中心”进行品牌创新的机制，推动了服装品牌竞争力和文化实力的提升。值得关注的还有2014年北京时装之都10周年庆典，吸引了更多的国内外著名设计师和时尚人士，品牌影响力提升明显。

地区产业协同发展的核心应是建立起均衡、高效、可持续的产业分工与合作体系（吴爱芝等，2015）。京津冀城市定位侧重点不同，而经济的错位发展有利于产业分工协作。北京的城市定位是政治、文化、科技创新和国际交往中心，这对文化创意产业发展有较大的支撑作用，且拥有创意设计和技术等优势资源，有利于发展资本密集型和技术密集型产业，但不足是人力成本较高。如从纺织服装产业的价值链来看，设计和品牌管理等活动更适合在北京进行，因为这能够充分利用当地的人才资源优势，有助于实现价值最大化。而河北省的定位是产业转型升级、商贸物流、环保和生态涵养及科技成果转化，且与北京的定位互补。由于纺织服装产业的转型升级对劳动力资源依赖较大，而河北拥有较廉价的劳动力资源，所以河北省的纺织服装产业能够与北京形成互动，这也可促进技术升级和成果转化。天津的城市定位是全国先进制造研发基地、北方国际航运核心区、金融创新运营示范区和改革开放先行区，而且天津的城市定位与北京和河北省可形成互补，且被认为是京津冀重要的出口港。天津先进的物流业是纺织服装产业发展的重要补充。此外，天津自贸区也是一个很不错的优势，因为先进的贸易模型是北方重要的商品对外贸易中心，这可为京津冀纺织服装的出口贸易提供更多的便利。综合来看，京津冀区域产业分工主要体现为不同程度的产业间和产业内分工，目前还尚缺乏产业链分工，且存在产业同构现象，主导产业有所重叠，尚存在同质化竞争（徐永利，2016）。

京津冀三个省市的定位亦具有其互补性，其拥有的资源也有利于产业的分工，可形成比较优势，这有助于获得相对利润的最大化，其纺织服装产业的协调发展拥有一定的基础。如借助学界的观点，三地可错位融合、协同发展，这将是京津冀三地纺织服装业未来发展的趋势。亦可打造贯穿三地的高效产业之链以形成三位一体纺织服装产业生态圈，这将成为未来发展的必然之举（孙硕，2015）。

第5章 北京服装业发展定位、方向、转型与升级思考

"京津冀协同发展"、"一带一路"倡议、"供给侧结构性改革"与北京的"四个中心"之间关系颇为密切。其中，北京"四个中心"的定位即是"京津冀协同发展"核心内容，其又同"京津冀协同发展"有着经济发展目标之趋同性，而北京的"四个中心"又是"一带一路"建设的驱动（韩晶等，2015：47－50）。

第1节 北京服装产业发展新环境

1 京津冀协同发展推动产业转型

京津冀地区的协同发展应将一体化产业转型升级当成是产业发展的根本任务之一，推动区域产业结构转型（李飞，2016）。我国纺织服装行业面临双重压力：一方面，发达国家实行"再工业化"战略，其在价值链高端领域仍占据着强势和主导之地位；另一方面，以东南亚、南亚国家和地区为主的发展中国家正在成为我国纺织工业传统优势的竞争者。当前我国纺织服装消费呈现以下特点。（1）市场拥有新动力，国内外市场需求总体保持稳定增长，但消费结构、消费方式在发生深刻的变化，内需扩大和消费升级被认为是行业发展的最大动力。（2）信息时代新革命影响更为深远，跨境和国内电子商务高速发展。（3）互联网经济影响传统产业模式和消费模式，重构商业链条，同时也催生了企业间新的生产组织方式、制造模式向需求导向转变，或者说电子商务对传统纺织品服装销售渠道的补充和替

代作用不断加强。(4) 可实施区域经济新战略以推动更为开放和协同发展的行业布局调整。比如以“西部开发、东北振兴、中部崛起、东部率先”为驱动，并通过实施“一带一路”建设、京津冀协同发展、长江经济带三个重大战略来协同发展区域经济。

根据《京津冀协同发展规划纲要》，京津冀区域的整体定位是“以首都为核心的世界级城市群、区域整体协同发展改革引领区、全国创新驱动经济增长新引擎、生态修复环境改善示范区”。目前京津冀在联合做规划，要将首都政治、文化、国际交往和科技创新中心四大核心定位的其他功能疏解到周边。京津冀地区纺织服装产业历史悠久，一直是该地区国民经济发展的重要组成部分，同时京津冀也是我国主要的纺织服装产业集聚地。如何建立“三地协同发展纺织服装产业转移的科学长效机制”是北京服装产业在未来发展中的一个重要课题，应从全国范围考虑北京服装产业的发展。在结合三地交通区位、人力资源、生态环境等优势的基础上，挖掘发展服装产业的突出优势以明确服装产业定位，有助于有的放矢地接纳转移企业。三地亦应制定可以促进服装产业可持续发展的有效的优惠政策，在金融服务、人才培训、资金支持等方面打造产业高地，以帮助企业加强品牌建设。此外三地可通过与文化创意合作等方式来提高产品的附加值，并以品牌为核心来提升其发展，从而推动产业价值链的再造。此外，“推动京津冀协同发展还应树立区域协同发展的理念，并要加快各地区要素资源流动”（李飞，2016）。

2 “一带一路”建设与产业发展新机遇

2013 年国家主席习近平在出访中亚和东南亚国家期间，先后提出共建“一带一路”的重大倡议，得到国际社会的高度关注。2015 年 3 月，中国发布了《推动共建丝绸之路经济带和 21 世纪海上丝绸之路的愿景与行动》，沿线各国资源禀赋各异，经济互补性较强，彼此合作潜力和空间很大①。按照专家的观点，“一带一路”建设为进一步提高我国对外开放水平提供了宽

① 新华社．推动共建丝绸之路经济带和 21 世纪海上丝绸之路的愿景与行动［EB/OL］．［2018－02－06］．http://www.mofcom.gov.cn/article/resume/n/201504/20150400929655.shtml.

广的战略平台，对内亦能形成区域合作的新格局，对外则能构建区域合作新模式，从而为促进区域合作发展指明了方向（马洪波、孙凌宇，2015）。“一带一路”建设构想与东、中、西部协同发展的结构调整战略规划相协调，同京津冀协同发展相一致。“一带一路”建设尤其是“一带”起始于西部，主要经过西部通向西亚和欧洲。而北京服装产业在国内发展原材料生产基地向西部延伸，包括援助新疆项目。部分服装批发市场，开始向河北保定等地迁移。在国际上，随着我国劳动力成本的不断上升，纺织品服装加工向劳动力成本比较低廉的国家转移是大势所趋。“一带一路”建设的实施为重构北京在国际资源分配中的产业地位提供了良好机遇。目前部分北京企业如白领等加工能力开始转移到要素成本更低的国家和地区。可以说“一带一路”建设推动了服装产业结构调整和优化布局。

“一带一路”建设与我国自由贸易区战略紧密联系。加强“一带一路”建设同我国自由贸易区战略的对接和联动，可为我国新一轮对外开放提供有力支撑。目前我国在建自贸区涉及 32 个国家地区，其中大部分处于“一带一路”建设沿线。我国自由贸易区战略必将随着“一带一路”建设的实施而得到落实和发展。“一带一路”建设正为我国品牌国际化发展提供更广阔的市场空间和发展平台。“一带一路”建设本质上是一个国际性区域经济的范畴，随着“一带一路”建设的实施，首都必将汇集“一带一路”建设各国、地区政治信息，为“走出去”的首都服装企业提供政策和信息支持。同时“一带一路”建设沿线国家和地区多种形式的金融创新（发行证券、设立基金和创新金融机制等），也将为首都服装品牌发展带来更多红利和机遇。服装品牌企业可充分利用贸易合作关系逐步建立现代海外物流体系。

首都的服务功能可为北京服装企业发展提供更大的支持。单个的企业要到国外“一带一路”建设这些沿线国家和地区进行考察是很困难的，首都的区位优势奠定了行业服务优势。全国性纺织服装行业组织中国纺织工业联合会就设在北京，国务院有关部门更是可为企业的有效服务提供便利。北京服装纺织行业协会每年组织企业组团考察，可与“一带一路”建设沿线的政府、行业、企业进行面对面的交流和沟通，服务于北京服装企业。同时，首都的优势还表现在人才资源充足，北京的服装企业拥有得天独厚的高等院校人才资源优势。

北京很早就确立了中外交流前沿地带的地位，成为五洲文化交流的枢纽。就对接“一带一路”建设而言，无论从中国走向世界还是从世界通往中国，北京都具有无可比拟的战略枢纽意义。这一交通枢纽使文化交流更为便利，也使得北京越来越多的服装企业将其发展目标盯向了海外。比如，印度重点区域的安德拉邦、巴基斯坦、埃塞俄比亚及乌兹别克斯坦就是四个颇为重要的“一带一路”建设沿线重点地区。此外，这些地区在纺织服装政策、金融政策、税费政策、国内政治、治安环境、土地价格、相关配套设施、劳动力状况等方面，都有利于首都服装产业资源对接与发展。

3 供给侧结构性改革与产业发展方向

当前国际需求的增量空间开始缩小，中低端产能过剩问题开始突出，供需矛盾的主要方面已经演化到供给侧（霍春辉，2016）。供给侧结构性改革是对过去 30 多年来改革注重需求端的重大思路的调整，是一项长周期的经济改革，这是破解我国中长期经济可持续发展难题的根本所在。在经济长周期下的供给侧改革，需要根据宏观经济学的生产函数来梳理改革主线（霍春辉，2016）。应“把提高供给体系质量作为主攻方向，显著增强我国经济质量优势”（董小麟，2017）。从战略定位来看，“京津冀协同发展从一开始就带有供给侧改革的影子，从一开始就是向制度要空间，向改革要红利”。从这个意义上讲，京津冀协同发展战略本质上就是供给侧改革的一次先行先试，其根本目标是“提升区域内全要素的生产率，降低市场的制度性成本，从而使京津冀地区真正打破发展格局的壁垒”，实现优势互补、互利共赢。一系列成果都在表明，京津冀协同发展战略正在沿着供给侧结构性改革这条主线走向落地。但京津冀协同发展作为一项艰巨的任务，仍然需在坚持供给侧改革这条主线基础上，继续稳扎稳打，不断将战略目标分解为更具体的任务并得以落地。供给侧改革是我国经济政策一场前所未有的变革①。京津冀协同发展在经济层面上须接受供给侧结构性改革的指引，也可理解为其发展之关键是推进供给侧结构性改革（王文刚，2018），并在

---

① 新华网．供给侧改革是一场经济政策变革［EB/OL］.［2018－01－30］. http://www. xinhuanet. com/fortune/2016－01/12/c 12861 8 687. htm.

此基础上实现与其他国家战略的衔接，最终通过国家各个战略间的协同来探索出该地区发展的长期机遇。

4 北京城市战略定位与产业发展

京津冀为落实城市战略定位、疏解非首都功能、促进京津冀协同发展，在北京市域范围内将逐渐形成“一核一主一副、两轴多点一区”的城市空间结构，着力改变单中心集聚的发展模式，构建北京新的城市发展格局。“一核”为首都功能核心区；“一主”为中心城区，也就是城六区；“一副”为北京城市副中心；“两轴”为中轴线及其延长线、长安街及其延长线；“多点”为多个位于平原地区的新城；“一区”是指由北京几个外围区所构成的生态涵养区。

新北京城市战略定位对每一个产业都提出了新的要求。政治中心、文化中心、国际交往中心和科技创新中心的新形象也对产业提出了新要求：（1）产业要顾全大局；（2）产业要融汇发扬中华优秀传统文化并展示民族文化的精华；（3）产业要不断提高国际影响力和努力打造国际活动聚集之都；（4）产业要充分发挥科技资源优势，提高自主创新能力，打造世界高端企业总部聚集之都、世界高端人才聚集之都。

近年来，北京面对复杂严峻的国际国内形势，在保持整体经济平稳快速发展的同时，也面临各种复杂困难的问题，急需解决。京津冀城市群以北京为中心的概念即以北京为我国经济、技术，决策和管理中心，其是全国人民代表大会的办公所在地，有最为重要的政治、经济、文化地位，其综合实力位列全国城市前茅。2011—2015 年，北京服装行业产业总产值保持了持续增长的趋势，本行业的增长速度远超 GDP，但有逐渐减缓的势头。本行业在国内 GDP 中所占比重在 2.50%—2.76% 波动，较为稳定。在 2011 年服装行业的工业总产值所占比重达到了 2.76%，2012 年降到最低点，2012—2015 年该比重呈现逐年回升的趋势。2011 年，北京市抓住中原经济建设的重大战略时机，全面推行经济结构优化和产业升级。

经济总量的不断提高进一步促进了北京地区各行业发展，使北京以其首都职能来讲，各产业的发展空间成满溢状态，以至于生产加工制造业不得已要转移出去，这就为北京的空间发展提供了很大的机会。随着 2015

年国家京津冀协同战略的逐步实施，北京各个区域的产业转移遇到了很大的契机，如大兴、通州等地，这些地区产业转移的速度在不断加快，招商引资的效果也不断显现。2015 年，北京服装产业经济指数为 96.678，同比上一年降低 0.6 点。北京市服装产业指数为 85.5。据海关总署统计，在出口方面，2015 年上半年服装产业对外出口贸易金额下降 2.7%，其中普通类服装出口额同比下降 4.3%，纺织品出口贸易全额同比下降 2.5%，整体生产加工业表现一般，但大型规模企业表现良好。在内需方面，55 家重点大型批发企业服装类的商品销售额同时增加 5.0%。纺织制造行业因为国家政策战略的影响，产生产业转移的现象，目前还不能确切地说纺织加工制造业的表现，有待进一步的考察和调研。尽管这样，还是有很多大型生产技工产业的成绩是比较好的。流行的高级私人定制行业在北京的发展势头强大，很多人为了追求个性舒适，而选择私人定制，所以该行业的发展是比较被看好的。

第 2 节　北京服装产业发展与首都功能定位

《纺织工业发展规划（2016 - 2020 年）》提出产业定位的新表述："纺织工业是我国传统支柱产业、重要的民生产业和创造国际化新优势的产业，是科技和时尚融合、衣着消费与产业用并举的产业，并在美化人民生活、带动相关产业、拉动内需增长、建设生态文明、增强文化自信、促进社会和谐等方面发挥着重要作用。"如果从经济发展的角度来看，文化创意产业、总部经济、科技创新中心、国际交往中心等一系列定位，都与纺织服装产业的新定位吻合。从长远发展看，打造国际化优势、科技和时尚融合以及衣着消费和产业并举是我国纺织工业转型升级走向高端的必然要求和必经过程。时尚之都建设离不开时尚产业，特别是服装产业的支撑。

当前服装产业品牌化程度很高，发展总部经济，疏解产能符合产业政策和首都的功能定位。首都天然地吸引了国内外服装品牌机构入驻，由此也必然产生围绕总部机关服务而形成的可观经济效应。因为这里汇集了国际创意人才、设计人才、营销人才，汇集了国际政治经济信息，可方便掌握国际流行趋势。总部经济在首都经济发展中占据重要地位，是首都经济不可分割的组成部分，而且有利于服装产业发展。

国际时尚之都是展示服装产业的舞台。根据“2013 年《财富》世界 500 强排行榜”，四个国际化首都圈的总部主要是聚集在首都城市，伦敦、巴黎、首尔、东京分别拥有世界 500 强总部数量 16、2、12、47 个，分别占据全国上榜企业的 61.54%、64.52%、85.71%、75.81%。其中以首尔和东京更为集中，尤其是在韩国上榜的企业中，85.71% 的企业总部均位于首尔（刘瑞、伍琴，2016：36－44）。从总部收益看，营业收入总额从高到低依次为东京、巴黎、伦敦和首尔，营业收入占全国比重均超过 65%。利润总额从高到低依次为东京、伦敦、首尔和巴黎，除了巴黎占全国的比重低于 50%，其余均接近或超过 100%（刘瑞、伍琴，2016：36－44）。这意味着仅入驻首都圈的总部机关所创造的利润就几乎相当于其他企业大部分利润，甚至还弥补了首都圈外地区企业的利润亏损。此外，总部的入驻不仅带来企业自身高端人才就业，还带动周边服务业就业，具有庞大的就业效应。几个国际大都市，更是高端服装品牌的殿堂和世界知名时装周的发祥地与展览中心。2013 年北京世界 500 强企业总部数量为 48 个且超过东京位居全球第一，利润远远高于四个国际首都。目前北京的总部经济还处于高速发展阶段，这其中也包括北京服装品牌爱慕、探路者、李宁等。

第 3 节　服装产业定位与发展方向

新北京城市战略定位的一个目标是将北京建设成为国际一流和谐宜居之都。北京的战略发展对每一个产业都提出了新的要求。政治中心、文化中心、国际交往中心和科技创新中心的新形象要求产业发展要顾全大局。产业的发展不仅要融汇发扬中华优秀传统文化和民族文化的精华，还要不断提高国际影响力并努力打造世界高端企业总部聚集之都、世界高端人才聚集之都。自 2004 年北京市出台《促进北京时装产业发展 建设“时装之都”规划纲要》以来，经十多年发展，北京市服装产业创新能力与品牌建设已经取得明显提升。未来北京市服装产业的发展应在继承建设“时装之都”规划纲要的基础上，抓住京津冀协调发展契机，坚持“时装之都”定位，协同各方力量以将北京打造成为更具影响力的“国际时尚之都”。以这样的战略定位为导向，北京服装产业应步入科技、时尚、开放新轨道。要充分发挥首都国际交往优势、文化中心优势、科技创新优势，可着力构建时装及时尚产业发展的公共服务平台，以促进设计创新、品牌发展和时尚消费，促进北京与全国、世界各国时装及时尚业界的互联互通。

在产业发展方向上，可遵循科技、时尚与开放的发展思路。如在时尚方面，北京服装业可依托北京具有鲜明文化特色的城市氛围，打破传统服装业以功能效用为主、文化效用为辅的既有产品格局，既应突出产品本身蕴含的文化理念对消费者的影响，也要结合北京的文化特色，在原创设计和品牌自主创新方面做大做强，以引导时尚消费。此外，在北京融入国家"一带一路"建设的过程中，需要把握首都优势、经济优势、区位优势三个要点，找准自己的合作定位、城市发展定位、产业定位、文化定位，以融入"一带一路"建设沿线区域内的产业分工协作体系（韩晶等，2015：47）。

第4节　北京服装产业升级发展重点

1　京津冀协同与北京服装业

京津冀协同发展和经济转型战略要求北京服装业发展要慎重思考"为"与"不为"。在有所为有所不为的战略指导下，北京未来应成为国际时尚设计中心、国际时尚商务中心、国际时尚品牌中心、国际时尚消费中心。这四大中心也应成为北京"时装之都"建设的核心内涵。特别是随着国家全面深化改革的深入推进，京津冀协同发展正式成为重大国家战略。推动京津冀协同发展，是党中央、国务院在新的历史条件下做出的重大战略决策，也是北京适应新常态、落实新定位、迈向新目标的必由之路。根据《京津冀协同发展规划纲要》，"京津冀区域整体定位是以首都为核心的世界级城市群、区域整体协同发展改革引领区、全国创新驱动经济增长新引擎、生态修复环境改善示范区"。对北京来说，推动京津冀协同发展是实现可持续发展、解决"大城市病"难题的必由之路，是提高发展质量和效益前所未有的历史性机遇。

京津冀地区纺织服装产业历史悠久，一直是该地区国民经济发展的重要组成部分，同时京津冀也是我国主要的纺织服装产业集聚地。如何建立三地协同发展纺织服装产业转移的科学长效机制是北京服装产业在未来发展中的一个重要课题。北京的首都地位赋予其巨大的无形资产，是引领我国高科技产业发展的旗帜，越来越具有“两头在内，中间在外”的产业发展“微笑曲线”特征，这显示了北京对相关产业越来越强的控制能力。天津的先进制造业与现代服务业发展迅速，港口贸易发达，不仅在承接北京科技创新的制造方面具有优势，其本身也在重化工、航空等领域有差异化优势。河北已形成以钢铁、化工和医药、建材、机械、食品、纺织等为支柱产业的轻、重工业同步发展的产业体系，具有接受京津产业辐射并与京津进行产业互动的基础。结合三地情况，需从生态、人文、商业带动工业发展等角度考虑纺织产业的发展，应从全国范围考虑北京服装产业的发展。

2　城市定位与产业发展轨道

目前北京已经开始编制新一轮城市规划，中期目标瞄准到2030年，更远的目标到2049年。北京城市新战略定位的终极目标是要把北京建设成为国际一流的和谐宜居之都，并对每一个产业都提出了新的要求。北京的城市要求产业要顾全大局，要能融汇发扬中华优秀传统文化并展示民族文化精华，要能提高国际影响力并打造国际活动聚集之都、世界高端企业总部聚集之都、世界高端人才聚集之都。以这样的战略定位为导向，北京服装产业应步入高端化、品牌化、创意化、信息化的新轨道，并着力构建时装及时尚产业发展的公共服务平台，以促进设计创新、品牌发展和时尚消费，促进北京与全国、世界各国时装及时尚业界互联互通，继续大力推进北京“时装之都”建设。

北京的新定位凸显了实现中华文化复兴的文化强国政策，北京服装品牌的未来发展将成为政策指导下的一股强大而又特色的文化力量。北京服装品牌继承了北京的城市血脉，具有得天独厚的文化优势，北京作为服装专业会展中心的基础地位将得到重视和扶持。凭借越来越雄厚的时尚吸引力，更多的国际时尚资讯将汇聚到北京，北京将会成为新的国际时尚潮流孵化器。经过十年时装之都建设，北京已为服装业研发创新、人才培养、高端人才聚集、高端企业总部聚集搭建了成熟平台。北京服装产业借助这些平台，实现了产业实力和国际影响力跨越式提升。北京作为全国文化中心，媒体资源已经具备了世界范畴的影响力。国内外时尚传媒每天都从北京发出权威、创新、前卫的声音，成为北京这一文化中心的一大特色和北京风格，北京成为新的国际时尚传播中心。

3　产业新高位与大数据

国家“十二五”规划提出：将北京逐步建设成为具有全球影响力的科技创新中心。北京的产业现状及发展优势决定了北京经济向高精尖产业发展转型之方向。为了加快构建“高精尖”的经济结构，北京统筹协调、大胆探索、努力破题、创新环境，并着力构建高精尖产业体系。北京服装产业须进入“高精尖”产业体系，借力借势发展。[①]

服装企业的实践已经证明，大数据挖掘能带来实质的销售贡献，当前服装企业使用大数据初见成效。企业运用大数据促进销售的主要方式有：（1）采用顾客调查问卷加上自身开发的内部分析系统预测顾客需求；（2）借助可穿戴设备和社交网站增强客户黏性和预测消费潮流；（3）线下门店安装监控系统观测消费者行为，线上商店强化资料分析功能；（4）在试衣间模拟穿着并返工改衣等。这一切都是为了使企业能够紧跟市场变化、精准满足消费者需求，促进销量和业绩。不可否认，电商企业比传统企业在大数据的应用上先知先觉，因电商主要资产就是数据——消费者行为记录，且能快速了解消费者需求，并通过不同于线下供应链的模式及时满足消费者需求。如，淘品牌韩都衣舍高速成长的本身就依托了大数据的发力，2008—2012 年，其销售额分别为 300 万元、1300 万元、9000 万元、3 亿多元、近 6 亿元，排名天猫、京东女装销量第一名（李婕、谢宁铃，2018）。更多数据表明，传统品牌可借力大数据转型，且实现价值链升级。品牌服饰公司在各个环节借助大数据都实现了不错的价值升级。虽然服装企业逐渐认识到大数据的重要作用，但具体到实施还存在一定差距。目前服装企业广泛应用大数据还面临不少障碍，比如大数据使用的成本高昂、人才缺

① 中国企业报．北京开发区着力发展“4＋4”高精尖产业体系［EB/OL］．［2018－02－05］．http://ezone.mofcom.gov.cn/article/ab/2014 1 1/20141100810066.shtml.

乏，由上及下的大数据推进方式往往面临加盟商抵制，以及大数据的形而上学、无法落地等。但趋势不可违逆，大数据是现在的机会和未来的趋势。

4 北京创造设计产业格局

多年来北京积极调整产业结构，持续推进工业转型升级，结构调整取得成效，但产业发展还存在创新引领能力不强、投入产出效率不高、要素更新机制不活、区域协同发展不足、产值和规模总量外延式扩张路径没彻底改变等一系列问题。在新的形势下，应抓住国家实施《中国制造 2025》的战略机遇来推进北京制造业转型升级，转换发展动力、优化资源配置，加快提质增效，走出一条创新型、内涵式、可持续的发展新路。

5 北京服装业智能制造

智能制造是“中国制造 2025”战略计划的五大工程之一，已经成为纺织服装业转型升级的重要抓手之一。依据国家颁布的《中国制造 2025》计划，中国纺织工业联合会制定了《纺织工业“十三五”规划》《纺织工业“十三五”科技进步纲要》等文件，旨在促进纺织服装业转型升级，其中明确提出了 5 项 12 类纺织信息化关键技术的突破和推广（见表 5－1）。纺织的智能制造又有别于其他领域的智能制造，纺织服装产业 2025 智能制造包括三个方面，第一个方面叫智能装备，第二个是智能化的运营，第三个是智能化的产品（孙瑞哲，2017）。当前纺织服装业智能制造已成为颇为有效的转型升级方式之一。目前部分纺织服装企业以智能制造方式实现的转型升级即是例子。特别是伴随环境变化和产业发展，纺织服装业如何抓住智能制造发展契机实现转型升级已纳入很多企业的决策视野。

表 5－1 到 2025 年纺织服装行业信息化项目及规划

项目名称	编号	技术名称	到 2025 年的目标
纺织在线生产监控技术完善与推广	89	纺织在线生产监控技术	行业内大中型企业覆盖率达到 50%
	90	织物疵点在线检测关键技术	规模以上企业应用比例达到 50% 或在行业推广

续表

项目名称	编号	技术名称	到 2025 年的目标
数字化智能化生产及管理技术	91	针织智能化生产管理技术	规模以上企业应用比例达到 60% 或在行业推广
	92	筒子纱数字化自动染色成套技术与装备	推广应用比例 10%
	93	印染全流程在线采集与控制系统	推广 5% 以上
	94	染料、助剂配送系统	推广 5% 以上
电子商务及物流信息化技术	95	专业市场电子商务平台	纺织服装专业市场电子商务综合参与率约为 90%
企业信息化综合集成技术	96	企业信息化综合集成技术	行业大中型以上企业两化融合初步达到协同与创新发展阶段
服装数字化、信息化技术	97	服装计算机辅助设计与制造系统	全行业 CAD/CAM 配套使用普及率达到 35%
	98	电脑控制自动吊挂系统（FMS）	全行业普及率达到 10%
	99	服装大规模定制技术	应用企业达到 50 家以上
	100	射频识别技术（RFID）应用	全行业普及率达到 35%

资料来源：根据《纺织工业“十三五”科技进步纲要》整理。

从表 5－1 中可以看出，我国纺织服装企业信息化水平还不够高，关键技术的突破任重而道远。尤其是纺织品的后整理阶段和服装的柔性化与自动化生产方面，技术突破的难度大，推广进度缓慢，这直接影响着纺织服装智能制造的发展水平和发展进度。因此我国大力设置纺织服装行业的试点企业，在纺织服装的不同子行业中设置智能制造示范试点（如表 5－2）。而在大规模生产方面，突出了系统集成的要求。换句话说，就是工业化水平的高低决定了智能制造发展的起点。鉴于我国纺织工业不同地区、不同子行业发展水平差异较大，《纺织工业“十三五”科技进步规划纲要》中提出了“30＋100”行动计划，即突破 30 项关键的行业共性技术和推广 100 项先进适用技术（如图 5－1）。该项行动的实施，将全面提高我国纺织服装产业的工业化和信息化的水平，也将大大提高“两化融合”的深度和高度。

表 5－2　2015—2017 年纺织服装智能制造试点企业

试点类型	试点企业	时间
筒子纱染色智能工厂试点示范	山东康平纳集团有限公司	2015
服装个性化定制试点示范	青岛红领集团有限公司	2015
针织品智能柔性定制平台试点示范	宁波慈星股份有限公司	2016
服装大规模个性化定制试点示范	浙江报喜鸟服饰股份有限公司	2016
纺织服装网络协同制造试点示范	泉州海天材料科技股份有限公司	2016
纺纱数字化车间试点示范	江苏大生集团有限公司	2017
生物基纤维智能制造试点示范	江苏国望高科纤维有限公司	2017
棉纺智能工厂试点示范	安徽华茂纺织股份有限公司	2017
西服生产数字化车间试点示范	福建柒牌时装科技股份有限公司	2017
高端纺织服装个性化定制试点示范	山东南山纺织服饰有限公司	2017
服装网络协同制造试点示范	迪尚集团有限公司	2017
家纺智能工厂试点示范	湖南梦洁家纺股份有限公司	2017

资料来源：工业和信息化部官方网站。

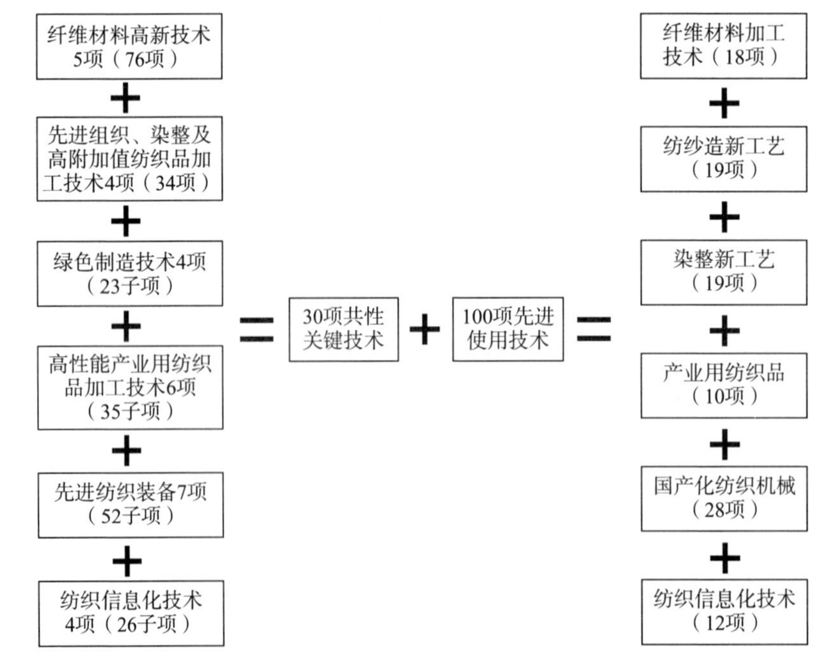

图 5－1　纺织工业“30＋100”行动计划

资料来源：《纺织工业“十三五”科技进步纲要》。

第 5 节　北京服装产业转移、升级与转型思考

按照学者的观点，“服装业转型要依赖于产业发展模式、经营模式、市场战略、资源利用模式、技术创新模式、环保模式、政策支持模式等方面的转变，并强调在产业转型中要进一步完善体制机制，强化政府引导和支持功能”（林风霞，2013）。纺织服装业转型亦需要信息化升级辅佐（陈士昂，2009）。也可说，产业转移可较大程度地推动产业结构之调整与产业之发展，是推动产业升级与经济增长的重要基础。从长远来看，目前京津冀产业转移还是成本导向型产业转移，劳动生产率和劳动力成本对产业转移在一定程度上有阻碍作用。北京土地占用、土地使用约束条件、原材料上涨也都给服装产业低成本、低价格的企业带来了很大的压力，这些外在因素有利促进了北京服装业转移。对于劳动密集型产业服装业，劳动力成本算是比重较大的成本。北京劳动力成本的上升也推动了部分企业基于减少成本考虑而偏向河北一些地区，一方面解决了企业招工难的问题，另一方面也可增加承接地区就业，亦能带来社会效应。

产业集群一般具有本地专业化分工和投入产出优势，但是这种集群的优势也有可能丧失，因为降低成本的空间是有限的，至少北京是这种情况。因此将低附加值纺织服装产品的生产转移到适应这种较低生产和消费水平区域就成为另一个选择。特别值得关注的是，在京津冀区域这三个地方的经济关系是相互影响的，也是互补性的，区位方面在大型商贸市场及外贸方面可能阻碍服装业转移。北京服装产业由于其独特的地理位置，对产业生产制造集聚影响呈弱正效应，这表明服装产业转移效应出现，但并不是很明显，还处于一个比较稳定的时期。

产业升级是在国家政策战略的推动下进行的产业升级，不可能是服装产业转移的自身举动。在京津冀，一场深刻的变革正在拉开大幕，区域产业正拥抱京津冀协同发展战略的历史机遇，产业升级之路也在越走越宽。如从京津冀协同发展的城市群落看，京津冀区域中的城市职能的显著特征是，空间异质性和行业异质性同时并存。基于这一特点，这一区域的劳动密集型制造业环节，应由核心的京津冀向较外围的保定、廊坊等地加快转

移，而当前首都北京作为京津冀城市群的核心城市，一定程度上也发挥着向外连接全球核心城市网络和向内辐射京津冀区域腹地的双重战略性角色。如从城市群产业职能专业化程度看，京津冀城市群产业职能专业化程度在持续增强，城市的经济互补性近年来有所提高。石家庄、唐山、廊坊和沧州等基础和区位较好的城市，可利用京津冀协同发展进程和北京功能疏解的难得发展机遇，提升产业层次，争取同京津企业共建科技园、产业园，并加强技术密集型和资本密集型制造业的发展。

结合现实环境看，推动服装产业转移的作用力对产业升级没有特别大的影响，但物质要素和环境要素对产业转移的作用力度要远大于对产业升级的影响。北京的市场化程度远比河北、天津高，各方面市场要素发达，这在一定程度上也推动了服装产业低附加值环节向外转移的进程。而且环境的作用力是影响产业转移的关键性因子，京津冀三地交通便利，三者可谓是互补性的，对服装产业空间挪动有很大利处，服装业转移增加了区域的产业均衡规模。而实际上，北京服装产业外迁河北省，是要同河北省的服装产业链实现对接的，是跨区域协同的全产业链疏解，亦有助于推动和实现加工生产与批发销售产业链的整合升级。这既有政府搭台，也有企业主动出击，是共同推动产业的升级。对企业而言，既是配合政府的疏解工作，更是为了企业自身的发展。

值得关注的还有服装业上、中、下游各个环节，从生产到销售，其发展空间都不比其他行业更好，伴随经济环境、互联网经济时代到来，倒逼服装业和其他行业一样同时进入悲喜交加升级转型时期。近年来，单纯靠走量来获取利润的企业生存压力趋大；服饰的功能由原先的遮体保暖变为人的精神面貌与身份的象征，消费者的消费意识也发生很大改变；现代经营平台发展迅猛。这些变化都表明，服装业的发展也已到了需要质变型突破的时候。然而在这个科技、文化、经济全方位面临复杂转型的时代，服装业安全转型也充满挑战。

目前，北京动物园服装批发市场、大红门、雅宝路等市场商圈就已基本完成了关停、腾退、搬迁和转型工作，其专业市场主要统计指标也出现较大变动。如根据中国纺织工业联合会流通分会监测，2017 年北京地区一万平方米以上纺织服装专业市场成交额、经营面积、商铺数量、商户数量就分别同比下降了 53.12%、34.24%、34.89%、33.23%。[①] 如近年来津、冀等地新建的以承接北京疏解商户为主的新市场中，北京商户就占据了较大的比例。值得关注的，如北京大兴服装工业大院转型为服务产业聚集区，这里将从原来的服装工业大院，成为以电子商务为主的现代服务产业聚集区；天雅女装大厦则已经转型升级为“五方天雅互联网 + 女装体验中心”，其全部经营者都已经全面展开电子商务；而另一个值得关注的新世纪创意大厦，则转型升级成为服务本地居民需要的并以创意设计、时尚发布和体验购物中心为特色的北京服装行业新地标；北京纺织控股更名为北京时尚控股，其转型之后的定位是时尚、科技、服务新纺织，打造领先时尚集团。

一般而言，很多产业的转移比较成功，大多是政府仅做方向上的和政策性的引导。在北京服装产业向外转移的过程中，北京方面的态度是坚持“政府引导”“市场主导”“项目实施”“有序推进”的原则，并以此推动产业的转型和功能之疏散，并以此来推动京津冀合作发展的新模式。按照卢坚胜（2014）的观点则是“不管其他地方如何表态，最终还是应当市场说了算”。而“市场主导则是要看企业和商户自身的选择，企业和商户的选择可认为是市场导向，市场到底会做出什么样的选择，则是由各地（承接地区）自身的竞争力来决定的”（谢仁德，2014）。

当前，北京在人口、用地、车辆与交通等方面都面临需要解决的问题。北京的人口分布、劳动力成本、土地占用与使用约束条件、原材料价格上涨、资本流动等亦构成了纺织服装业转移的影响因素。而河北的基础设施不如北京，且河北省周边也缺少像南方那样较为成熟的纺织服装产业配套，河北基础设施要整体改进以承接来自北京的产业转移。承接地河北省劳动生产率则对转移有一定的阻碍作用。以上这些对北京服装业转移的推动作用亦不可忽视。

总体来说，当前北京服装业处于产业转移阶段，对产业转移起作用的重要方面就是人口分布和劳动生产率。如果把北京发达的技术水平向河北、天津传递，可带动周边城市经济发展，从长远看，劳动力的成本对产业转

① 中国纺织工业联合会流通分会．2017 年纺织服装专业市场运行运行稳中有进转型升级加快［EB/OL］.［2018 - 03 - 17］. http://www. textile. hc360. com.

移影响较大，这也证明了人口成本要素是北京服装产业转移的重中之重的作用成分。不可否认，土地、原材料价格、资本流动都是服装产业转移不可或缺的因素。京津冀产业的转移也带来了更为专业化的市场，地理空间资源得到合理分配和利用，优势提升。目前北京的服装市场环境规模会扩大，跨区域的合作给服装产业的发展带来了双赢，在各方面因素的共同作用下，北京服装产业转移后的效应是显著的，随着环境和优惠政策的推进，服装产业的转移也会加快。

《中国制造 2025》提出了工业化与信息化深度融合的主攻方向是智能制造，这表明了智能制造也应当是纺织服装业转型升级的必然之路。未来北京纺织服装业应与新型产业加大融合力度，也要加强产业同电子商务的融合。而对留在京内的纺织服装业的未来发展而言，应注重技术开发与培育，实现从加工到研发的升级。对于已具备研发实力的企业可继续加大研发投入，或采取合作研发、战略联盟的方式加快企业升级，促进企业持续升级和自主创新。对留在京内的纺织服装业而言，应转变观念并积极实施转型升级战略，在经营重点的同时逐步向附加值更高的研发与营销环节转移。在未来，设计、创意、时尚、品牌建设与文化传播应成为北京服装业的发展方向，同时亦应当兼顾以教育、研发、商贸、展会为支撑的兼容式平台发展。如结合北京新定位与产业长远发展看，这样的思路有助于产业链延伸和时尚设计产业链再造。

第 6 节　北京纺织服装产业转型发展战略

1　北京服装业发展目标及定位

2018 年 12 月发布的《关于建立更加有效的区域协调发展新机制的意见》从建设以首都为核心的世界级城市群，到以北京、天津为中心引领京津冀城市群发展，带动环渤海地区协同发展，京津冀协同发展将在更高站位、更深层次、更大范围上不断深化。当前，北京服装业转型发展的内部环境包括京津冀协同发展战略、北京非首都功能疏解、北京 2035 城市发展总体规划与北京“四个中心”；转型发展外部环境包括供给侧结构性改革、

"一带一路"建设、国家"走出去"战略、经济新常态。在京津冀地区，北京纺织服装产业转型发展既受到上述多种因素的影响，更依赖于京津冀协同发展战略的推进和北京非首都功能的疏解。

在这几者之间，第一，北京 2035 城市发展总体规划对京津冀协同发展战略和北京非首都功能疏解有深化和推动的作用，对雄安新区有支持作用。第二，北京非首都功能疏解则以京津冀协同发展战略为契机。第三，京津冀协同发展战略以北京非首都功能疏解为出发点和前提。第四，北京"四个中心"定位是"京津冀协同发展"核心内容同"京津冀协同发展"有经济发展目标的趋同性，同时是"一带一路"建设驱动。在"京津冀协同发展"、"北京非首都功能有序疏解"、"供给侧"结构性改革、"一带一路"建设、"亚投行发起 RCEP 区域性贸易规则主导"和"走出去"等战略推动下，国家在战略层面为经济新常态下北京服装业转型发展和国际化指明了方向。特别是"一带一路"建设为服装企业国际化发展提供了安全稳定的环境，也为打破贸易保护、开拓多元化市场创造了条件。

基于这样的背景及产业基础，未来北京服装业发展的目标是建国际时尚之都，具体的产业发展定位应是：科技、时尚、开放（见图 5－2）。科技是指发挥科技对产业发展的支撑与引领作用，以信息技术为依托，推动产业链联动发展，加大科技与设计、文化的深度融合，催生产业发展新业态、新模式、新消费。时尚是指持续打造北京城市时尚氛围，加强文化跨界，打造城市"大时尚"，从时尚美学、服用功能、自然健康等方面满足消费新需求，提升服装品牌文化与内涵。开放是指北京服装业发展着眼于全球化视野，共享全国全球的资源，抓住国内国际两个市场，实现跨行业、跨区域、跨领域的协同创新。

2　北京产业转型发展战略

2018 年 11 月中共中央、国务院发布《关于建立更加有效的区域协调发展新机制的意见》，这表明，京津冀协同发展、协同层级和空间范围将得到进一步提升，环渤海大湾区将成为中国未来的重要战略引擎，这对北京服装业转型发展也是一个极大的利好和推动。在我国经济新常态背景下，北京服装产业未来发展将面临基于低碳化、服务化、高端化、信息化和国际

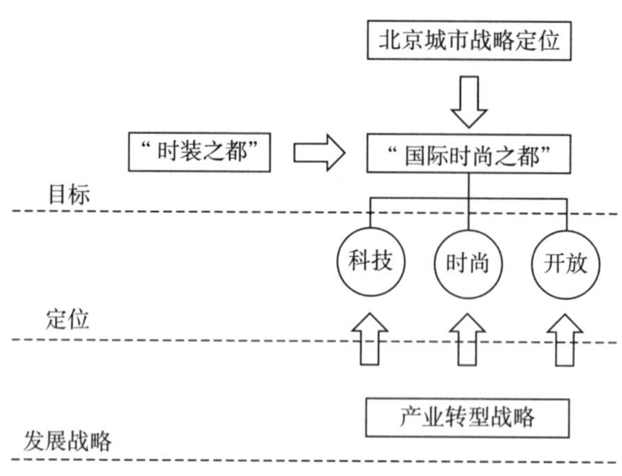

图5－2　北京服装业发展目标及定位

化新机遇和行业新常态。北京服装业转型发展战略可从以下十大战略着手，同时，应在产业转移升级推动、产业链升级、产业配套政策完善、组织机制保障、资金渠道、产业统计体系完善等方面加强措施保证，以推动产业成功转型。

（1）产业转移战略（时尚）

政府角度

在京津冀区域内，纺织服装业在由北京市向外转移的推进思路应是在增强产业转出地推力和产业承接地拉力的同时，控制并弱化制约产业转移的阻碍力量。北京服装产业转移的主体已经由单纯的企业方增加了转出地北京市政府和承接地河北省政府，而且转出地政府和转入地政府之间都有自身考虑，都可对转移形成影响。北京服装产业转移应坚决淘汰落后产业、转移低效产能，聚焦产业高端、注重转型发展，应基于引导来推动北京服装业转移承接，提高转移承接的效率，政府可在以下几个方面加大统筹和调控力度。第一，协调京津冀区域财政与产业政策；第二，优化京津冀区域市场与产业发展环境；第三，消除京津冀行政区划壁垒；第四，推动区域利益协调机制；第五，优化区域内资源要素配置；第六，不断完善区域统一市场体系；第七，构建京津冀统一的协商执行机制。

京津冀区域市场和产业发展角度

在京津冀区域锁定资源最佳配置，根据锁定区域特点，将北京服装产业不同环节转移至可增强竞争优势的区域。可将产业供给链环节整体外迁至河北，或将生产环节外包至河北。在产业转移过程中，可协同实施“转移、调整、升级、撤并”战略。其中：①转移——是指将服装批发市场中的批发业态整体向外省转移；②调整——指将服装批发零售业态调整为服装零售、展览展示、现代电子商务和金融业态；③升级——是指在现有的业态基础上，注入设计、时尚、科技、人工智能、文化业态，搭建平台并提升服装品牌原创力、设计创新力、文化服务力与时尚传播力；④撤并——是指将部分生产环节、摊位撤销合并，同时对部分无法外迁或在本地已失去发展基础，同时亦不符合首都产业和城市未来发展趋势的企业做关停处理。

全国角度

我国大部分地区经济发展不平衡现状较普遍，向不发达地区转移不仅可降低服装企业生产成本，还可推动各地区的经济合作。伴随《关于建立更加有效的区域协调发展新机制的意见》（2018.12）出台，京津冀协同发展的空间范围和战略意义不再局限于京津冀三地，亦要在我国西部、东北、中部和东部推动与深化京津冀协同发展（连玉明，2012）。在京津冀区域外，北京服装业可考虑转移的省份包括承接能力和承接需求都较强的省份，如贵州、云南、四川和宁夏等，或者是具有一定产业承接基础的省份，如江西、湖南、湖北和安徽等。对承接地区而言，承接地区全产业链建设则有助于吸引优秀纺织服装企业，而完善承接地区的产业链配套对高端品牌及优秀企业吸引将发挥很大作用。

（2）产业链升级战略（时尚+科技）

在北京“十三五”期间重点发展的产业中，设计创意被列为独特产业。如结合北京产业增速、发展潜力、产业规模和全球产业增速、发展潜力、产业规模，北京文创落在高潜力、高增长区域。而设计、创意、文创成为产业未来发展潜力点。留在京内发展的北京服装产业环节，可向产业链前端高附加值方向如高端面料之设计、新型纤维研发、供给链管理服务提供、时尚设计与文化创意等高附加值方向发展。留京服装业可加强同新型产业的融合力度，注重技术开发与培育，实现从加工到研发升级。而对已具备研发实力的企业，可继续加大研发投入，或采取合作研发、联盟方式加快升级，促进企业升级和自主创新。

在产业链升级进程中，特别是在产业链部分环节向高端发展进程中，产业链中每个环节都可向外延伸，以推动从加工向产业链前端高附加值环节延伸，并兼顾以教育、研发、商贸、展会为支撑的兼容式平台发展，着力构建北京服装及时尚业发展公共服务平台，更好地促进设计创新、品牌发展和时尚消费，促进北京与全国、世界各国时装及时尚业界互通。同时，利用互联网思维推动供应链升级同当前供给侧改革去库存、去产能、降成本要求契合。

坚持北京“时装之都”定位，基于全球时尚设计导向主流城市发展方向，推动服装产业升级发展。北京具备时尚产业发展和流行信息辐射的基本要求，政府导向和协会管理亦可推动时尚业沿着既定轨道，有序地向预期目标推进。同时，北京的城市定位、环境、城市历史、金融与商业、社会精英集聚、综合实力和国际地位，有利于推动国际时尚之都建设。北京拥有的时尚产业力量、知名服装品牌、时尚地标、产业聚集区、设计师、高等教育、时尚文化与活动、城市人文基础以及对时尚产业新增长点的持续追求等有助于控制和拥有完整的产业链条。

（3）文化转型发展战略（时尚 + 科技）

北京服装品牌未来发展应成为政策指导下的一股强大而又颇具特色的文化力量，应继承大北京的城市血脉，发挥北京得天独厚的文化优势。应抓住北京加强市级文化创意产业功能区建设与文化城市建设契机，加强服装品牌形象创造和服装品牌形象战略的推广，以强化对服装文化历史文脉的延续。亦可打破传统的服装业以功能效用为主、文化效用为辅的既有产品格局，突出产品本身所蕴含文化理念的对消费者的影响。

（4）科技转型发展战略（科技）

服装业升级的基础和保障是制造业技术升级。在新常态下，创新驱动是产业转型发展的关键之一。政府可通过人才培养、税收减免以推动企业技术研发力的提高，改造升级企业技术装备，并在原创设计、企业创新力、高校及科研院所技术创新与设计创意服务等方面加强扶持力度。可加力推动企业加快研发应用时尚服装新面料和新材料，以改善高附加值纤维性能和产业化水平，同时兼顾技术创新、渠道创新、管理创新和产业链协同创新。推动服装企业持续改造与提升生产工艺技术，并围绕生产之智能化、装备智能化、产品智能化来提升产业智能化水平，亦可在内衣、男装以及女装领域推广个性化定制，在内衣、户外运动服装服饰和防寒服产品领域推广智能产品。

（5）品牌转型发展战略（时尚）

北京应立足城市品牌资源，与行业协会协同推动建设自主服装品牌梯队，发展原创设计品牌，以适应越来越强的消费时尚化、个性化趋势，同时推动强势品牌国际化，带动产业发展。具体说，可培养强势品牌的自身竞争力，扶持和培养世界级龙头企业和服装品牌，树立国际强势地位，带动地区产业链整合。亦可从世界、国家、市级品牌这三个层次按层次分梯队推进，制定品牌战略实施的目标，以形成有特色、有竞争力的品牌创新体系。同时，在区域品牌共享和发展上加强各品牌渠道资源、促销资源、知识资源和城市品牌资源共享，亦可向女装品牌、绿色服装品牌以及高级定制品牌和奢侈休闲品牌延伸，从而强化区域品牌的维护与更新。

（6）人才发展战略（科技+时尚+开放）

服装设计与管理人才在迈向市场时缺乏稳定性、科研及实验环境支撑，需来自政府提供的公共服务平台支持。政府可扶持培养一批世界级龙头企业、服装品牌和设计师，以在国际上树立强势地位并带动地区产业链整合。同时，通过举办服装设计大赛活动、产业链与独立设计师对接交流活动、年轻设计师市场推介平台、国内外知名展览展示平台、权威媒体对原创设计力量的宣传报道及线上线下平台挖掘新锐设计师应用，以促进设计师互动交流及设计师与服装品牌企业的合作。亦应关注专业人才队伍打造和人才发展平台搭建，加强服装创意产业专业人才培养力度，转变人才培养模式，依托高等院校和专业机构加强对人才的培养力度。

（7）智能制造发展战略（科技）

创新驱动，抢占制造“智”高点。可大力推进互联网信息技术与产业融合发展，加快产业向智能化、绿色化、服务化转型。当前智能制造已是纺织服装科技发展的主方向，产业正从研发设计到销售端全面智能升级。用高新技术改造和提升纺织服装业已成行业转型升级标志，将有助于改变传统纺织服装制造业生产模式，提高生产效率。纺织服装产业是我国制造业实现智能化优势产业，北京服装产业智能化方向不应局限于技术进步，可围绕消费需求变化走向智慧发展，注意对产品和市场本身充满尊重。北京地区服装企业应有更明确的发展智能制造技术的愿景、目标和具体的事实步骤，将自身的核心业务向智能制造的方向推进，沿系统集成维度，从低到高依次推进，或将发展智能制造技术重点分布在一个或几个环节。

（8）国际化转型发展战略（开放）

伴随“一带一路”建设成功落地与实施，也推动了北京服装产业结构调整和优化布局，寻求海外市场开拓对北京服装企业未来发展亦有重要的战略意义。在全球产业分工布局发生重大调整之际，北京服装业在国际竞争与合作中亦应担当重要角色，以在全球范围内获取优质资源并拓展国际市场，从而间接扩大海外市场影响力。可将北京服装产业部分产能转移到沿途有承接产业能力和潜力并兼有成本低廉资源优势的地区，如东亚、南亚和东非等欠发达国家和地区，在转移中可合理利用自身规模及产业链优势，规避国内原材料价格、劳动力成本、贸易技术壁垒等方面的劣势，以做到取长补短。同时，不应忽视对地缘政治之影响、基础设施与工会影响以及汇率等潜在风险的考虑。

积极进行境外服装产业园区的谈判工作，引导企业以集群的方式进驻海外园区，完成由产品国际化到企业国际化与运营国际化转变，同时争取主权国家之间的协议性支持以保障企业海外投资与安全。同时积极与转移行业协会和工会组织沟通合作，以减轻来自转移国家行业协会与工会组织的压力。在企业国际化发展进程中，完成由产品国际化到企业国际化与运营国际化的转变，这其中既包括从贴牌生产转到品牌创新，也包括从技术引进到技术原创转变，亦包含从产业链低端（服装制造）向高端（产业链上游）扩展。同时利用在国际化进程中持续增加的市场销售份额来推动可持续的资本回报和品牌自身价值提升。

（9）多品牌时尚集团发展战略（时尚）

无论是产业转移、升级、转型还是技术进步、模式创新，最终指向的都是最终消费者，而聚焦实施以品牌时装、文化创意、人工智能、信息科技为载体和内涵的时尚产业多品牌融合发展集团战略，应成为北京纺织服装业在应对未来变化时所考虑的问题。多品牌集团模式更易适应环境并获得增长，受规模保护，即使收购品牌企业亏损也不会对集团整体利益产生太大影响。北京服装业未来的国际化时尚方向发展可采取时尚集团发展模式，借北京经济转型这一重要契机，通过收购战略实现增长，致力于成为多业务、多品牌集团，致力于打造全球时尚集团，以适应北京特大型城市和国际交往中心特征，以符合国家重大发展战略要求，以符合首都城市的战略定位。

（10）跨界融合与协同发展战略（开放 + 时尚）

在北京服装业未来发展中，应突出关联、链接、交互、跨界、融合、积聚等战略热点，尝试打开边界，更多尝试交互、融合，并在持续跨界、融合、升级与转型中获取新动能。同时，亦以京津冀协同发展、北京 2035 城市发展总体规划、首都非核心功能疏解为重要契机，配置全球创新资源，通过北京服装产业转移、升级和转型以进一步推动区域合作，并探索基于“京津冀区域内中心城市引领城市群发展、城市群带动区域发展”和“国际时尚之都”建设这一新模式下的北京服装业转型升级发展的未来之路。

第6章 案例分析

第1节 北京威克多制衣中心转移河北衡水案例

1 北京威克多制衣中心

北京威克多制衣中心成立于1994年，是一家集高级成衣设计、生产及销售于一体的大型现代化服装企业，其主营中高档男装及配饰，有“VICUTU”（威可多）、“GORNIA”（格罗尼雅）和“VGO”（微高）三个男装品牌，主导产品为西装、大衣、休闲便装、T恤等（马牧源，2006：57）。威克多总部设在北京市大兴区，现有员工2400人，拥有四条西服生产线和八条时装生产线，年产量超过130万件。威克多在全国各大城市设立了分公司，共有610家店铺，其中自营店铺为550家。威克多已在全国建立了完整、顺畅的营销网络，在全国180多个主要城市设有商场专柜及特许经营机构，共计580余家，其北京男装市场占有率为18.6%。截至2015年末，企业总资产为9.1亿元，当年销售额21亿元，纳税超过2亿元，是北京市大兴区自主品牌服装企业。近年来威克多制衣开辟了电子商务销售模式，2017年销售额为15.58亿。此外，2014年公司入围APEC会议领导人服装设计研发工作，获得了2014年亚太经合组织会议领导人服装“突出贡献奖”。图6-1为在北京大兴区的北京威克多制衣中心总部。

2 威克多转移衡水

2013年习近平在北京调研时发表了关于疏解北京非首都功能，促进京

图 6 - 1　北京威克多制衣中心

津冀协同创新的新要求。北京威克多制衣中心积极响应国家号召，加快了工厂的外迁与建设布局。从 2012 年起，威克多即签署了有关产业转移的战略协议，并于 2014 年开始破土建设了河北衡水生产基地，到 2015 年已完成主体搬迁工作，整个搬迁工作只用了 18 个月即完成了生产基地的建设，至此北京威克多制衣中心正式落户河北衡水工业新区创意产业园（河北格雷服装创意产业园）。威客多衡水产业园是北京威克多制衣中心为响应京津冀协同发展战略全资投资兴建的。威克多服装研发中心和生产中心全部落户衡水，是与国家宏观战略布局相关的，也是首都部分功能向周边地区外溢、经济结构不断优化升级的要求，被认为是典型的京津冀地区制造业产业转移项目。图 6 - 2 是有关北京威克多制衣中心搬迁河北衡水的报道。

由于地方政府的大力配合和企业自身的努力，威克多外迁与建设过程进展顺利。自威克多工厂迁到衡水后，整个生产和几千名员工也全部搬迁过去，目前运转良好。实际早在 2011 年开始，伴随北京威克多的快速发展与市场需求的持续增加，威克多即面临生产规模扩大、建设用地增多、招聘员工困难等系列实际问题。而同时，威克多自身工业区内工业用地稀缺的问题始终未能解决，这最终加速了在 2012 年威克多落户衡水经济开发区。

2015 年北京威克多制衣中心正式落户河北衡水工业新区创意产业园且开始试生产，该产业园命名为河北格雷服装创意产业园，为威克多的生产基地。该产业园为威克多响应京津冀协同发展战略全资投资兴建，既是京津冀协同发展战略的重要体现，也是京津冀产业合作又一标志性项目与合作平台。产业园总投资 15 亿元，占地 307 亩，建筑面积 28 万平方米，共分

大兴纳税1.6亿私企搬迁河北

新媒体产业基地年底完成37家企业调整　目前已有7家企业外迁

威克多制衣中心在京保留设计研发等部门，设计师正在调试制衣样品。京华时报记者 赵悉衡 摄

京华时报讯（记者翟旭）今年5月底，大兴区的纳税大户北京威克多制衣中心完成外迁，500余名员工从北京迁往河北衡水工作，也成为大兴国家新媒体产业基地中第一个完成产业转移的企业。

昨天，国家新媒体产业基地党委副书记、公司总经理杨志高介绍说，新媒体产业基地搬迁腾退工作于2013年7月正式启动，截至目前，已经有7家企业完成向外埠搬迁，今年底完成37家工业企业产业结构调整，2017年完成所有企业调整。

500余员工已入驻新厂区

威克多制衣中心是大兴区自主品牌服装企业，集高级成衣设计、研发、生产及销售于一体。2014年营业额近18亿元，全年实现利税1.6亿元，系大兴纳税重点企业。

总裁蔡昌贤介绍，考虑到企业的可持续发展，早在2013年就开始考虑转移搬迁。经过多轮考察，蔡昌贤选定衡水投资15亿元，建设占地307亩、总建筑面积28万平米的河北格雷服装创意产业园。而就在开始建设厂房的时候，国家提出京津冀协同发展、产业转移的战略。因此，他们并不是被迫转移。

今年5月，500多名员工全部入驻并开始生产。

企业多举措鼓励员工搬迁

整个企业要转移到京外，过程中不免存在困难。

当得知要离开北京去衡水工作生活的通知后，员工们的抵触情绪非常强烈。蔡昌贤说，很多人离开家打工，就是奔着大城市来的。这回又让他们回到地县级城市，肯定不能接受，特别是一些管理层的员工。

“我们想了很多鼓励办法。”蔡昌贤说，按工龄等发放安家费、补助6个月工资、搬运停工不停薪等经济手段出台后，员工们的抵触情绪消减了很多，但还是不能让他们心甘情愿地去衡水。

为此，在衡水的产业园，他们配建了幼儿园、小学、中学、宿舍和食堂。蔡昌贤还亲自都到员工中间，为他们算账。“你们在北京和衡水薪水相同，但消费不一样，你们在衡水一定能存下更多钱。”蔡昌贤就这样开导员工搬迁。

现在，500多人都成功转移到衡水了，公司还有固定大巴，每周接送员工来往于北京与衡水之间。

原有厂房打造创业孵化器

“转移到河北，成本是不降反升的。”蔡昌贤说，员工工资没有降，还付出了几百万的安置补偿费用。同时，物流成本和管理成本也相应增加。

成本增加为什么还要搬迁？蔡昌贤说，他们算的是一笔长远的账，服装行业的增长点不是节省多少成本，而是创意和品牌。

原来7.2万平米的生产厂房，将打造以服装行业为核心的创业孵化产业园，鼓励国内外优秀设计师及创业团队入驻威克多创业孵化产业园进行创业。“孵化器一定会在不久的未来，产生很高的回报。”蔡昌贤表示。

图6-2　媒体对威克多搬迁河北的报道

两期建设。其中，一期总建筑面积为13万平方米，二期为15万平方米，并且新建了生产车间、库房、宿舍、食堂、动力中心以及其他配套设施等项目。在项目团队在北京威克多制衣中心总部的采访中，威克多高层对衡水充满希望，他们表示希望衡水的当地员工能在威克多长期稳定地发展，希望他们将来能成为专业的技术工人，以生产出具有高品牌附加价值的产品。

北京威克多制衣中心将服装技术中心和生产中心迁入衡水产业园，标志着衡水创意产业园已成为威克多的又一生产基地，而北京总部继续保留研发中心和销售中心等功能。从北京来看，北京威克多迁入河北符合首都作为全国政治中心、文化中心、国际交往中心和科技创新中心的城市战略定位；从河北来看，威克多的劳动密集型生产线迁入衡水不仅解决了企业的劳动力资源短缺和稳定的问题，亦拉动了衡水当地的就业，并带动了当地的经济发展。在北京威克多完成生产环节的搬迁之后，威克多为强化北京和衡水两地之间的联动机制，不断强化企业在京、衡两地于技术、开发、财务、人力、后勤等方面的管理协同效应。如在管理方面，财务、人力和后勤等职能依然由总部进行垂直管理，每天均有通勤车往来于两地以增强两地人员的交流。在业务方面，威克多利用现有的信息技术提升了业务管理互联网信息化，并在设计、研发等环节通过信息系统向生产环节进行转化以提高工作效率，较大程度地节省了两地交通成本和沟通成本。总体看，外迁不仅给衡水带来了较大的经济效益，北京、衡水两地生产和研发的协同发展也推动了威克多的产业结构调整和升级，同时也形成了一套行之有效的实践经验。同时，京津冀协同发展也为威克多带来了新的发展机遇，威克多不仅借此实现了硬件软件的全面提升，亦提高了市场竞争力。

3　威克多转移衡水产业园简介

迁至河北衡水后，威克多制衣中心正式更名为河北格雷服装股份有限公司。河北格雷服装创意产业园是威克多在衡水市经济开发区内投资建设的一个集高档男装设计、制造和销售为一体的综合园区。产业园占地面积达 307 亩，建筑面积 28 万平方米，包括生产车间、原料库、成品库、动力中心、员工餐厅、员工公寓及生活配套等各项设施。这里的厂房由三幢大楼组成，从布料仓储到制作流水线，再到成衣仓储，实现了无缝对接。河北格雷服装股份有限公司目前可达年生产高档西服 35 万套，主要生产技术装备达国内同行业先进水平，西服部分理化指标达国内先进水平，部分理化指标已达到国际先进水平，目前位居国内同行业之首位。如 2017 年，威克多计划上线智能制造生产定制平台，消费者可使用智能手机在线自主设计、实时下单，消费者需求直接驱动工厂智能生产，并可以一定程度上减轻交通压力，实现北京设计、衡水生产同时协作的局面。北京威克多衡水产业园如图 6－3 所示。

4　威克多转移衡水动因

仅服装纺织类企业在大兴就有 48 家，这些年来这些企业中的很多都将面临搬迁的问题。北京威克多制衣中心是京津冀协同发展战略实施后第一

图 6－3　北京威克多在衡水的产业园

家整体迁移的企业。威克多在衡水投资兴建服装创意产业园，不仅仅是响应习近平提出的京津冀协同发展这一重大的国家战略，也有从企业自身长远发展的考虑。生产加工环节外迁河北亦有助于推进产业转移升级，是企业未来发展的必然进程。威克多选择衡水工业区转移的动因可从以下几个方面来看（见图 6－4）。

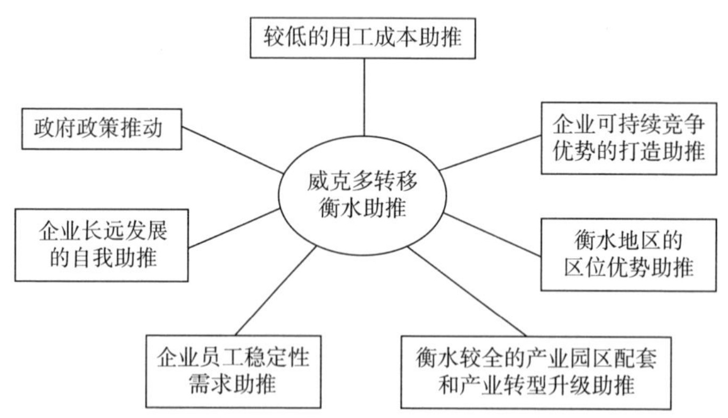

图 6－4　北京威克多制衣中心转移衡水动因

（1）政府政策助推

北京威克多制衣中心的发展，离不开各级政府的支持。衡水的招商引资政策也很有吸引力，衡水市委领导和开发区领导在招商引资洽谈中给予了积极的引导，并亲自到北京对威克多总部进行考察，这反映了衡水市委领导和开发区领导对招商引资工作的高度责任心。按照王建旭的观点："衡水有棉纺产业、服装教育资源的基础和 100 多家代工厂，但没有拥有自主品牌的服装厂。而威克多是国内服装品牌龙头企业，可带来机器和技师，这不仅有助于带动更多的优秀企业进驻，也有助于将衡水的纺织产业重新盘活。”[①] 调研团队在调研时，企业高层也反映在中央提出京津冀协同发展这一重大国家战略时，威克多也有责任、有义务响应国家号召，共同来疏解北京非首都功能。即使从衡水的角度看，纺织和食品两类产业在衡水有一定的基础，没有污染且较环保，亦符合京津冀产业转移对衡水的定位。另据衡水相关部门介绍，为承接纺织服装业转移，衡水还设立了纺织服装产业发展基金，每年财政预算 3 亿元作为引导基金，且园区内企业实施“员工代培”计划，财政拨岗前培训补贴。从顺势而为看，作为纺织服装企业，威克多生产环节转移衡水也顺应了京津冀协同发展的这一大势。

（2）企业长远发展的自我助推

威克多的外迁并非被迫转移。北京威克多进行产业转移的动力不全来源于政府，威克多早在 2011 年就有了生产环节转移的想法。课题组在威克多调研时获得的信息表明：威克多亦有从企业自身角度、员工角度和未来发展布局角度的考虑。比如：威克多的部分员工反映，虽然多年来他们在北京发展，但技术附加值还是较低的，北京发展再好跟他个人的关系不是很大；有的员工反映在北京工作多年，房子和子女上学对他们都有一定的挑战性，回家之后个人形成的积累有限；在企业布局方面，将生产搬到衡水，衡水距离北京 200 多公里，交通方便，加上衡水并不富裕，衡水自然会珍惜这个机会，将来招聘的员工会更稳定。如调研时就有企业高层反映，如果当年选择搬迁到河间就不太合适，因为在河间许多都是当老板的，全国也都是河间驴肉火烧夫妻店，在河间招不到更多的合适的员工。而将生产环节搬出去亦是为企业的未来发展做的一个布局，这既方便了员工，也方便了消费者，同时还降低了成本，运输也方便很多，对威克多而言这是多赢的选择。

（3）企业员工稳定性需求助推

如果劳动力极不稳定，可能会传导到产品品质，导致个别产品出现品质不稳定的情况。在威克多管理层当年进行搬迁决策调研时发现，部分员

---

① 王建旭，衡水工业新区管委会副主任。

工反映回家过年时火车票很难买，回去时要到处求人买火车票，回来时员工就少了30%，这导致员工稳定性下降。威克多工厂里的工人大多数是未成家的年轻人，等到了适婚年龄，他们多数不会留在北京安家。久而久之，企业开始思考能否在外地开设工厂，比如将工厂开在员工的家乡或家乡附近。威克多公司董事长蔡昌贤参观瑞士制衣工厂时发现，工厂里很多四五十岁中年人的家就在工厂附近。这样员工的家人能够照顾到，公司的工作也能做，钱也赚到手了。据调查，自威克多搬迁到衡水后，员工的流动率降幅较大。对比北京同类企业每月超过6%的流动率，有时春节过后会超过20%乃至30%，而威克多在衡水的员工流动率降到3%。重要的是伴随劳动力的稳定，熟练工人也会越来越多，这些对企业而言无疑是利好。调查发现，员工在老家挣的钱跟北京是一样的，员工的工资不会下降，在北京打工是什么标准，回到老家还是什么标准。按照这样的思路，很多员工就会留下来，员工跟企业就连在了一起，这成为北京威克多制衣当年决策的一个重点考虑。按威克多的观点："利用搬迁地人口政策和稳定的劳动力资源，为企业培养更多熟练的专业技术工人，在经验的积累和技术的沉淀中，形成一流的品质，提高品牌总体附加价值。"

（4）较低的用工成本助推

威克多是劳动密集型服装企业，从2012年开始，企业就已经发现人力成本上升趋势的凸显。特别是在企业用工成本方面，作为传统加工制造业劳动密集型服装企业的威克多，在经济新常态下人口红利在逐步消失，人力成本的上升也较快。而外迁到北京周边省份不仅可降低企业的人力成本，还可增强企业员工的稳定性和凝聚力。具体到用工方面，搬迁前期由北京去衡水的员工有800多人，在衡水当地只招一二百人，北京员工和衡水员工的比例超过4∶1。然而在两年之后，情况就反过来了，衡水当地的用工要比北京过去的多出很多，北京员工和衡水员工的人数比例从过去的超过4∶1变为现在的不足1∶4。这表明北京威克多最初搬迁衡水的思路是正确的，再加上近年来国家政策的大力支持，企业的发展提升很快。

（5）衡水较全的产业园区配套和产业转型升级助推

河北衡水经济开发区规划清晰、政策优惠、服务便捷、配套完善，是较成熟的工业开发区，而且已有大量国内优秀企业落户开发区，这为威克多进驻衡水增添了信心，否则无法稳定人心。特别是着眼于威克多的快速发展和未来发展，推进产业转移和升级已成为威克多决策环节中无法回避的问题，因此将加工环节转移到衡水在很大程度上有这方面考虑。实际上纺织服装业也是衡水的传统优势产业，而且产业上下游配套齐全，这更有利于威克多未来的产业升级。如再结合衡水开发区“百家服装企业进衡水”的发展战略，这将更有利于形成产业区域化优势。同时，衡水致力打造京津服装产业转移示范基地的思路对北京威克多制衣中心转移衡水也是一个积极的助推，比如当年衡水工业新区与中国纺织工业联合会合作规划纺织服装产业园承接京津服装产业转移就是一个例子。

（6）企业可持续竞争优势的打造助推

威克多外迁河北衡水并非被迫转移，原因是其为劳动密集型服装企业，从 2012 年开始人力成本上升趋势的凸显是一个明显的推动。作为劳动密集型与技术密集型服装企业，北京威克多制衣中心搬迁到衡水可以降低企业的人力成本，增加企业的竞争优势。威克多要在新一轮新经济浪潮中保持行业领先，就必须在人才和技术上建立可持续的竞争优势。当前我国人口结构分布现状导致了人才流失速度在持续加剧，年青一代技术工人在北京这样的大城市很难有稳定感，员工的不稳定造成了企业产品质量的不稳定，技术沉淀亦不容易实现，这也成为威克多的痛点。威克多生产基地迁至衡水后，有助于培养一批稳定的技术技能型人才，实现技术沉淀，亦有助于生产高品质、高品牌附加值的产品，这对威克保持核心产品的可持续竞争优势意义显著。

（7）衡水地区的区位优势助推

如从不利的角度来看，如果衡水所处的区位不佳、物流运输不够便利的话，那么物流运输成本也会是一个问题，这将不利于威克多的产品及时、有效、安全、快捷地运输至全国各地，长此以往还会对威克多影响力辐射和扩散不利。不过这种情况并不存在，衡水的区位极佳，不仅距离北京只有 200 多公里，且位于北京、天津、济南、石家庄这四大都市的中心位置，并地处“黄金十字交叉点”，京九铁路等多条铁路都途经衡水，未来石家庄到济南的客运专线、北京到衡水的高铁将建成通车，这会提升衡水交通物流枢纽地位。衡水距北京的位置不远且还比较便利，这有助于衡水和北京总部的设计中心、营销中心的衔接。特别是伴随更多纺织服装企业的入驻，更多的服装行业上下游产业也会陆续进来，这将推动采购成本进一步下降，且衡水交通四通八达，随着时间的推移，物流成本也会随之而降。对于威克多自身而言，转移衡水可利用两地的差异，形成优势互补，可更好地发挥区域优势，提高品牌产品附加值。外迁不仅给衡水当地带来了经济效益，在两地生产和研发的协同发展也推动了威克多产业结构调整升级的实现。

5　威克多转移后闲置在北京的厂房的盘活

因搬迁造成空置的生产楼威克多会进行再次投资利用，打造服装业创业孵化产业园。我国现代服装设计起步较晚，目前还停留在提供概念图设计、单品或单系列设计样板和样衣阶段。特别是随着我国在服装生产加工环节优势的逐渐削弱，服装产业的产业链核心也将逐渐向前端的服装设计环节转移。自北京威克多上游生产环节搬迁后，在北京大兴的原有生产厂房和库房会闲置出来。出于盘活闲置厂房的考虑，威克多对因搬迁造成的空置生产楼宇进行了再投资和利用，将原有的生产用房升级改造成中小型尤其是为与服装设计相关的企业提供的创新、创业的服务平台。如打造的能够整合文化创意产业、电子商务产业和现代服务业的众创产业园就是一个例子。威克多打造的这座以服装业为核心的创业孵化产业园，不仅鼓励并接纳了来自国内外优秀设计师及创业团队入驻，还同国家的“大众创业、万众创新”相呼应。

威克多建立的这座“众创空间”是以吸引产学研相关研发人员参与设计，构建创意产业的服务平台，亦可为“创客”提供孵化服务。众创园重点从创业环境、专业服务和创业文化建设这三方面建设孵化体系。随着项目的不断完善，众创园已成为“北京制造”向“北京创造”转型的助推器，目前已成为推进大众创业和广大中小企业社会化服务体系建设的重要组成部分。值得关注的是，威克多利用二十多年积累的服装制作经验，在众创园拿出一整层用以建设服装设计创客中心，以提供样板房，并配备各种发展服装业的研发设备，同时利用服装专业人才的服务能力来帮助服装设计、服装品牌和服装电商产业孵化。

在产业智能制造方面，威克多在生产基地搬迁到河北衡水后，其总部、设计、营销和电商仍在北京。威克多利用众创园的定位特点，结合自身优势，将腾出的北京资产进行智能化改造。如二期改造空间主要用于服装产业先进化、智能化项目的研发和项目引进孵化，以提升国内整个产业的全产业链的智能制造能力；同时，将智能制作和定制化生产能力进一步提升，以让二期改造成为升级智能制造的“产业大脑”。

6　威克多转移遇到的问题与解决

威克多在产业转移过程中，遇到的问题主要体现在以下几个方面。

（1）维克多是高新技术企业，其生产高档男装所用设备全部为德国、日本、意大利进口设备。由于前期设备进口时需要海关监管五年，在本次整体搬迁过程中设备全部要搬迁至衡水地区，但进口设备仍在监管区，因此北京海关与河北海关无法实现监管转移，这给企业带来了一定的挑战。此外，北京的资产如何与津、冀两地银行互通资源信息以实现跨地区抵押贷款的便利也成为需要解决的问题。

（2）生产加工环节外迁衡水对企业员工的影响主要体现在前期，其影响主要是员工对新环境的熟悉以及老员工和衡水当地员工的融合。衡水不如北京繁华，老员工过去一时不太适应。在企业搬迁之前，当北京的老员工得知要到衡水工作和生活时，很多员工产生了抵触情绪，这包括部分中层管理人员和高管管理者也有抵触情绪，认为衡水比较偏远。为此威克多出台了一系列的补贴政策并取得了一定的效果，如：按工龄发放安家费；补贴半年的工资；搬运过程停工不停薪；在衡水产业园配建幼儿园、小学、中学、宿舍和食堂；开设固定大巴路线；安排班车每周接送员工来往于北京与衡水；工资保持不变。按照威克多员工的说法：“拿着北京的工资，享受衡水的物价水平，幸福指数还是蛮高的，而且在衡水一定能存下更多的钱”。按照在威克多工作的衡水地区的员工的说法：“到威克多上班去!”这成为衡水当地人不错的选择。此外，北京威克多制衣中心也出资两千多万元在衡水当地购买了 50 多套房，如果员工在当地买房，企业给付首付。威克多还设立了温暖基金，职工中有困难的人员可领取该基金，只要事情是真的，只要有材料支撑，都可领取温暖基金。

（3）从衡水当地招来的本地员工虽然增加了稳定性并降低了成本，但是本地员工缺少从事制衣行业的经验，在初期，这对服装生产的影响较大。威克多的解决方法是开发了时装模板机，即使没有经验的工人只要按照模板勾勒出的轮廓进行操作即可，而在以前，服装裁剪、拼接工艺只能由富有经验的工人才能完成。模板的应用使新员工由日常的 6 个月培训缩短到现在的 20 天，生产制作周期也较大缩短。

（4）威克多是产业链型公司，从前期企划设计到生产制版，再到产品生产完毕，最后从入库到发货，到门店到销售，全产业链的不同环节之间需要良好的沟通。两地办公后，对部门之间协同运作和效率以及成本都提出了较高的要求。如果成本的提升只是威克多搬迁的必然代价，那么环境改变带来的则是效率问题。特别是每年 6 月到第二年 2 月为服装业旺季，这对刚搬到新厂址的威克多来说却意味着效率的降低。不过北京和衡水两地的沟通不便仅体现在前期，经过企业的努力，现在问题已大部分得到有效解决。如威克多有一个由 15 人组成的很大的信息部门专注于信息化管理，其用的软硬件都颇为先进，如军队用的功能很强的 365、德国的 SAP 软件等。调研访谈中发现，威克多从 2003 年开始就上了 SAP 信息化系统，当前北京与衡水两地间的很多问题可通过互联网解决，比如北京设计的产品或 3D 模型在网上就可以传到衡水。互联网和信息化把两地间的距离拉近了，当前设计部门和生产部门的协调基本是用网络和信息技术就能解决的。在调研中还发现，威克多的设计部门不仅给自己的企业做设计，还给其他小企业做设计，只要企业有概念有想法，威克多就能给实现。目前威克多的设计资源都被整合在了一起。此外还配备了专车每逢周二和周四往返于北京和衡水之间。

7　北京威克多与衡水威克多的关系梳理

北京威克多制衣中心的服装研发中心和生产中心在迁往衡水后，河北衡水创意产业园成为威克多的生产基地。威可多是多品牌企业，后方也应是品牌，因此在衡水的威克多也是要做品牌的，即做工厂品牌。在调研中，来自威克多高层的判断表明，企业的经营业绩肯定是越来越好的，威克多高层也有将衡水打造成为品牌背后的品牌的考虑。对威克多而言，其上下游都是品牌，品牌的强强联合会更利于品牌的发展，会使品牌更有竞争力。基于未来发展的考虑，威克多全线升级了世界顶级的服装生产设备，如德国的“杜克普”、意大利的“麦匹”、美国的“格博”等。目前这些设备都已在衡水新厂区安家，同时威克多同德国 SAP 公司合作开发的威克多 ERP 系统也在衡水厂区投入使用。在北京，威可多只保留了总部和服装设计中心，这又符合首都作为全国的政治中心、文化中心、国际交往中心和科技创新中心的城市战略定位。

8　威克多转移衡水对衡水的推动

在企业走访中得到的反馈证明，威克多搬迁到衡水的思路已被证实是正确的。威克多的管理层也认为迁出去还是能够做品牌附加值的，同时亦可降低员工的生活成本，员工也更为稳定，生产质量也上去了。搬迁到衡水后其产能的升幅是很大的。在搬迁过程中，威克多还实施了技术装备升级改造，并通过引进先进的人才和技术、优化服装板型、改进缝纫工艺等一系列动作来完成企业技术的优化和升级。

如从威克多搬迁衡水对衡水的贡献来看，威克多对衡水地区的贡献是很大的，为衡水地区创造了就业岗位，每年创造三千万的税收。从未来的发展来看，威克多搬迁衡水后预计可为当地带来三千个就业岗位，年销售收入可达 18 亿元，年利税可达 1.1 亿元。这样的搬迁不仅有重要的社会效益和经济效益，即使对衡水工业新区经济圈的发展也是一个不错的推动。虽然衡水有棉纺产业、服装教育资源的基础和 100 多家代工厂，有一定的制衣产业基础，但没有能在全国打得响的品牌，也缺少拥有自主品牌的服装厂。而作为国内服装品牌企业的威克多的到来，带来的不仅仅是现成的机器和技师，还将有助于推动衡水向具有国际影响力的时尚、创意和服装服饰品牌聚集地发展，对衡水的制衣产业也是一个不错的推动。在威克多的带动下，上下游相关产业也可能会在衡水聚集，也将有更多优秀企业进驻，有力助推衡水的产业发展，有助于将衡水的纺织产业重新盘活。

第2节　北服容城时尚产业园案例

1　北服时尚产业创新园简介及容城分园设立背景

BIFTPARK是北京市人民政府与北京服装学院于2012年共建的“中关村科学城第四批签约项目——北京服装学院服饰时尚设计产业创新园”，该创新园由北京北服时尚投资管理中心负责运营管理。占地10000平方米的BIFTPARK中关村时尚产业创新园，毗邻元大都城垣遗址公园，是在京高校签约中关村科学城七个文化产业项目中唯一的服饰时尚设计产业园[①]。园区未来将打造成为全球知名的青年设计师聚集中心，可助力北京乃至全国时尚创意产业的发展。当前，中关村时尚产业创新园在全国设立的分园有北服容城时尚产业园、北服晨风时尚产业园、北服海宁时尚产业园。

2013年3月12日，由河北省保定市市长马誉峰、容城县委县政府以及企业代表一行组成的访问团来到北京服装学院，给予创新园BIFTPARK以极大的肯定。北京服装学院党委书记呼文亮、院长刘元风、副院长廖青、贾荣林及相关部门负责人陪同访问，双方就建立学校与地方、企业间的有效合作进行了洽谈并签署了合作框架协议。在院领导陪同下，访问团参观了民族服饰博物馆，对中国服饰文化有了更深刻的了解。时值北京服装学院时装周开幕之际，访问团出席了北服时装周开幕式并参观了北服时尚设计产业创新园BIFTPARK，对北京服装学院“科学·艺术·时尚”的办学理念给予了高度评价，并对今后的合作表示期待。

在雄安新区成立的大背景下，北京服装学院与雄安新区容城县人民政府校地合作共建的北京服装学院容城时尚产业园于2015年12月由校地双方在容城正式揭牌成立，园区的落成是京津冀协同发展校地合作之重要成果，同时可助力传统产业转型升级与创新发展。2017年6月19日，由北京服装学院与容城县人民政府校地合作共建的北京服装学院容城时尚产业园正式

① BIFTPARK. http://www. biftpark. com/.

开园投入运营。园区占地 20 亩，建筑面积达 4460 平方米，绿地花园面积达 9000 平方米，交通便利区位明显，且配套设施完善。园区由中央板房、SHOWROOM、设计服务中心、中央秀场、COFFEE&SHOP、专业影棚、视觉工作站以及数字化服务中心等板块构成。园区落成是京津冀协同发展校地合作的重要成果，可助力传统产业转型升级与创新发展。

2　北服容城时尚产业园功效分析

北京服装学院在中关村科学城成立的服饰时尚设计产业创新园是目前中关村国家自主创新示范区唯一的服饰时尚设计产业项目，如今已落户容城，既可为振兴容城服装产业引入创新驱动的智力支撑，又能为北京服装学院建设世界服装强校提供平台①，其具体功效体现在如下几个方面。

（1）青年设计师集聚功效

园区可构建企业及青年设计师创意创业中心，并下设设计师资源中心，可打造时尚微型产业链，同时辅以设计服务、技术转化、展示销售、时尚推广、交流体验以及产业培训项目以进行支持，并可帮助设计师建立工作室和提供产品展示及售卖空间。园区亦可协助设计师拓展优质产品销售渠道，为其个人品牌进行整体包装和推广。园区的成立使吸纳高端创新人才成为可能，亦有助于打造全产业链时尚生态圈，并可定制创新发展模板，同时也有助于倡导时尚文化之引领，有助于区域品牌建设的提速。

（2）时尚产业服务平台

创新园以聚集全球青年时尚创意创新人才为其主要建设之内容，并由其来建设时尚产业公共服务平台和时尚产品设计师创作与创业孵化基地。园区包括但不限于设计资源中心、设计师聚集线上平台、设计师推广中心、演出与模特经纪中心、产品研发与品牌运营中心、产品展示展卖中心、服装安全检测中心、平面广告设计中心以及传统服饰文化传承等中心，亦可通过提供专业化的服务以将资本与技术进行有机结合，且可推动北京服装学院产学研一体化建设，同时亦可提升中关村科技园区的自主创新能力，

① 河北新闻网 . http://hebei. hebnews. cn/2015 - 12/29/content_5255748. htm.

并为时尚创意产业的未来发展发挥重要作用。

（3）时尚设计与研发

园区依托于北京服装学院，并拥有国际化专业权威的时尚设计研发团队，具体包括国家服装安全研究与检测中心、中小学校服设计研发中心、服装数字化技术研究与推广中心、传统服饰文化传承与设计创新中心以及企业文化产品研发中心，并可在举全力推动雄安新区时尚产业繁荣发展的同时来为社会各界提供优质服务。

（4）设计资源中心

北服容城时尚产业园三层可为设计师提供各种优质面料资源、制版样衣等制作资源，可整合设计制衣链条中的各个环节的衔接。设计资源中心亦可为面料商、制版师和样衣师提供帮助，助推市场拓展与研发渠道。设计资源中心可更好地服务于设计师与各资源商，从而提升设计资源信息交流的畅通性。设计资源中心的网站平台还汇集了颇为丰富的面料资源和服装制作资源，设计师可免费获取这些资源信息进行设计决策。

3　京津冀协同发展、非首都功能疏解、雄安新区设立与北服容城时尚产业园

京津冀协同发展的核心是京津冀三地作为一个整体来实现协同发展，并要以疏解非首都核心功能、解决北京“大城市病”为基本出发点，同时调整优化城市布局和空间结构，构建现代化交通网络系统，从而扩大环境容量生态空间。有序疏解北京非首都功能，优化提升首都功能，解决北京“大城市病”问题是京津冀协同发展的首要任务。在京津冀协同发展进程中，也将推进多个产业的升级与转移，同时推动公共服务共建共享和市场一体化进程，从而打造现代化新型首都圈。京津冀地区当前总人口已过1亿，面临生态环境持续恶化、城镇体系发展失衡、区域与城乡发展差距扩大等问题。实现京津冀协同发展、创新驱动，推进区域发展体制机制创新，是面向未来打造新型首都经济圈，实现国家发展战略的需要。在京津冀协同发展的进程中，北京非首都功能疏解是颇为重要的一环。北京疏解非首都功能主要包括四个部分：一般性产业、区域性物流基地和区域性

批发市场、部分教育以及医疗机构、部分行政性以及事业性服务机构[①]。其中服装业不仅属于一般性产业，而且涉及区域性服装批发市场，并聚集了大量人口，是疏解的重要部分。而设立雄安新区，是深入推进京津冀协同发展做出的重大决策部署，可集中疏解北京非首都功能，并为探索人口经济密集地区优化问题开发新的模式，其设立有助于京津冀城市布局和空间结构，具有重大现实意义和历史意义。雄安新区作为北京非首都功能疏解集中承载地，可与北京城市副中心形成北京发展新的两翼，有助于补齐区域发展的短板，共同承担起解决北京“大城市病”的历史重任，有助于培育建设现代化经济体系的新引擎，亦有利于形成新的区域增长极。

服装业转移与升级是京津冀协同发展中的一个重要环节。当前，具有鲜明特色的北服容城产业园就是在这样的环境下迎来了发展契机。北服容城时尚产业园是校地合作、创新发展的重要结果，可助推北方服装名城产业转型，可定制创新发展模块，可倡导时尚文化引领。北服容城时尚产业园不仅为容城服装产业带去了智力支持，也为北京服装产业转移指明了方向。而容城作为北方服装名城，其服装业基础设施完善，交通便利，在此基础之上，北服容城时尚产业园的建立则增强了其招商引资的能力，可为承接北京以劳动密集型为主的服装制造业奠定基础。在未来的发展中，可借力高校人才与技术优势，成立“京津冀纺织服装产业协同创新高校联盟”以助力产业转型升级，同时可借助高校服装数字化工程技术研究实力以整合服装产业和企业优势资源，从而构建“消费—设计—生产”的快速定制化的智能制造平台，从而加快实现容城服装产业的科技转型战略。如从河北雄安新区的设立来看，北服容城时尚产业园的设立亦是完善河北雄安新区功能的一个部分，其体现了创新驱动发展这一新引擎。雄安新区作为国家层面的创新发展示范区，其未来的发展需要用创新去驱动。而北服容城时尚产业园，无论是在时尚产品的设计与制造，还是在时尚产品的营销与时尚理念的传播方面，都能够为时尚产业的专业人士提供各种技能，亦可助力雄安新区时尚文化发展。

① 疏解非首都功能［EB/OL］. http://zhengwu.beijing.gov.cn/zwzt/sjfsdgn/.

4 北服容城时尚产业园承担工作及使命

北服容城时尚产业园是校地合作的重要成果，可助推北方服装名城产业转型。园区面向高端创新人才，并积极打造全产业链时尚生态圈，定制创新发展模块，同时可倡导时尚文化的引领。在与当地政府合作的过程中，容城县政府负责联系当地原有服装企业到北服容城创新园集中进行服装设计，园区负责提供设计师需要的配套设施，这包括了园区中的中央板房、SHOWROOM、设计服务中心、中央秀场、COFFEE&SHOP、专业影棚、视觉工作站以及数字化服务中心等。其中产业园与企业包括设计师合作交流的主要方式有以下两种。

一个是容城县政府引导当地企业到北服容城创新园合作学习。因为当地企业大多以代加工生产为主，自主品牌产品较少，特别是面对我国服装这一类劳动密集型的产业转移，企业面临的竞争压力也在增大，竞争优势在不断减少。在这种市场形势下，企业进行自主创新开发自有品牌是其有效的竞争选择，可以说当地服装企业是在容城县政府的引导下加入北服容城创新园的。另一个是企业或者设计师自主联系北服容城创新园进行合作事宜洽谈。这主要是北服创新园在行业内的优质资源和行业影响力吸引了周边企业或设计师的入驻。北服创新园配套设施完善，人才聚集，配套服务一体化，并可对设计师从工作室的工商注册、财税事务、基础办公、资金扶持等公共服务项目进行支持。同时亦可帮助设计师建立工作室、提供产品展示及售卖空间。此外，可协助设计师拓展优质产品销售渠道，为其个人品牌进行整体包装和推广。

北服容城时尚产业园承担着河北省服装产业技术研究院、京津冀纺织服装产业协同创新高校联盟等相关工作，可转化推广创新成果，可有效驱动消费需求，可助推雄安新区时尚产业繁荣发展①。如 2017 年 4 月，雄安被设为国家级新区。北服创新园和北服容城时尚产业园积极响应国家号召和政府诉求，围绕雄安新区的定位，主动策划和承办第二届白洋淀（雄安·容城）国际服装文化节。雄安新区的设立为创新园发展提供了千载难

---

① 新华网 . http://www. bj. xinhuanet. com/bjyw/2017 - 06/29/c_1121231949. htm.

逢的大好机遇。2017 年 6 月 19 日，雄安新区时尚创新高端论坛暨北京服装学院容城时尚产业园开园仪式在雄安新区容城县成功举办。论坛由北京服装学院、雄安新区容城县人民政府共同主办，北京服装学院容城时尚产业园具体承办。论坛围绕如何顺应雄安新区发展大势，以时尚产业繁荣创新来引领传统纺织服装工业转型升级为主题，邀请来自行业协会、产业界、学界和政界的前沿专家、学者、一线品牌设计师等嘉宾就论坛主题发表了主旨发言，深度解读时尚文化引领趋势，就产业未来战略发展进行了卓有成效的探索和讨论。本次论坛就雄安新区时尚产业创新发展道路，达到了各方深度沟通共享、共筑时尚美好愿景的预期目标。

与此同时，由北京服装学院与雄安新区容城县人民政府校地合作共建的北京服装学院容城时尚产业园也于当日正式开园投入运营。2017 年 8 月，第二届白洋淀（雄安·容城）国际服装文化节组委会在雄安新区北服容城时尚产业园召开发布会。第二届白洋淀（雄安·容城）国际服装文化节以“千年雄安 时尚元年”为主题，由北京服装学院、新华网、雄安新区容城县人民政府主办，华润（集团）有限公司联合主办，中关村北服时尚产业创新园、北京服装学院容城时尚产业园承办，于 2017 年 9 月 24 日至 9 月 26 日，在雄安新区容城体育馆、北京服装学院容城时尚产业园举办。其对于加快区域产业转型，集聚高端创新要素，传承民族文化，构建时尚活力新地标都将产生重要的推动作用。

第二届白洋淀（雄安·容城）国际服装文化节将紧紧围绕新区功能定位，以“创新、活力、时尚”为基调，以“加快转型、绿色发展、跨越提升”为目标，突出“创新、开放、高端、活力、广泛”的内涵。2017 年 8 月 31 日，雄安新区领导一行调研北服创新园。雄安新区党工委副书记、管委会常务副主任刘宝玲，容城县人民政府县长王占永一行在北京服装学院党委书记马胜杰，校长刘元风，党委副书记艾丽，校长助理、北服创新园总经理王琪的陪同下参观了北服创新园。雄安新区领导一行参观了新中装研究中心、天工传习馆、土城空间和园区优秀企业走青珠宝、SHINE LI 帽饰，并对园区的发展表示肯定。北服创新园也将在聚集设计资源，激发企业活力方面继续努力。

容城积极按照雄安新区的发展定位，依托北京服装学院和中关村北服时尚产业园的优质资源和行业影响力，加快容城产业发展的步伐，把园区真正建设成为集设计服务、技术转化、展示销售、时尚推广等功能于一体的开放共享式平台，为集聚高端创新人才、定制创新发展模板、积极打造时尚产业发展生态圈打下基础。该基地将作为服装服饰设计成果转化平台和创新创业孵化器，实现创意设计的市场价值，并强化科技支撑作用，助推容城服装产业的创新发展。北京服装学院容城时尚产业园集聚高端创新人才，整合各类产业要素，为创业者和本地企业提供完整配套服务，转化推广创新成果，有效驱动消费需求，破解产业发展瓶颈，加快区域品牌建设和时尚文化塑造，全力助推区域时尚产业繁荣发展。

5 未来发展

在雄安新区建立这一大背景下，容城服装时尚产业迎来了发展机遇。对于雄安新区时尚产业发展来说，它不同于国内外时尚产业发展的规律，需要在机制上和体制上不断地创新，激活原有产业链的新动力。北京服装学院容城时尚产业园的开园，标志着容城服装产业加快转型升级步伐的开始。同时，也是在雄安新区成立的大背景下，容城将积极按照雄安新区的发展定位，依托北京服装学院和中关村北服时尚产业园的优质资源和行业影响力，加快容城产业发展的步伐，把园区真正建设成为设计服务、技术转化、展示销售、时尚推广等功能于一体的开放共享式平台，以为集聚高端创新人才、定制创新发展模板、积极打造时尚产业发展生态圈打下基础。雄安新区离不开时尚产业的融入，这次合作是为未来雄安新区时尚小镇的建设打下基础，整合资源，集聚实力，为雄安时尚产业发展做出贡献。

在未来，北服容城时尚产业园应结合时代特征，瞄准国际时尚发展方向，突出雄安新区特色，引领新区时尚产业发展。在服装时尚产业发展中，应多与世界著名时尚设计师合作，扩大行业吸引力的同时，增加服装产业竞争力。同时，在发展时尚产业的发展过程中应将可持续发展理念考虑进去并传播出来，因为时尚产业随着消费需求的增加而迅速发展，行业带来的五大根本问题所产生的负面影响也在不断放大和加剧。在发展的过程中积极面对可能面临的问题，这将减少负面影响带来的损失。此外，时尚来源于生活，流行于生活。因此在发展时尚产业过程中应将人们生活方式的变迁、历史风情、时政热点、社会问题以及城市建筑风格等因素综合考虑其中。时尚的形成和传播不是纯粹从产业或时装款式、流行趋势的角度来研究的，而应从这些周边因素来研究雄安，使之成为明日的时尚之都。

第 3 节　山东如意集团智能制造案例

1　山东如意集团

山东如意科技集团于 1972 年建立，原名为山东济宁毛纺厂。2007 年，在深圳证券交易所上市。经过四十多年的发展，如意已经从作坊式小企业成长成为国际化的大集团，并已成了我国纺织服装行业最具竞争力的企业。当前，山东如意集团注册资本为 2.6 亿元，资产总额为 44 亿元，旗下有全资子公司和控股公司共计 60 多个，拥有 30 多个品牌和 5000 多家服装零售店，在中国和日本各有一家上市公司①。同时，拥有毛纺服装和棉纺印染两条完整的产业链（墨影等，2017：28）。山东如意集团是纺织服装行业中非常具有代表性的大企业，它的智能制造发展水平可以直接反映出整个纺织服装行业智能制造发展的前沿。

以山东如意集团子公司银川滨河如意服装有限公司为例，该公司是山东如意集团最具代表性的智能工厂，其生产车间布满了传感器，这些传感器对环境、物料信息、设备运行信息和生产进度信息进行采集、分析、处理和上传，从而构成强大的物联网信息采集系统，为管理者提供实时的数据动态，从而为生产决策提供可靠的依据。这个系统分为多个子系统，例如报表系统、文件管理系统、机器运行管理系统、人力资源管理系统等。经过这些子系统处理过的数据实时上传至总的数据管理平台，平台根据这些数据规划出最佳的生产流程，从而更加有效地指导和管理生产。而这些信息会实时反映在视频阵列中，管理者可以通过显示终端，进行生产决策

① 搜狐网．山东如意：创新全产业链服务型制造模式［EB/OL］. http://www.sohu.com/a/193479806_115124.

和管理，并能监测和控制生产工艺参数。目前，智能挡车是山东如意集团积极推行的智能检测系统。智能挡车系统终端安装在一个平板电脑上，每一台纺纱机的运行数据都可以反映在这台平板电脑上，能及时了解机台断纱的情况。检测工人利用智能挡车系统可以监测的纺纱机数量增加了8—10台，大大提高了工作效率。同时，在生产过程中，用水量节约了15%，用电量节约了25%，而产品种类却提升了两倍，实现了集约发展、绿色发展（张越，2017：78－80）。智能工厂的建设让山东如意集团已经迈进了智能制造的大门，这不仅提高了产品质量，提高了生产效率，而且增强了国际竞争力，这正是山东如意集团近几年大踏步进军国际市场取得巨大成功的基石。因此，将山东如意作为测评的目标企业具有代表性。以下是以山东如意集团智能制造的成熟度进行测算，以评估其智能制造技术的发展状况。

2　山东如意集团智能制造水平测算

根据智能制造能力成熟度模型，邀请纺织服装业专家对各项指标进行现场打分，本文根据得分，对山东如意集团智能制造的发展程度进行评估测算。下面是专家对山东如意集团各项指标的打分情况，各二级、一级指标结果计算如下。制造维度各项二级指标评分见表6－1。

表6－1　制造维度各项二级指标评分

指标＼等级	设计		生产					物流	销售	服务
	产品设计	工艺设计	采购	计划与调度	生产作业	质量控制	仓储与配送	物流管理	销售管理	客户服务
5级	0.5	0.5	0.5	0.5	0.5	0.5	0.5	0.5	0.5	0.5
4级	0.5	0.0	0.5	0.5	0.5	0.5	0.5	0.8	0.5	0.5
3级	0.5	0.5	0.5	0.5	0.5	0.5	0.5	0.5	0.5	0.5
2级	0.8	0.8	0.5	0.8	0.5	1.0	0.8	0.8	0.8	0.8
1级	0.8	0.8	1.0	0.8	0.5	1.0	1.0	1.0	1.0	0.8

智能维度各项二级指标评分见表6－2。

表6-2 智能维度各项二级指标评分

指标 等级	资源要素			互联互通		系统集成		信息融合			新兴业态		
	战略和组织	雇员	设备	网络环境	网络安全	应用集成	系统安全	数据融合	数据应用	数据安全	个性化定制	远程运维	协同制造
5级	0.5	0.8	0.5	0.8	0.5	0.8	0.0	0.5	0.8	0.8	0.5	0.5	0.5
4级	0.8	0.8	0.8	0.8	0.8	1.0	0.0	0.8	1.0	1.0	—	—	—
3级	0.8	1.0	1.0	1.0	1.0	1.0	0.5	—	—	—	—	—	—
2级	1.0	1.0	1.0	—	—	—	—	—	—	—	—	—	—
1级	1.0	1.0	1.0	—	—	—	—	—	—	—	—	—	—

根据表6-1和表6-2计算十个一级指标的分数（见表6-3）。

表6-3 各项一级指标得分情况

指标 等级	设计	生产	物流	销售	服务	资源要素	互联互通	系统集成	信息融合	新兴业态	得分
5级	0.5	0.50	0.50	0.50	0.50	0.60	0.65	0.40	0.70	0.50	0.54
4级	0.25	0.50	0.80	0.50	0.50	0.80	0.80	0.50	0.93		0.62
3级	0.50	0.50	0.80	0.50	0.50	0.93	1.00	0.75			0.69
2级	0.80	0.72	0.80	0.80	0.80	1.00					0.82
1级	0.80	0.86	1.00	1.00	0.80	1.00					0.91

根据上述得分情况和评分原则，一级、二级的平均分均大于0.8，因此两个等级的得分均为1。而第三等级、第四等级和第五等级分别为0.69、0.62和0.54。因此山东如意集团智能制造能力的总分为2.69，对照表6-4的等级评分表，2.69处于第二等级即规范级的水平。因此，山东如意集团的智能制造能力整体水平已经达到了规范级。这说明山东如意集团在关键部分以及核心环节实现了数字化、信息化、标准化，在部分业务内部实现了数据共享。但在发展智能制造的进程中，山东如意集团也在不断迈向第三级即集成级。要达到集成级水平，山东如意集团主要的努力方向是对单项业务的智能制造投入转向对多要素、多业务的集成投入，使得核心产品的生命周期实现信息化集成，同时为实现工厂级的数据共享打基础。这一阶段也说明，山东如意集团已经基本实现了智能制造，但处于智能制造的初级阶段。

表 6-4　智能制造等级评价标准及定义

等级	分数区间	等级名称	等级定义
5 级	4.8≤L≤5	引领级	实现预测、预警、自适应，通过集成产业链，带动产业模式创新
4 级	3.8≤L<4.8	优化级	能对数据进行挖掘，能应用知识、模型，能反馈优化核心业务流程，体现人工智能
3 级	2.8≤L<3.8	集成级	核心业务实现集成，数据在工厂内共享
2 级	1.8≤L<2.8	规范级	核心业务重要环节实现标准化和数字化，单一业务内部开始共享数据
1 级	0.8≤L<1.8	已规划级	开始对智能制造进行规划，部分核心业务有信息化基础

资料来源：《智能制造能力成熟度模型白皮书》。

从单项得分来看，制造维度第一等级中，生产作业的得分最低，为 0.5 分。第二等级中，得分最低的是采购和生产作业，得分均为 0.5 分。由此可以发现山东如意集团的智能制造技术发展有两个特点：一方面，山东如意集团对智能维度的投入相对较多，对信息化的投入要多于制造维度；另一方面，在制造维度上，物流的智能化发展水平较高，其他方面发展较为均衡。

3　如意集团制造维度

山东如意集团的制造维度各项业务发展比较均衡，为智能制造技术的发展打下了良好的基础。下面从两个方面——制造维度和智能维度来对比分析其评价结果。

在制造维度上，山东如意集团在第一等级和第二等级上的平均分都达到了 0.8 分以上。但是生产中的系统集成和数据共享成为山东如意集团智能制造进一步发展的瓶颈。在第三等级上，制造维度的每个二级指标得分均为 0.5，这说明山东如意集团在部分核心业务上实现了集成，小部分的业务数据能在整个工厂范围内有效共享。以下是具体的分析。

第一，生产中的系统集成有待加强。如意集团在采购方面具有一定的信息化基础，但是还没有实现在整个企业中的采购信息化，采购数据在企业内部没有充分得到共享。在生产作业方面，山东如意集团内部的自动化、数字化的生产设备和生产线还没有完全普及，这大大影响了各生产单元之间的数据共享，信息孤岛在一定范围内还存在。

第二，核心业务集成和数据共享程度较低。如意集团只是在小部分的核心业务上实现了有效集成，设计、生产、物流、销售以及服务的业务数据和信息有效共享程度较低，在一定范围内存在信息孤岛。其原因有二：一是业务间的自动化和信息化水平参差不齐，即有的业务没有达到信息化和智能化水平，或水平较低，有的达到了智能化的要求，这使得各个业务间的信息无法共享或无法匹配；二是各个核心业务间信息异构的存在，也会让信息无法共享和兼容，进而无法达到系统集成的目的。

4 如意集团智能维度

在智能维度上，山东如意集团的得分比较高，除了系统安全一项外，其他指标均已经达到了第四等级的水平。雇员、网络环境、应用集成、数据应用和数据安全已经达到了第五等级，即引领级。对比制造维度可知，山东如意集团在智能维度的发展水平相对较高。归纳其智能维度发展水平较高的原因有五个方面。

第一，重视人才的培养。

从测评的结果来看，如意集团的雇员一项得分高于平均水平，说明其当前所拥有的智能制造人才可以满足当前的需求。事实上，如意集团非常重视人才的培养，曾先后输送多名高级管理人员进入北京大学、清华大学、复旦大学等知名高校的 EMBA 进修班学习。每年选出才能比较突出的青年员工去攻读东华大学的工程硕士学位。另外，为了让集团的管理人才了解世界先进的科技前沿、管理前沿，山东如意集团每年会派出多名中高层管理人员远赴欧美进行短期的参观学习。为了提高集团全员的整体素质，如意集团建立了自己的企业学院和培训中心，对员工进行各个层次的学历教育[①]。企业学院和培训中心的课程通常与研究课题和技术咨询挂钩，这不仅提高了员工的素质，还为集团的技术攻关取得一定的突破，可谓一举两得。为了让所有员工掌握先进的技术，山东如意集团还举办各种新技术、新工艺的培训，提高了员工的技术水平。正是全体员工的技术积累，让如意集

① 山东如意集团官网. http://www.chinaruyi.com/home.

团在工艺流程设计和产品设计上走在行业领先地位。

第二，建立企业知识库和数据库。

智能维度的建设，主要是对企业知识和企业数据的深度运用。知识库和信息库是实现智能制造的信息化基础，建设了数字化、网络化、智能化的信息体系。如意集团为了建立自己的知识库，同清华美院、东华大学、江南大学等高校合作，建设了自己的纱线、色彩、面料、服装板型、人体数据等一系列知识库。这一系列知识库，支撑山东如意集团以客户为中心的创新服务战略[①]。通过这些数据库，可以为顾客提供个性化、一站式服务。

第三，整合商业模式。

在新兴业态这一指标中，发现山东如意集团已经开始实施新的商业模式。智能制造技术对于企业来说是一种新的技术，新技术的发展催生了新的商业模式。智能制造技术的发展，破解了传统商业模式中规模经济和个性化的二元矛盾。新商业模式也叫个性化定制，也称大规模定制，是以用户需求驱动生产，实现了集生产、营销、服务于一体的商业模式。从下单到原料采购、设计、生产、配送等整个产品的生命周期都被有效管控起来，可以进行实时追踪（易开刚、孙漪，2014：73－78）。建立自己的私有云，可以实现独立完成大数据存储、分析。当然，这些信息的应用需要互联网、大数据和云计算等技术的协同配合，经过加工后的数据才能为企业所用（孙立，2016：156－158、163）。大量的数据为如意集团的运营提供了有效信息，进而实现了流畅的信息互通、及时的智能管控、智能分析和决策。

第四，以需求端为基础建立大数据系统。

山东如意集团智能制造技术在智能维度的发展，离不开其对需求方的重视，而充分利用大数据系统就能准确预测和判断不断变化的需求。因此，纺织服装业的智能化需要的不仅是技术上的突破，而且还要尊重市场和消费需求的变化[②]。当前，消费者偏好各异，个性张扬导致需求多样化，定制

---

① 搜狐网．山东如意：创新全产业链服务型制造模式［EB/OL］. http://www.sohu.com/a/193479806_115124.

② 百家号网．https://baijia.baidu.com/s?old_id=264892.

已然成为未来的发展趋势。而建立快速的需求反应机制，是适应市场发展的必然要求。当前，快速的反应机制并非受到需求信号之后才进行设计、生产等一系列活动，而是在于对需求的前瞻性预测，这才是快速反应的本质。山东如意集团对大数据的使用就是对未来需求的多样化预测，将预测的消费者的各种各样的需求做成数据库，当需求产生时，可随时调用。山东如意集团同国内外顶级纺织服装专业院校合作，创建了色彩、版式、人体数据等多种数据库，为其快速反应奠定了基础。例如，如意的服装生产线，定制服装首先进行三维量体，其身体的各个数据被上传至数据库，经过数据处理形成个性化的服装数据。各个生产设备收到数据后，根据数据信息生产。从量体到服装制作完成，整个过程不到三个小时。可见，数据是快速反应的基础。

第五，技术创新推动智能制造的发展。

山东如意集团将自己的产品定位为“高技术含量、高质量、高附加值”（齐夫，2007：31）。但是要实现这个目标需要不断地进行技术创新，提高产品的技术含量，并且需要比人工更加稳定、更加高效的智能设备作为后盾。因此，山东如意集团不惜重金引进国内外先进的智能设备。最终，让山东如意集团在世界顶级面料市场上争得一席之地。如今，山东如意集团已经制定了 3 项行业标准，获得了 7 项发明专利，赢得了国家科技进步一等奖、中国质量奖等荣誉，并且国家纺纱工程技术研究中心和一个国家级工业设计中心也落户山东如意集团（李晓慧，2016：10）。这说明如意集团的创新能力和研发能力已经达到了行业第一甚至是国内一流的水平，其国际竞争力也得到了大幅提升。

以上是对山东如意集团在智能维度上取得成功的原因分析，但在该维度中，有两点需要注意。一方面，系统安全的水平需要进一步提高。系统安全一项在评测中是从第三等级开始的，也就是说，山东如意集团的系统安全还处于该项指标的最低等级。其主要表现是：工业控制系统的安全管理、时间管理以及相应的制度安排并没有到位，安全风险的评估频率较低。另外，不能在生产之前进行系统的安全检测，也不能对非本地进程进行有效监控。对于工业控制系统安全的漏洞不能进行主动扫描、主动防御。另一方面，数据融合有待加强。数据融合是属于互联互通的一个二级指标，该指标从第四等级开始评测。从互联互通的三个指标对比中看出，数据融合得分最低，虽然已经达到了 0.8 分，但是说明了在数据和信息的共享方面还有欠缺，这也在一定程度验证了在制造维度上，核心业务间的信息孤岛还存在的情况。

5 启示

当前虽然服装业两化深度融合在不断地发展，但离智能制造尚有较大距离，至少要经历自动化制造、部分智能自动化制造及智能化制造三阶段，还需十年左右时间才能做到人、智能机器、机器人三位一体运作的智能化（闻力生，2017）。从山东如意集团智能制造能力评测来看，其制造维度的智能化水平普遍较低，这直接影响到了企业智能制造能力的发展。由于山东如意集团的智能制造水平发展状况是具有典型性的，因此还是颇具启示性的。

在制造维度方面，可制定智能制造技术的发展规划，企业要想更加系统地发展智能制造技术，应该制定一个完善的规划，将智能制造技术的发展列入企业的战略计划中。亦可加大提升产品生命周期管理水平，正如山东如意集团一样，其制造维度发展程度不能和智能维度相匹配，直接影响到了智能制造技术整体的发展水平，想要在设计、生产、物流、销售、服务等方面达到集成，必须将每项业务的数据进行有效共享，因此，要补齐短板，才能实现智能制造技术更高水平的发展。然而建立产品生命周期管理系统不是一蹴而就的。我国纺织服装企业可以将自己的核心业务向智能制造的方向推进。企业可以沿着系统集成的维度，从低到高依次推进。或者在自身资金允许的情况下，将发展智能制造技术的重点分布在一个或几个环节上。

在智能维度方面，可加大培养适合自身发展的智能制造人才。人才在智能制造中的作用是不可忽视的（李培根，2016）。智能制造技术的发展，需要很多专业型的人才，而当前我国这样的人才还很缺乏。例如，大数据技术是推动智能制造技术发展的动力，关于大数据方面的专业性人才需求量很大，因此，需要大力培养这方面的人才。另外，设备之间的交互是智能制造技术的一大特征，实现设备交互的基础是物联网技术。因此，对于物联网方面的技术性人才的培养势在必行。还有诸如互联网、工业大数据等多种技术的专业人才需求将会越来越大。企业应该根据自身智能制造技术发展的偏好，来培养所需人才。

在技术标准和行业规范方面，当前，智能制造的技术标准参差不齐，企业应着重注意信息系统的异构问题（刘峰，2015：18－26）。如数据应用和系统集成的欠缺，就会导致核心业务间互联互通的障碍。换句话说，就是企业的信息系统之间应该有一个通用的通信协议，当各个信息孤岛进行相互连接的时候，不会出现互相不兼容的现象。像其他的技术一样，智能制造技术发展到一定程度后必然会出现一定的技术标准，以规范市场竞争，同时，统一的标准也为将来技术的扩展打下基础。因为如果没有行业标准，每个企业都实行自己的一套标准，那么在将来实施智能联盟的时候，信息的不兼容或者不匹配会造成联盟的障碍。相反，遵循技术标准和行业规范，可以为以后企业间的协同制造留出发展空间，也为将来参与国际竞争游戏规则的设定打下基础。当前，我国工信部已经出台了多个关于智能制造技术标准的文献，如《国家智能制造标准体系建设指南（2015 年版）》，《国家智能制造标准体系建设指南（2018 年版）》也已经颁布，为我国智能制造技术发展指明了方向、制定了标准、规范了发展框架。因此，企业注重国家和行业发布的规范类和标准类文件，对比自身的发展状况，不断将智能制造技术的发展推向更高水平。

在跨界研发联盟方面，应提高创新能力。建立研发联盟主要是为了攻克技术难题。例如在系统集成和信息融合上，仅凭一个企业难以攻克技术障碍。因此，需要企业建立其研发联盟，尤其是进行跨界联盟。这样做有以下两个优势。一是跨界联盟有助于解决信息异构问题。由于跨界存在，在进行系统集成技术的研发时自然会考虑到信息异构问题。二是可以增加创新能力，进一步增强企业间的协同能力。

我国纺织服装企业大部分都属于中小企业，这些中小企业没有能力对智能制造技术的研发进行大量投入，因此在中小企业之间、中小企业和大企业之间结成科研联盟，发挥各自在各自市场中的特长，对前沿技术和平台技术进行攻关，争取使得中小企业在智能制造的某一方面取得相应的成就。而大企业负责最前沿、最需要资金的科研项目以及技术的集成管理。

科研成果可以为所有的联盟所用，同时制定好利益分配的规则。发展智能制造技术应着重注意三个方面：（1）突破前沿性的关键技术；（2）加大对共性技术的转化；（3）对派生产品技术进行差异化创新。

从政府的角度看，以党的十九大的召开为标志，在经历不断的转型和升级后，我国纺织服装业已进入以高品质高性能纤维、产业用纺织品、高端智能制造为代表的科技产业（孙瑞哲，2018）。按照孙瑞哲（2016）的观点，当前时尚已初见成果，智能制造是我国服装行业未来发展的一个新方向，这也恰恰是《中国制造 2025》核心思想所在，而智能制造已经成为国家新一轮发展的竞争战略。可持续发展，意味着我国纺织服装业应须面对内在发展规律与社会发展趋势的新变化，比如，技术层面趋于智能化（孙瑞哲，2013）。

如从对政府的建议来看，政府应加强对纺织服装智能制造相关共性技术和关键技术研发的支持力度，诸如服装智能制造领域中的柔性材料抓取精准技术、半成品服装精确传输定位技术、耐水洗低成本可复用 RFID 芯片等技术可给以必要的支持。同时可加大对纺织服装企业智能制造相关知识产权的保护力度，保护技术路线多样性、多元化发展。

第 7 章　纺织服装业发展评价

纺织服装产业是劳动密集型产业，对劳动力和土地等生产要素依赖性较强。本章收集了对可能影响产业发展的指标数据进行因子分析，计算得分进行各项排名，并试图对相关影响因子进行归类总结，以为开展纺织服装产业发展评价奠定基础。

第 1 节　指标体系的构建目标和原则

1　构建目标

在京津冀产业协同发展的大背景下，北京服装产业处于战略转型期，河北、天津的相关产业如何互动与协同发展也将成为新的思考。产业发展计划的制订需要有科学合理的指标体系，而产业分析的过程可将政府对产业发展规划的目标、内容、基本思路通过指标来加以衡量，而这些能够量化的指标集合起来可形成产业发展的指标体系。本章构建的指标体系结合了产业发展的特征、目标和关键影响因素，其目的是对处于增长阶段的产业运行状况和发展现状做出客观评价和分析，其评价和分析的结果可为产业发展规划提供参考。

2　构建原则

产业发展影响因素包含区位优势、增长能力和产业规模等，需要搜集大量的数据和指标来反映。为了使指标科学化、规范化，并形成具有内在结构的整体性，制定指标时应遵循以下原则。

（1）系统性原则

指标相互之间要存在逻辑关系，指标最好能够全面反映出服装产业发展的特点和影响因素，要符合产业发展影响因素的内在联系，并构成一个统一的不可分割的整体。

（2）科学性原则

服装产业发展指标设计要符合产业发展的特点，要有成熟的理论依据，理论和时间要能相结合，在逻辑上要严谨合理，对产业特点要能够清晰简练地加以描述，否则就不能客观地评价产业的发展规律。服装产业发展指标体系构建所依据的理论包括区位理论、技术梯度理论和比较优势理论等，并以产业影响因素自身特点选取具有代表性的指标，以更好描述产业发展的现状。此外，指标的定义、数据收集、计算处理和赋予权重都要有科学依据。

（3）全面性原则

评价指标要具有典型的代表性和宽广的覆盖范围。在选取指标时，既要尽量减少指标数量，又要能反应产业发展的特点。然而，影响产业发展的因素非常之多且复杂，选取指标时应尽量考虑各个方面，要做到统筹兼顾，避免遗漏关键性指标，要能使指标体系全面反映产业发展的状况。

（4）可操作性原则

在构建指标体系原则的过程中，要能获得指标涉及的相关数据或者替代数据。不能获得这样的数据，指标体系就没有可操作的价值，就很难进行评价和分析等后续工作，因此确定指标时须考虑是否能够收集到数据，或者可替代的数据。选取指标时，还要尽可能地加以简化，并在保证全面性和科学性的前提下，尽可能减少一些对目标影响甚微的指标，以降低实际操作的难度，提高评价的效率。

（5）通用可比原则

指标的选择要满足横向比较和纵向比较这两个要求，要能够让不同的研究对象在不同的时期进行比较。比如，不同对象之间的横向比较要能够找出共同点，要能依据共同点来设计评价指标体系。要有调整相关权重的办法，并可综合比较，对相同性质的产业或地区，获取比较指标相对容易。而同一产业不同时期的纵向比较，要能确保各种指标参数保持稳定，其计算的参考值要具有其连续性。

第 2 节　指标筛选

赫克歇尔和俄林的要素禀赋理论已提出，劳动力富裕的国家在劳动密集型产品上具有比较优势，即生产要素富裕可相对其他区域产生比较优势。纺织服装行业属于劳动密集型行业，其从业人员数量是重要的衡量指标，同时，产业总产值、资产总值和企业数量则代表了产业的资本要素，而销售收入、利润和市场占有率可测量区域产业的销售状况。这 7 个指标能够代表产业目前的基本状态。由此可知区位方面可主要考虑地理位置、人力资源和交通运输等因素。由于区位因子决定了生产的位置，所以区位优势被认为是吸引产业转移和投资的重要因素。如高校的在校生人数和人口数指标可分别代表优质技术人力资源和普通劳动力资源；而营运公路和建设用地则可代表运输和地理位置因子。然而纺织服装业的工资指标无法找到更准确的数据，因此采用人数、人口数、营运公路和建设用地 4 个指标。

技术梯度理论模型阐释了技术优势也可形成比较优势，所以技术创新能力因子也是区域分工和产业发展评价的影响因素，而技术成交额又是可衡量技术创新能力的整体指标。技术成交额与研发费用比是技术成交额和投入的研发费用之比值，可用来衡量研发费用的使用效率。而人均技术成交额是技术成交额和研发人员数的比值，可用来衡量研发人员的个人创新能力。此外，新产品产值也是衡量创新能力的重要指标之一，因为纺织服装业还未区分和统计新产品销售额，故采用这 3 个指标。也即是，从研发人员个人创新能力、研发费用的使用效率和整体三个方面来衡量技术创新能力。

现代产业发展理论中的非均衡增长理论认为：产业应只有保持较高的增长率才能带动相关产业的发展，产业增长能力也可以判断产业处于成长期还是衰退期，可为进一步发展提供决策依据。因此产业增长能力因子被认为是测度产业增长潜力的重要指标。此外，销售增长率、总产值增长率和从业人员增长率可分别从销售、生产和劳动力三个方面来测量产业的增长能力，具有一定的代表性，因此选择了这 3 个指标。

资金利税率是企业所交增值税和利润总和与资产的比值，反映了企业的经济效益和对国家财政所做出的贡献。利润率是利润和主营业务收入的比值，因无法测量产品的成本，可用主营业务收入代替，可以近似反映盈利的情况。由于产业效益对政府继续投资和税收政策制定具有参考意义，而产业效益是分析区域经济协同发展的基本条件，因而政府可以依据其制定相关的产业政策来刺激产业的发展。基于此，可以选择资金利税率和利润率来作为产业效益的衡量指标。

第3节　评价方法的比较与选择

1　评价方法比较

在评价方法方面，可从影响纺织服装产业的多个方面来收集指标，可用多变量的统计方法。目前比较常见的多变量统计方法有层次分析法、主成分法和因子分析法三种方法。

（1）层次分析法

层次分析法是20世纪70年代后期美国著名运筹学家匹兹堡大学教授T. Lsaaty提出的，是一种将定量与定性分析相结合的多目标决策方法。其原理是：将与决策总是有关的元素分解成目标、准则、方案等层次，对指标之间的重要程度做出判断，建立矩阵，并通过计算得出不同方案的重要程度的权重，以为选择方案提供依据。层次分析法将每个因素对结果的影响程度加以量化，清晰而明确，计算也简便，容易为决策者了解和掌握。但也容易出现因指标过多时数据统计数量较大，权重难以确定的缺点。或者说，采用德尔菲法在确定权重时，具有一定的主观因素。

（2）主成分分析法

主成分分析法是由Pearson首次使用的，再由Hotelling、Rao等加以发展并成熟起来的一种统计方法。在各个领域的科学研究中，为全面客观地分析问题，往往要从多个方面观察所研究对象，收集多个观察指标数。如果一个一个分析这些数据，会对研究对象形成片面认识，不容易得出综合和一致性的结论。主成分分析就是考虑各指标间的相互关系，把多指标简化成少的综合指标。

（3）因子分析方法

因子分析法是探讨存在相关关系的变量之间是否存在不能直接观察到

的，但又对可观测变量的变化起支配作用的潜在因子分析方法，是主成分分析方法的延伸。各个共同因子之间相关，特殊因子之间不相关，共同因子和特殊因子之间也不相观，这是因子分析的一个基本假设。因子分析可以使用旋转技术帮助解释因子，具有解释方面的优势，因此因子分析法成为最常用的多变量统计方法之一。因子分析法能够以比原始变量更少的概念来诠释样本的数据，以达到数据浓缩的效果，从而减少了层次分析法中的问卷调查环节，也可克服指标评议时赋予权重的主观性。因搜集的指标比较多，需要对相关性比较密切的指标进行归类和降维处理，以找到影响产业发展的关键因素，构建评价指标。

2　因子分析模型

中国纺织工业联合会及其下属中国服装协会、中国流行色协会等组织齐集北京，汇聚了全国的行业信息和全球流行趋势信息，同时还掌握了政策趋势和变化，可积极与品牌企业沟通，可为品牌间相互交流提供有利的平台。北京服装纺织行业协会是联系政府和北京品牌企业之间的桥梁和纽带，在与世界各国同行进行联系、相互交往中发挥着重要作用。这些行业领导力量可使北京时尚信息发布与传播的中心地位更加稳固。

根据产业转移相关文献和纺织行业特点，这里甄选了产业转移视角下可能对纺织产业发展评价产生影响的 18 个相关指标，采集了 2014 年我国 30 个省份纺织产业的相关数据，并通过因子分析法，探讨、评价了我国 30 个省份纺织产业的综合实力及其主要影响因素，其中着重分析了我国纺织产业转移的发展现状及趋势。这里用到的数据多是来源于《中国纺织工业发展报告》、《中国统计年鉴》和中国国家统计局网站。利用因子分析方法的基本做法详解如下。

（1）标准化处理

对原始变量采用标准化处理，以计算相关系数的矩阵，并分析能否进行因子分析。在进行因子分析之前，对 N 组样本（$n=1$，2，…，K）、i 个变量（$i=1=1$，2，…，p）用 SPSS 将其转化为无量纲数据，可以得到两两原始变量之间的相关系数矩阵。如果相关系数矩阵多数系数值大于 0.3，则表明原始变量之间具有较强的相关性，可进行因子分析，也可以通过 KMO 检验。常用的度量标准为：0.9 以上表示非常适合；0.9 ~0.8 表示适合；

0.8～0.7 表示一般；0.7～0.5 表示不太适合；0.5 以下表示极不适合，否则需要增删替代数据或者采用其他分析方法。

（2）求解公因子和载荷矩阵

SPSS19.0 提供了多种方法求解公因子和载荷矩阵。

主成分法：该方法假设变量是因子的纯线性组合。第一成分有最大方差，后续成分，其可解释的方差逐个递减。主成分法是常用的获取初始因子分析结果的方法。它假设特殊因子作用可以忽略不计。

不加权最小平方法：该方法使观测和再生相关矩阵之差的平方和为最小，并不计对角元素。

最大似然法：此方法不要求多元正态分布，该方法给出参数估计。如果样本来自多元正态分布总体，他们与原始变量的相关矩阵极为相似。

（3）因子旋转和因子得分

满足模型要求的共性因子并不唯一，只要对初始共性因子进行旋转，就可以获得一组新的共性因子。旋转就是坐标变换，因子载荷将得到重新分配，使公因子负荷系数向更大或更小的方向变化。SPSS19.0 提供了 5 种旋转方法，最常见的是方差最大旋转，这是一种正交旋转，它使每个因子上的具有最高载荷的变量数为最小，因此可以简化对因子的解释。还有一种斜交旋转法，允许因子彼此相关。它比直接斜交旋转更快，适用于大数据集的因子分析。因子得分是每个观测量的共性因子的值。要计算因子得分必须写出共性因子表达式。而共性因子不是直接观测得到的，它是潜在的，但是可以通过可观测的变量获得。即可以把共性因子表达成可观测变量的线性组合形式，通常用回归方法解决。这样就可以通过每个观测量的各变量值，计算该观测量的因子得分。

（4）因子权重计算及样本综合得分

采用 SPSS19.0 软件，在适用性检验的基础上进行了因子分析，得出了最能反映观测数据规律性的 5 个公因子及其主要的反映指标（图 7－1）。

通过公因子的方差贡献率计算公因子的权重公式为：

$$W_j = (\mathrm{j}=1,2,\cdots,m) \tag{7.1}$$

有了公因子得分及权重数值以后，就可以计算出各个样本的数据总得

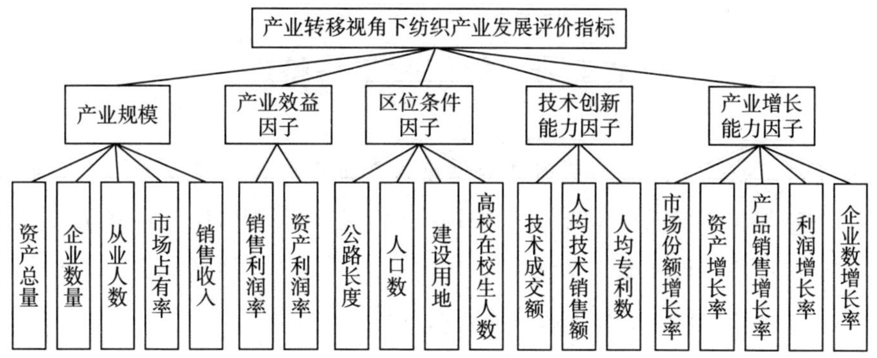

图 7－1　产业转移视角下纺织产业发展评价指标

分，样本的综合得分的计算式，即综合评价模型：

$$F_n = j \tag{7.2}$$

其中，F_n 为样本 n 的综合得分，W_j 为第 j 个公因子的权重，Fnj 为样本 n 的第 j 个公因子的得分。通过式（7.1）计算，分别得出 5 个因子的权重，进而通过式（7.2）计算得出我国 31 个省份的综合得分。可以用因子分析法的输出结果来确定公因子的权重，最后计算样本的综合得分。因子分析过程示意图见图 7－2。

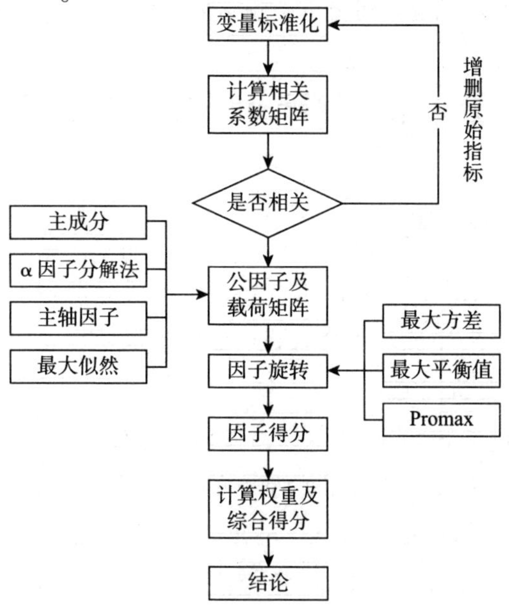

图 7－2　因子分析过程示意

第4节　数据收集与整理

本环节收集了大量的资料和数据进行实证研究，获取数据的主要来源为《中国纺织工业发展报告》、《中国统计年鉴》和国家统计局网站，运用这些数据资料，整理出31个省区市规模以上服装产业运营的主要经济指标数据，并整理出评价过程中所需的其他数据（可见附录）。

目前最新的《中国纺织工业发展报告》只有2013年的数据，且缺少从业人数和工业生产总值这个指标。因为从业人数是决定纺织服装行业规模的重要因素，而2011年数据也有部分缺失，故采用最近2012年的指标数据，在验证中采用2010年数据。另外因为无法到查询到反映纺织工业技术水平的指标数据，因此采用了我国统计年鉴的“技术成交额”和“人均技术成交额”等指标。在计算的过程中，发现“对外出口额”这个指标和销售额的指标几乎完全相关，为简化指标，最后予以剔除。2010年西藏自治区技术成交额数据缺失，按平均值进行处理，西藏自治区从业人数和研发人数较少，出现变动比较大，因西藏自治区的纺织服装行业整体比重非常小，因此西藏自治区的异常得分不影响整体效果。

第5节　评价过程及结果分析

1　因子分析过程

根据整理样本数据提取公因子，计算因子得分及样本综合得分，最后再根据得分的排序来评价京津冀服装产业的发展状况，因子分析过程可使用SPSS19.0在计算机上完成。

第一步，采用了SPSS对样本数据做标准化处理，转化成无量纲数据。第二步，通过分析来自31个省份的样本的18个指标，得出各个指标的相关系数矩阵（详细矩阵见附录B1），可知原始变量之间具有较强的相关性。通过KMO检验表可以看出，KMO检验值为0.678，比较适合做因子分析。KMO检验表见表7-1。

表 7－1 KMO 检验

KMO 和 Bartlett 的检验		
取样足够度的 Kaiser-Meyer-Olkin 度量		.678
Bartlett 的球形度检验	近似卡方	1403.656
	df	171
	Sig.	.000

第三步，采用主成分因子分析法提取公因子，从总方差分解表可知，有 5 个公因子被提取出来，累计方差贡献率为 91.96%，说明这 5 个公因子已经能够解释的方差占总方差的 91.96%，大于 80%，符合因子分析的要求，因此最后确定 5 个主成分。总方差分配见表 7－2。

表 7－2 解释的总方差分配

成分	初始特征值			提取平方和载入			旋转平方和载入		
	合计	方差的（%）	累计（%）	合计	方差的（%）	累计（%）	合计	方差的（%）	累计（%）
1	8.609	45.308	45.308	8.609	45.308	45.308	7.177	37.773	37.773
2	3.455	18.186	63.495	3.455	18.186	63.495	3.412	17.959	55.732
3	2.759	14.521	78.016	2.759	14.521	78.016	2.974	15.651	71.384
4	1.633	8.595	86.611	1.633	8.595	86.611	2.484	13.075	84.459
5	1.016	5.349	91.960	1.016	5.349	91.960	1.425	7.501	91.960
6	0.573	3.015	94.975						
7	0.406	2.139	97.114						
8	0.192	1.013	98.127						
9	0.162	0.852	98.978						
10	0.074	0.391	99.370						
11	0.041	0.218	99.587						
12	0.035	0.184	99.772						
13	0.025	0.129	99.901						
14	0.008	0.041	99.942						
15	0.006	0.030	99.972						
16	0.003	0.018	99.990						
17	0.002	0.010	100.000						
18	0.000	0.000	100.000						
19	0.000	0.000	100.000						

第四步，命名因子和代表的含义，因子载荷矩阵见附录 B2。

第一个公因子基本反映了企业数量、产业总产值、市场占有率和从业人员数量等相关信息，基本上可解释产业的规模，即产业规模因子。第二个因子基本反映了公路的长度、铁路的长度、建设用地、人口数和高校在校生人数的信息，可解释产业的区位优势，即产业区位优势因子。第三个因子重点反映技术成交额、人均技术成交额和技术研发经费比问题，能解释产业技术水平和创新能力，可理解为产业创新能力因子。第四个主要反映从业人员的增长率、企业数量增长率、资产总计增长率和产业总产值增长率等信息，基本解释了产业的增长潜力，可以理解为产业增长能力因子。第五个因子集中反映了利润率和资金利税率的相关信息，能够解释产业的经济效益，可以理解为产业效益因子。

第五步，获得因子得分。

利用因子得分系数矩阵计算 5 个公因子分值，由公式可知，利用统计软件 SPSS19.0 计算出因子得分系数与相应原始变量标准化值乘积。

第六步，获得因子权重并计算样本的综合得分。

根据式（7.1）可知，通过总方差分解表内的方差贡献率与累计方差贡献率数据，能够计算出各公因子权重（见表 7－3）。

表 7－3　公因子贡献率与权重

解释的总方差						
成分	因子	初始特征值	旋转平方和载入			权重
		合计	合计	方差的（%）	累计（%）	
1	产业规模	8.609	7.177	37.773	37.773	41.08%
2	区位优势	3.455	3.412	17.959	55.732	19.53%
3	技术创新能力	2.759	2.974	15.651	71.384	17.02%
4	产业增长能力	1.633	2.484	13.075	84.459	14.22%
5	产业效益	1.016	1.425	7.501	91.960	8.16%

根据式（7－2），计算每个样本的综合得分，可通过因子得分和公因子权重计算得出，再按照各样本的因子得分和综合得分排序，结果见表 7－4。

表 7－4　综合得分

省份	综合得分排名	产业规模排名	区位优势排名	技术创新排名	产业增长排名	产业效益排名	综合得分	产业规模	区位优势	技术创新	产业增长能力	产业效益
江苏	1	1	16	6	17	18	1.38	3.32	0.08	0.15	－0.06	－0.20
山东	2	3	3	14	18	9	1.10	1.95	1.46	－0.11	－0.08	0.57
浙江	3	2	26	21	22	22	0.86	2.94	－1.10	－0.34	－0.23	－0.49
广东	4	4	4	5	24	21	0.64	1.05	1.34	0.15	－0.30	－0.45
北京	5	11	23	1	25	16	0.63	－0.22	－0.40	5.15	－0.63	0.12
河南	6	7	1	17	16	10	0.35	－0.05	1.85	－0.20	－0.04	0.55
湖北	7	8	7	8	5	19	0.28	－0.05	0.93	0.06	0.89	－0.25
福建	8	5	24	26	9	8	0.17	0.72	－0.91	－0.42	0.39	0.80
河北	9	16	6	20	13	7	0.14	－0.25	1.03	－0.29	0.16	0.89
江西	10	13	15	23	4	2	0.11	－0.24	0.09	－0.34	0.92	1.43
安徽	11	10	8	15	6	17	0.10	－0.21	0.66	－0.16	0.68	－0.14
四川	12	31	2	12	15	14	0.10	－0.66	1.84	－0.04	－0.04	0.26
陕西	13	26	11	2	11	3	0.05	－0.57	0.19	0.56	0.28	1.40
辽宁	14	15	9	7	14	15	0.00	－0.25	0.27	0.06	0.14	0.17
云南	15	28	20	16	3	1	－0.01	－0.63	－0.20	－0.17	1.24	1.76
黑龙江	16	23	10	10	2	31	－0.08	－0.55	0.27	0.05	1.62	－1.82
湖南	17	29	5	19	20	20	－0.11	－0.63	1.31	－0.27	－0.18	－0.42
青海	18	12	30	4	1	27	－0.13	－0.24	－1.67	0.22	2.52	－1.17
广西	19	20	18	27	7	13	－0.18	－0.48	－0.13	－0.45	0.68	0.29
内蒙古	20	21	17	13	23	12	－0.21	－0.51	0.04	－0.08	－0.24	0.44
重庆	21	24	22	24	19	4	－0.24	－0.55	－0.22	－0.39	－0.09	1.33
天津	22	9	28	11	8	24	－0.27	－0.14	－1.29	－0.02	0.67	－0.66
上海	23	6	25	3	29	11	－0.27	－0.02	－1.06	0.29	－1.07	0.53
吉林	24	18	21	18	10	28	－0.33	－0.42	－0.22	－0.26	0.35	－1.45
甘肃	25	22	19	9	27	25	－0.45	－0.55	－0.17	0.05	－0.95	－0.87
宁夏	26	14	31	30	21	5	－0.48	－0.25	－1.77	－0.60	－0.20	1.20
山西	27	27	12	22	28	26	－0.49	－0.59	0.19	－0.34	－1.06	－0.98
海南	28	17	29	29	12	23	－0.52	－0.29	－1.47	－0.56	0.21	－0.56
新疆	29	25	14	25	26	30	－0.54	－0.56	0.16	－0.42	－0.92	－1.70
贵州	30	30	13	28	30	29	－0.71	－0.64	0.18	－0.45	－1.91	－1.70
西藏	31	19	27	31	31	6	－0.87	－0.44	－1.28	－0.83	－2.77	1.12

2 评价结果分析

由公因子贡献率和权重表可知，产业规模因子所占的权重最大，达到了41.08%。其次是区位优势和技术创新能力，分别为19.53%和17.02%，而产业增长能力因子只有14.22%，产业效益因子最小为8.16%。这比较符合服装产业发展的特点。劳动密集型产业需要大量从业人员，追求低廉的生产要素，所以产业规模因子和区位优势比重最大，对产业效益的依赖程度最小，这与纺织服装业利润低、追求规模优势的特点有关。

从因子得分和综合得分表中可以看出：（1）综合得分排名前五名的分别是江苏省、山东省、浙江省、广东省和北京市，这符合现在我国纺织服装产业集聚地的分布；（2）长三角中的上海排名中下，这与近年来上海市服装产业外迁的产业政策有关系；（3）福建省有很多知名的运动服装企业，发展势头良好，排名第8；（4）在首都经济圈里，只有河北省排名为第9，天津排名靠后，排名第22；（5）在公因子得分上，河北省产业效益和区位优势排名靠前，技术创新排名第20，较落后；（6）在区位优势上，河南省排名第1，是河北省最大的竞争对手；（7）天津市的产业规模和技术创新能力较靠前，分别排名第9和第10，其区位优势和产业增长能力较差，影响了服装产业的发展；（8）北京市服装产业具有很强的技术创新能力，排名第1位，在得分上遥遥领先排名第2名者，不过增长能力等其他排名靠后，这亦符合北京的城市定位，以及北京对技术创新产业的支持和发展。

整体来看，在京津冀服装产业发展中，北京定位于技术创新的角色，追求产业效益，为其他省份的发展提供技术支持。而河北省凭借区位优势和较大的产业规模来承接北京服装产业转移，在产业效益上也有不错的表现，基本上没有技术创新，还需要产业政策来刺激产业的增长。天津市的发展定位并不明确，其拥有较好的技术创新实力，多是基于老纺织工业基地的基础，并有一定的产业规模和产业效益，但增长和区位限制，这在一定程度上影响了未来的发展。

第 6 节　评价指标体系构建

1　归类指标

根据比较优势、区位优势和产品生命周期理论等理论分析，对服装产业发展的影响因素分析和论述，可以发现，在产业生命周期发展过程中，产业规模、产业效益和区位优势是影响产业发展的关键因素。遵循系统性、科学性和可比性、可操作性原则，并结合京津冀所处的成长期特征，构建了评价指标体系框架。该框架可以对各省份服装产业的发展情况进行初步评估，有助于了解产业规模、效益、增长能力以及目前存在的区位优势和技术创新能力，有助于找到自身的增长点和不足，也能直观地看出区域产业的分工情况。产业发展评价指标框架见表 7－5。

表 7－5　产业发展评价指标框架

评价目标	影响因素	具体评价指标
产业发展评价	产业规模	产业总产值
		市场占有率
		从业人员数
		企业数量
		销售收入
		资产总值
		利润
	产业效益	资金利税率
		利润率
	技术创新能力	技术成交额
		技术销售与研发费用比
		人均技术销售额
	区位优势	高校在校生人数
		营运公路
		建设用地
		人口

续表

评价目标	影响因素	具体评价指标
产业发展评价	产业增长能力	产品销售收入增长率
		产业总产值增长率
		从业人员增长率

2 指标评价

首先，采用31个省份2010年的指标数据进行评价，来验证指标是否符合预期的产业评估。通过标准化处理以及KMO检验，从下表可以看出检验值为0.701，且比较适合因子分析。2010年数据检验值见表7-6。

表7-6 2010年数据检验值

KMO和Bartlett的检验		
取样足够度的Kaiser-Meyer-Olkin度量		.701
Bartlett的球形度检验	近似卡方	1389.050
	df	171
	Sig.	.000

其次，通过最大方差法因子旋转，得出因子载荷矩阵，如表7-7，可以看出相应的指标对公因子的贡献程度。第一个公因子其产业规模中的指标影响程度都较大，并都在0.945以上，符合实际情况。在第二个区位优势因子中，最小的为高校在校生人数0.829。第三个为技术创新能力，最高的为技术销售与研发费用比，其值为0.956。第四个为产业增长能力，最小为从业人员的增长率0.642，且满足要求。第五个是产业效益因子，其中资金利税率是利润和增值税与资产的比值，在区位因子里贡献程度也很高，这说明税收政策也可能成为一种影响区位优势的因子。旋转后的因子载荷矩阵见表7-7。

表7-7 旋转后的因子载荷矩阵[a]

	成分				
	1	2	3	4	5
资产合计	.978	.086	-.040	-.093	.026

续表

	成分				
	1	2	3	4	5
企业数量	.973	.102	-.028	-.110	-.009
市场占有率	.965	.232	-.034	-.086	.026
销售收入	.965	.232	-.034	-.086	.026
产业总产值	.964	.240	-.036	-.085	.017
利润	.945	.230	-.035	-.081	.089
从业人数	.937	.264	-.024	-.083	-.030
人口数	.414	.867	-.111	.054	.019
建设用地	.321	.850	-.205	.018	-.100
公路长度	.051	.843	-.259	.152	.045
高校人数	.491	.829	.004	-.011	-.053
资金利税率	.160	.717	-.069	.014	.515
技术研发费用比	-.108	-.224	.956	-.019	-.005
技术研发人员	-.080	-.271	.905	.103	.054
技术成交额	.056	.022	.882	-.283	-.049
产业总产值增长率	-.143	.001	-.008	.965	.039
产品销售增长率	-.199	-.007	.002	.936	-.118
从业人员增长率	-.031	.316	-.291	.642	-.195
利润率	.022	.022	.014	-.167	.960

* 旋转在 5 次迭代后收敛。

注：提取方法为主成分。

旋转法为具有 Kaiser 标准化的正交旋转法。

最后，通过方差贡献率所计算的权重，可以得出最后的综合得分和排名。从表中可以看出：(1) 江苏、山东、浙江和广东四省的排名基本没变，其综合得分排名符合预期情况，这验证了指标评价体系的适用性，可作为京津冀区域产业分工的参考价值，且北京具有很强的技术研发能力；(2) 河北省区位优势明显，有比较大的产业规模，而天津则有一定的技术创新能力和规模优势，可综合发展。2010 年各省份综合得分见表 7－8。

表 7-8　2010 年各省份综合得分

省份	综合得分排名	产业规模排名	区位优势排名	技术创新能力排名	产业增长力排名	产业效益排名	综合得分	产业规模	区位优势	技术创新能力	产业增长力	产业效益
江苏	1	1	12	5	20	18	1.37	3.27	0.27	0.13	-0.24	-0.09
山东	2	3	2	6	22	10	1.06	1.69	1.70	0.05	-0.36	0.42
浙江	3	2	27	25	21	12	0.93	3.17	-1.17	-0.45	-0.24	0.16
广东	4	4	6	4	17	28	0.67	1.18	1.15	0.16	-0.12	-1.05
河南	5	10	1	9	5	2	0.62	-0.20	2.15	-0.02	0.94	1.25
北京	6	19	16	1	25	20	0.45	-0.37	-0.03	4.79	-0.90	-0.19
西藏	7	6	31	2	2	5	0.30	0.01	-1.65	1.95	2.22	0.77
四川	8	29	3	10	8	17	0.20	-0.60	1.70	-0.04	0.56	-0.07
河北	9	16	5	12	15	8	0.13	-0.35	1.18	-0.13	0.00	0.43
湖北	10	11	7	8	13	21	0.11	-0.22	0.94	-0.02	0.18	-0.48
湖南	11	28	4	15	7	25	0.08	-0.54	1.21	-0.19	0.77	-0.72
福建	12	5	23	27	14	9	0.06	0.56	-0.57	-0.46	0.03	0.43
江西	13	18	8	19	11	6	0.04	-0.37	0.54	-0.30	0.46	0.73
安徽	14	14	9	13	10	23	0.02	-0.27	0.54	-0.16	0.46	-0.48
山西	15	8	24	16	1	30	-0.01	-0.17	-0.60	-0.21	2.30	-1.35
广西	16	15	18	18	3	7	-0.03	-0.35	-0.19	-0.29	1.18	0.51
陕西	17	24	13	7	9	13	-0.08	-0.49	0.19	0.00	0.47	0.15
新疆	18	17	19	29	4	11	-0.13	-0.36	-0.38	-0.50	1.09	0.33
内蒙古	19	22	15	23	18	15	-0.28	-0.47	-0.02	-0.42	-0.14	0.00
上海	20	7	25	3	30	4	-0.32	-0.04	-0.93	0.36	-1.49	0.83
云南	21	31	14	26	29	1	-0.34	-0.81	0.07	-0.46	-1.49	3.51
重庆	22	27	17	14	23	14	-0.34	-0.53	-0.16	-0.18	-0.48	0.10
海南	23	9	29	20	6	16	-0.35	-0.18	-1.46	-0.32	0.81	-0.05
辽宁	24	21	10	11	31	22	-0.37	-0.43	0.38	-0.11	-1.65	-0.48
吉林	25	20	22	24	16	26	-0.41	-0.40	-0.44	-0.44	-0.11	-0.86
宁夏	26	12	30	31	12	3	-0.43	-0.22	-1.56	-0.78	0.32	1.25
贵州	27	25	20	30	19	27	-0.49	-0.52	-0.43	-0.54	-0.16	-0.98
天津	28	13	26	22	24	19	-0.49	-0.25	-1.07	-0.34	-0.56	-0.19
黑龙江	29	30	11	21	27	29	-0.57	-0.73	0.32	-0.33	-1.45	-1.23
甘肃	30	26	21	17	26	31	-0.62	-0.53	-0.43	-0.25	-0.91	-1.97
青海	31	23	28	28	28	24	-0.80	-0.48	-1.22	-0.48	-1.48	-0.68

3　我国各省份纺织产业发展概况

如将前文采用的 SPSS19.0 改为 SPSS20.0 软件，并在适用性检验的基础之上再次进行因子分析，并将得出的最能反映观测数据规律性的 5 个公因子及主要反映指标加以考虑，再通过此前的式（7.1）来计算，可分别得出 5 个因子权重，进而通过式（7.2）计算得出 2014 年我国服装纺织产业发展综合得分见表 7－9。此外，因西藏地区的纺织工业整体比例非常小，且西藏地区部分统计数据缺失，因此未统计在内。

表 7－9　2014 年我国服装纺织产业发展综合得分

省份	综合得分排名	综合得分	产业规模	产业增长能力	区位条件	技术创新能力	产业效益
江苏	1	1.09	3.38	－0.09	0.08	0.30	－0.18
贵州	2	0.83	－0.34	4.17	0.23	0.61	－0.79
山东	3	0.80	1.57	－0.04	1.49	－0.16	0.25
广东	4	0.69	1.04	0.04	1.62	0.81	－0.79
浙江	5	0.65	3.13	－0.15	－1.12	－0.52	－0.03
河南	6	0.36	0.00	0.04	1.64	－0.41	0.61
江西	7	0.33	－0.09	0.82	0.10	－0.29	1.71
湖北	8	0.29	－0.01	0.13	1.04	0.25	0.12
北京	9	0.28	－0.31	－0.93	－0.81	4.67	0.67
陕西	10	0.20	－0.56	0.24	－0.02	0.46	2.21
安徽	11	0.16	－0.18	0.14	0.88	0.13	－0.13
四川	12	0.11	－0.65	－0.22	1.93	0.33	－0.65
河北	13	0.10	－0.25	－0.20	0.90	－0.57	0.98
云南	14	－0.03	－0.73	0.04	0.42	0.13	0.76
福建	15	－0.03	0.67	－0.08	－0.87	－0.68	0.47
宁夏	16	－0.06	－0.13	1.30	－1.77	－0.51	1.20
湖南	17	－0.09	－0.60	－0.30	1.25	－0.10	－0.65
重庆	18	－0.16	－0.51	－0.25	－0.46	－0.22	1.52
黑龙江	19	－0.23	－0.61	－0.19	0.16	－0.56	0.43
广西	20	－0.23	－0.46	－0.09	－0.09	－0.57	0.27

续表

省份	综合得分排名	综合得分	产业规模	产业增长能力	区位条件	技术创新能力	产业效益
天津	21	-0.39	-0.20	-0.47	-1.34	0.13	0.29
辽宁	22	-0.39	-0.33	-1.28	0.27	-0.33	-0.20
内蒙古	23	-0.40	-0.56	-0.71	-0.30	-0.88	0.98
甘肃	24	-0.41	-0.46	0.10	-0.45	-0.74	-0.77
青海	25	-0.45	-0.28	0.53	-1.51	-0.83	-0.37
新疆	26	-0.45	-0.66	-0.29	0.34	-0.22	-1.83
上海	27	-0.46	-0.10	-1.05	-0.95	0.71	-0.92
吉林	28	-0.58	-0.39	-0.56	-0.47	-0.87	-0.93
山西	29	-0.63	-0.58	-1.14	0.00	-0.70	-0.85
海南	30	-0.82	-0.43	-1.06	-1.31	-0.01	-1.50

通过计算得出：(1) 在产业转移的视角下 2014 年我国纺织产业的综合得分，其排名前 5 位的省份及其得分如表 7-9 所示，分别为江苏省、贵州省、山东省、广东省和浙江省，排名最后的是海南省（综合得分仅为 -0.82）；(2) 综合得分大于 0 的有 13 个省份，综合得分小于 0 的有 17 个省份，可见我国 30 个省区市纺织产业综合实力差距较大；(3) 综合得分排名前 5 的省份中除贵州省外，其余 4 个省与我国纺织产业集聚地分布以及纺织产业发展的现状相符。这 4 个省是我国经济最发达地区，纺织产业基础雄厚，但是这些地区纺织产业效益在下降，产业增长乏力。在产业转移视角下，贵州省因其强大的产业增长能力综合得分第 2，这主要是贵州省资源丰富的缘故，其产业扶持政策也比较到位，其 GDP 增速在过去几年里一直位于全国前列。

第 8 章　几点思考

——环境变化与产业发展

第 1 节　雄安新区设立、规划与意义

2017 年 4 月 1 日，中共中央、国务院决定在雄安设立国家级新区。这是以习近平同志为核心的党中央做出的一项重大的历史性战略选择，是继深圳经济特区和上海浦东新区之后又一具有全国意义的新区，是千年大计、国家大事。雄安新区规划建设以特定区域为起步区先行开发，起步区面积约 100 平方公里，中期发展区面积约 200 平方公里，远期控制区面积约 2000 平方公里。国家级新区雄安，地处京津与保定之腹地，涵盖了河北雄县、容城、安新三县及周边部分区域。雄安新区建设是京津冀协同发展的历史性战略选择，将会对京津冀城市群产生影响（方大春、裴梦迪，2017）。按新华社通稿的描述：雄安新区的区位优势明显、交通便捷通畅、生态环境优良、资源环境承载能力较强，现有的开发程度较低，发展的空间较充裕，具备了高起点、高标准开发建设的基本条件。

从地缘来看，雄安新区与北京副中心通州形成了“一体两翼”的北京空间优化新格局。如位于北京东部的城市副中心通州，即可带动北三县乃至北向的河北腹地发展；而雄安新区则可通过非首都核心功能的疏解来带动河北南部地区的发展。特别是随着京津冀协同发展的新支点雄安新区的设立，不仅补齐了“京三角”的顶角，亦是“京三角”的关键支撑，同时雄安新区与京津城市轴另一侧的“通州区 + 北三县”构成了京津冀城市群核心区域的两翼，这代表了京津冀协同发展的新动力、新机制（唐少清、

谢茜，2017；孟祥林，2017）。河北省雄安新区的设立，有助于将京津冀协同发展提升到一个新的平台，未来“北京—天津—雄安”三角形的形成与夯实亦将会推动三个城市的高效互动。

雄安新区已被认为是国家深入推进京津冀协同发展的重大战略举措之一（叶振宇，2017：89－92）。雄安新区作为带动京津冀区域发展的全国意义的新区，不仅与京津冀三地相互依赖且密不可分，将成为区域产业转移协作的战略合作高地（叶振宇，2017：89－92）。如结合来自学界的观点，雄安新区不仅是集中疏解北京非首都功能、缓解北京大城市病的战略举措，亦是培育新的增长极，促进区域协同发展的重大布局（赵新峰，2017）。

雄安新区定位为二类大城市，其设立不仅是京津冀协同发展的一个新支点，也可给河北省带来重大机遇。雄安新区地处京津石三角之腹地（北京、天津和石家庄勾勒出的三角形状地带），其作为“中国北方服装名城”，亦是保定纺织服装产业发展的一个标杆，而且是京津冀协同发展建设中服装产业承接的重要基地。服装产业则是容城县的支柱产业，目前雄安新区的设立也必将给容城的服装企业带来更多的发展机会。如 2017 年 6 月，雄安新区时尚创新高端论坛暨北京服装学院容城时尚产业园开园仪式在雄安新区的容城县举办，在一定程度上来讲，这标志着容城县的服装产业向时尚高端迈出了重要的一步。按照凤凰网的观点，基于容城服装产业基础及其发展规划，其将建设成为集设计服务、技术转化、展示销售、时尚推广、交流体验以及产业培训等功能于一体的开放共享式的创新平台。从目前来看，北京服装业时尚高端部分已开始向河北地区倾斜。

雄安新区设立的意义主要体现在以下五个方面：（1）由于京津冀协同发展的关键是有序疏解北京非首都功能，而有着优势区位、便捷通畅交通、优良生态环境和较强资源环境承载力的雄安新区的设立则有利于集中疏解北京非首都功能；（2）更多的经验表明“跳出去建新城”模式较适宜治理日益严重的大城市病，而雄安新区的设立则有利于有效缓解北京大城市病；（3）雄安新区因地处京津保腹地，且区位优势明显，可同北京城市副中心形成北京新的两翼，这有利于北京更好地发挥首都功能；（4）雄安新区的产业发展方向是高端高新产业，有利于提升河北省经济社会的发展质量和水平，也有利于缩小河北与京津发展的落差；（5）雄安新区将逐步成为优质资源配置的焦点区域，这有利于培育形成新的区域增长极，有助于调整优化京津冀城市布局和空间结构，培育创新驱动发展新引擎（陈璐，2017）。

第 2 节　京津冀协同发展之骨架与雄安新区

京津冀协同发展的整体定位是“以首都为核心的世界级城市群、区域整体协同发展改革引领区、全国创新驱动经济增长新引擎以及生态修复环境改善示范区”。如 2015 年中共中央政治局审议通过的《京津冀协同发展规划纲要》中，即明确规划了京津冀区域整体定位和三省市功能定位。其中，北京的定位为“全国政治中心、文化中心、国际交往中心、科技创新中心”；天津的定位为“全国先进制造研发基地、北方国际航运核心区、金融创新运营示范区、改革开放先行区”；河北省的定位为“全国现代商贸物流重要基地、产业转型升级试验区、新型城镇化与城乡统筹示范区、京津冀生态环境支撑区”。[①] 不过，城市功能的高度融合对首都发展亦会产生弊端，如对北京及京津冀区域发展现状分析不难发现，雄安新区的建立已是迫在眉睫（石坚韧、罗秋骅，2017）。

从京津冀的整体发展布局来看，特别是在雄安新区没设立之前，京津冀协同发展的骨架布局是“一核、双城、三轴、四区、多节点”，以推动北京非首都功能的有序疏解。这里面需要关注的一点是：在原有的“三轴”中，其中的南向轴是从北京到保定再到石家庄，但雄安新区出现后，这个轴可能会发生一些变化，即变成京雄轴。在这一骨架中，“一核”是指北京。“双城”则是指京津冀协同发展的主要引擎北京市和天津市，京津两城在未来的发展中，要特别加强联动并拓展合作广度与深度，共同发挥高端引领和辐射带动的作用。“三轴”是指支撑京津冀协同发展主体框架中的京津、京保石、京唐秦三个产业发展带和城镇集聚轴，这被认为是京津冀协同发展的主体框架。“四区”分别是有着明确空间范围和发展重点的中部核心功能区、东部滨海发展区、南部功能拓展区以及西北部生态涵养区。“多

① 河北省人民政府网．解读河北建设全国现代商贸物流重要基地规划［EB/OL］.［2018－01－29］. http://www.hebei.gov.cn/hebei/1317 2779/13172783/13312086/index.html.

节点”包括了石家庄、唐山、保定、邯郸等区域性城市和张家口、承德、秦皇岛等节点城市，这些城市的综合承载能力和服务能力提升是未来发展的重点。

从北京的视角来看，河北雄安新区的设立和北京副中心通州共同构成了北京的“双翼”，也在京津冀之骨架中占据了重要的位置。即使从河北的角度来看，雄安新区亦同河北的张北地区形成河北的“两翼”，将有力促进京津冀形成大、中、小城市协调发展格局和“多中心、网络化”的城镇空间格局。而这正好可弥补当前京津冀城市群城镇体系的不足，不仅有助于培育河北省新的增长极，并实现区域均衡发展，完善区域城镇等级体系并带动河北发展。

如从京津冀协同发展之骨架和雄安新区设立来看，京津冀协同发展为京津冀三地构建一体化的城市体系搭建了重要平台，亦可在较大程度上解决京津大都市的过度发展的问题和环京津的河北省发展不足的问题，而雄安新区的设立不仅有助于调整优化京津冀城市布局和空间结构，还可进一步推进京津冀协同发展的进程（孟祥林、柴宝芬，2017；陈甬军，2017）。在将来伴随京津冀协同发展，三地将不只在交通、医疗、教育及产业等方面，在民政、人社、政法等其他领域也将实现协同发展合作。从河北的角度看，不可否认的一点是雄安新区是京津冀协同发展战略进程中城镇化的生长点，其设立在一定程度上有助于打破京津冀长期以来的行政区划格局，或成为构建一体化城镇体系的一个不错的开端（孟祥林，2017：49－57）。如从雄安新区的辐射来看，保定行政区划的县级行政单元、廊坊辖区部分区域及沧州北部部分区域将成为雄安新区的影响范围，这对河北将来的发展是有益的。

此外，《关于加强京津冀产业转移承接重点平台建设的意见》（以下简称《意见》）初步明确了“2＋4＋46”个平台建设的格局，这其中不仅包括北京城市副中心和雄安新区两个集中承载地，还包括了四大战略合作功能区和46个专业化、特色化承接平台。该《意见》的出台，对进一步引导京津冀三地产业有序转移与精准承接作用是显著的。北京地区有中国最好的高校、医院、科研院所，但人口较多，空间比较拥挤，缺少转化的空间，而雄安新区的设立不仅有助于北京功能的激活，也有助于京津冀一盘棋的激活，外加雄安新区地理位置优越，将来有打造中国“硅谷”的可能性。美国的硅谷经验和印度的班加罗尔经验在一定程度上表明，高层次人才的集聚效应是很强的，越高层次的人才对周围环境的敏感性越强（洪俊杰，2017）。

第 3 节　雄安新区定位与京津冀城市群发展

作为继浦东和深圳之后又一具有全国意义的新区，河北省有关雄安新区的五个定位尤为值得关注：（1）水域共建、生态优先、绿色发展的城市；（2）创新引领、产业高端、智慧智能的城市；（3）传承历史、开放包容、宜居宜业的城市；（4）风貌特色鲜明、交通快捷高效且公共服务一流、人民共建共享的城市；（5）举全国之力建设千秋之城，聚全球智慧建设未来之城，打造人类发展历史上的典范城市。特别是上面的第五点，这样的定位高度在我国城市历史上是前所未有的。即使是在中共中央、国务院关于对《北京城市总体规划（2016 年 - 2035 年）》的批复中，亦明确提出了“全方位对接支持河北雄安新区规划建设，建立便捷高效的交通联系，支持中关村科技创新资源的有序转移、共享聚集，推动部分优质公共服务资源合作”。

特别是在党的十九大之后，国务院常务会议研究了雄安新区，审议通过了雄安新区建设的八项决议，将雄安新区定位为智慧智能城市、中国硅谷、科技创新之城，这意味着其在我国可能是第二个海淀。在京津冀区域，我国原来大部分创新科技都在北京海淀区，而在雄安新区出现以后，雄安如被视为中国的硅谷，那么海淀与雄安之间的产业地带就可能成为颇具潜力的高科技创新产业带。如果按照这样的逻辑，另一条产业带很可能是从雄安到天津，也即从雄安到天津的另一条高端制造业产业带。雄安的产业机会将体现在低碳、服务以及高科技等方面。其中，低碳包括的范围很广，如环保、新能源都属于此。而将来雄安新区所要发展的服务业，则是因为雄安处在北京和天津这两大城市的三角地带，自然是一定要有自己的服务功能（如互联网金融、商务服务、科技服务以及服务外包和诸如创意设计这样的消费性服务等）的。此外，由于雄安新区和北京海淀构成了颇具潜力的高科技创新产业带以及雄安新区和天津构成了颇具潜力的高端制造产业带，因此高科技产业也可能成为雄安新区未来的产业机会之一。不可否认，这是河北省雄安新区出现以后，整个京津冀可能出现的一个较大的格局上的变化。

京津冀区域的城市群共有城市 35 个，其中中央直辖市 2 个、地级市 11 个、县级市超过 20 个，但由于京津两个超大型城市的人口相对集中，而其他地市级城市的人口规模又偏小，这种“倒金字塔型”的人口结构对京津冀世界级城市群建设的推动有所不足。京津冀城市群这种“大的过大、小的过小”的城市结构特征需要有“二传手”式城市的出现来加以衔接，而河北省又缺少能与京、津媲美的大城市，此时雄安新区的设立不仅及时，亦可对京津两大城市的“做优”起到促进作用，亦有利于京津冀世界城市群的建设（叶堂林，2018）。对当前京津冀城市群城镇体系的不足也有一定的修补作用，可推动河北省经济社会的发展发挥。

雄安新区建设应紧密结合世界级城市群建设目标，重点谋划产业之体系、创新之驱动和治理之模式等方面的发展路径，打造绿色产业环境（李兰冰等，2017）。国际上美国纽约城市群、日本东京城市群、英国伦敦城市群、法国巴黎城市群等都已成为国家或大区域发展的重要增长极。作为我国三大城市群之一的京津冀城市群，将是我国参与全球竞争和国际分工中重要的世界级城市群。然而当前京津冀城市群在发展中仍面临诸多问题，城市与城市之间资源和要素争夺激烈，功能交叉、同质化竞争较严重。同时京津双核极化效应明显，城市间不平衡与发展差距在加剧。如果从京津冀城市群建设来看，雄安新区的设立在很大程度上增加了京津冀建设世界级城市群的可操作性，亦可对带动河北省的发展发挥关键作用，同时也在一定程度上避免了北京、天津老城市拆迁等社会问题。

不可否认雄安新区的成立，在空间上与京津形成新的三角空间联系。这不仅有助于疏解北京人口和非首都功能，释放区域间人才、资本、信息以及技术等要素活力，有助于实现区域间资源高效配置和市场深度融合，亦有助于化解京津冀大城市病与拓展城市群发展的新空间。当前京津冀城市群发展不协调、不平衡的矛盾较突出，而雄安新区的设立将成为京津冀城市群的重要空间支撑。

第 4 节　北京 2035 城市发展规划与雄安新区

《北京城市总体规划（2004 年 - 2020 年）》是于 2005 年由国务院正式批复的，该规划在指导北京城市规划、建设、管理、发展等方面发挥了重要的作用，也为北京步入现代化国际大都市做出了重要贡献。同时，随着京津冀协同发展战略的实施、首都城市副中心的建设、河北雄安新区的设立、北京 2022 年冬奥会的筹办、“一带一路”建设的推进，这些重大战略决策的出台对北京城市的未来发展带来了重大而深远的影响。2017 年 9 月 13 日，党中央、国务院正式批复了《北京城市总体规划（2016 年 - 2035 年）》。该规划紧紧围绕疏解北京非首都功能，并立足京津冀协同发展，在更大的战略空间考量首都的未来发展，对于促进首都全面协调可持续发展有着重要的意义。

结合此前《北京城市总体规划（2016 年—2035 年）》加入的“一区”看，按照专家的观点，“一区”即指雄安新区，也即将雄安新区纳入北京城市空间格局，但并非从行政上将其划入北京市。规划强调了从产业到资本全方位对接雄安新区，并提出完善交通联系以改善雄安新区。新版总体规划对支持雄安新区的规划建设做出了安排，即建立便捷高效的交通联系，合作建设中关村科技园区，促进公共服务全方位合作，形成北京城市副中心与河北雄安新区“比翼齐飞”的新格局。将来，北京的一些非首都功能会向雄安新区疏解，北京的部分人才和企业会转到雄安。雄安新区将成为北京非首都核心功能疏解的集中承载区。在京津冀协同发展和北京非首都功能疏解这一大背景下，北京除了要立稳“一核”，还应稳步发展城市副中心和雄安新区这一“两翼”。在北京市后来通过的《北京城市总体规划（2016 年 - 2035 年）》中，单独增加了一节内容来支持雄安新区的规划与建设。

即使从京津冀协同办起草的京冀两省市政府《关于共同推进雄安新区规划建设战略合作协议》所突出的八项内容来看，其也都与雄安新区的建设相关。目前在各个层面上，北京和雄安都有密切的交流和协同，如：建立健全对接协调工作机制；协同推进创新驱动发展；推进交通基础设施直连直通；开展生态环境联防联治；合力推动产业转型升级；协同提供高品质公共服务；加强城市规划技术支持服务；加强干部人才的交流。如从对雄安新区的支持力度看，《北京城市总体规划（2016 年 - 2035 年）》在提出深入推进京津冀协同发展的同时，还提出全方位对接并支持河北雄安新区建设。这些具体的措施包括：构建便捷的通勤圈和高效交通网；支持在京资源向雄安新区转移和疏解；支持市属学校、医院到雄安合作办学、办医联体以共同促进雄安新区建设完善医疗卫生、教育、文化、体育、养老等公共服务设施。同时，北京从雄安新区规划编制中也受益颇多。可见，雄安新区和城市副中心是北京的两翼且二者缺一不可。特别是新规划对北京及周边功能、定位进行统筹，通州副中心与雄安新区配合将持续加强，将成为新北京的两翼，未来的发展将走集约化发展的道路。

作为北京市新两翼的雄安新区与北京市副中心，如再能够同以 2022 年北京冬奥会为契机推进的张北地区建设相结合，这就形成了河北省新的“两翼”。这对于有效缓解北京“大城市病”，提升河北经济社会发展质量和水平都有深远的现实意义与历史意义。值得关注的还有，规划中特别强调了北京与雄安新区交通联系的升级。《北京城市总体规划（2016 年 - 2035 年）》其远期到 2035 年，其时间要体现的要素包括《京津冀协同发展规划纲要》的规划期限，2035 年是一个重要的时间节点，或者说，这也可理解为雄安新区规划的一个期限可能性，即其规划远期应在 2030 年前后。

从分工与未来发展来看，将来北京主要做研发，雄安新区可做转化应用，即便同是高精尖产业，在产品内容和环节上也会有所区分（陈耀，2015）。不过雄安新区的设立对北京科技产业未来的走势也可能会带来一定的影响。多年来我国科技产业在北京，北京科技产业的内核则在海淀。如结合 2015 年的统计数据来看，海淀区几乎占据了 40%，所占比为北京各区之首。东城、西城、朝阳、丰台这四区总计所占比例虽接近 50% 但距海淀较大，房山区只占了 10%，昌平、石景山、顺义三区最少，总共不到 10%。这虽是 2015 年的数据，然而近年来北京科技产业向北发展的走势不断增强却也是事实。不过自 2017 年雄安新区建立之后，由于雄安和海淀形成了颇具潜力的高科技创新产业带，未来北京高科技产业向北发展的势头会有所减弱，丰台区和房山区特别是房山区这个方向的发展会有所增强。

从疏解非首都功能看，在河北省设立雄安新区，对疏解北京非首都功能和优化京津冀城市布局与空间结构有重大的现实意义和历史意义。反向来看，京津冀协同发展亦推进了雄安新区“多规合一”基本策略的实施（方创琳等，2017：1192－1198）。作为京津冀协同发展战略核心的北京非首都功能疏解，即包括集中疏解，也包括分散疏解，而集中承载之地的确立对于集中疏解的意义是颇为重大的。当前设立的雄安新区，其目前的首要功能就是疏解北京非首都功能的集中承载之地（陈耀，2017；邬贺铨，2018）。特别是伴随雄安新区成立，除了北京首都定位的政治中心、文化中心、国际交往中心和科技创新中心这四大核心功能外，其他功能（包括一些企业总部和银行）都可以转移过去。目前可以确定的是，雄安新区的建设，可将首都的一部分服务业和一部分高新技术产业转移过去，这不仅有利于河北产业结构的调整，也可较大地改善京津冀地区的环境质量。

第 5 节　京津冀协同发展与北京市 2035 总体规划

在《北京城市总体规划（2016 年－2035 年）》中，非常明确地提出了要求北京的城市规划与发展要把握好“都”与“城”、“舍”与“得”、疏解与提升、“一核”与“两翼”的关系，为提升首都的功能、提升城市的发展水平腾出空间（王彩娜，2018）。规划不仅明确了北京首都的功能定位，亦着重强调了京津冀区域的协同发展。《北京城市总体规划（2016 年－2035 年）》设置了单独的章节来强调京津冀协同发展，包括区域合作、功能疏解、空间协调、设施共享、开发管控以及帮助参与雄安新区建设等重要内容。如在北京市的 2020 年发展目标中，非常明确地提出：“建设国际一流的和谐宜居之都取得重大进展，率先全面建成小康社会，大城市病等突出问题得到缓解，而且首都功能会明显增强，初步形成京津冀协同发展、互利共赢的新局面。”在这一目标中，明确地提出要以抓住京津冀协同发展战略之契机来疏解非首都功能。不难看出，疏解非首都功能的重要契机之一就是京津冀协同发展战略的推进。

在北京 2035 的发展目标中，亦非常明确地提出了京津冀区域一体化格局基本形成的构想，也即京津冀世界级城市群的构架基本形成，同时北京

“大城市病”治理要取得显著成效。可见，解决北京“大城市病”问题无疑是京津冀协同发展的首要任务之一，且要立足于三省市比较优势和现有基础来进行。同时，推动京津冀协同发展的指导思想则是以解决北京“大城市病”为基本出发点之一。在北京制定的2050年的发展目标中，也明确提出了将北京建设成具有全球影响力的大国首都和超大城市，而这都同当前向前推进的京津冀协同发展战略关系密切。

可以说《北京城市总体规划（2016年－2035年）》紧密对接京津冀协同发展，着眼于更广阔的空间来谋划首都的未来，是京津冀协同发展战略的核心组成部分，其时间体现的要素包括《京津冀协同发展规划纲要》的规划期限及《京津冀协同发展规划纲要》远期到2035年（杨开忠，2017）。特别是随着新规划对北京以及周边功能、定位统筹的不断强化，整个京津冀地区的区域协同发展将进一步加深。同时，北京的“两翼”不仅是疏解非首都功能的集中承载地，通过“两翼”建设亦可支撑京津冀协同发展战略，到2035年京津冀协同发展格局将基本形成。

总体而言，在《北京城市总体规划（2016年－2035年）》目标中，有关京津冀的描述是非常明确的：即在2020年初步形成京津冀协同发展互利共赢的新局面；在2035年京津冀世界级城市群的构架要基本完成。在中共中央、国务院关于对《北京城市总体规划（2016年－2035年》的批复中，亦非常明确提出了要着力打造京津冀协同发展示范区，深入推进京津冀协同发展，构建区域协同创新共同体。

第6节　北京市总体规划、非首都功能疏解、京津冀协同发展、北京服装产业转移

已有研究表明：世界大都市的发展多是从聚集发展向分散发展进行的，这被认为是一般之趋势，因为这可从根本上解决大都市发展过程中因空间拥挤而造成的诸多城市病问题（孟祥林，2017：67－73）。随着北京市一般性产业如高耗能制造业、专业性批发市场和区域性物流中心疏解工作的基本完成，北京市非首都功能疏解的下一步工作将是以集中疏解与集中承接为重点。此时，雄安新区的设立则有助于重点承接由北京疏解而出

的部分行政事业单位、总部企业、金融机构、高等院校以及科研院所等。即使从国际经验看，破解“大城市病”，“跳出去”建新城也是颇为关键的一招，而雄安新区的设立可为北京非首都功能疏解发挥重要作用（叶堂林，2018）。

《北京城市总体规划（2016 年 –2035 年）》以疏解非首都功能为“牛鼻子”，并坚持疏解功能谋发展，通篇贯穿了疏解非首都功能这个关键环节和重中之重。如规划中的第二章即明确提出了“有序疏解非首都功能，优化提升首都功能”。特别是在第二章第 21 条的第一款中明确提出：“关停、转移区域性批发类商品交易市场。对疏解腾退空间进行改造提升、业态转型和城市修补，补足为本地居民服务的菜市场、社区便民服务等设施。”（孟祥林，2017：67 –73）而且在规划的第二章的起始部分，即明确提出“必须抓住京津冀协同发展战略契机，以疏解非首都功能为‘牛鼻子’”。规划强调力求在疏解功能中实现更高质量、更可持续的发展，以彻底改变以往聚集资源谋发展的思维定式。不难看出北京非首都功能疏解同京津冀协同发展的关联性与重要性。这也意味着疏解北京非首都功能的必要性和紧迫性，北京纺织服装业加工制造环节向外转移的必要性和紧迫性。

从《北京城市总体规划（2016 年 –2035 年）》阶段发展目标来看，如在北京 2020 年城市发展目标中，即明确提出了“疏解非首都功能取得明显成效”，而且要以抓住京津冀协同发展战略之契机来疏解非首都功能。在规划中，亦非常明确提出要坚定不移地疏解非首都功能。不论是北京 2020 年发展目标还是 2035 年发展目标，都对疏解非首都功能给予了非常明确的确定。可见疏解非首都功能为势在必行，而低端加工业和人口密集型产业向外疏解也有其必然性。设立雄安新区最重要的定位、最主要的目的就是打造北京非首都功能疏解集中承载地。

在《北京城市总体规划（2016 年 –2035 年）》中，设置了单独的章节强调京津冀协同发展，包括区域合作、功能疏解、空间协调、设施共享、开发管控以及帮助参与雄安新区建设等重要内容。新规划中，强调了北京要主动融入京津冀协同发展中，要发挥好北京“一核”的辐射带动作用。如从有序疏解北京非首都功能、京津冀协同发展以及河北雄安新区建设的关系来看，规划建设雄安新区是深入推进京津冀协同发展的一项重大决策部署，对于集中疏解北京非首都功能有现实意义和深远的历史意义（武义青、柳天恩，2017），而有序疏解北京非首都功能则是京津冀协同发展的首要任务之一。同时，京津冀可借助雄安新区建设和兴起促进绿色发展和创新发展（肖金成，2017）。也就是说，推动京津冀协同发展的指导思想是以有序疏解北京非首都功能、解决北京“大城市病”问题为基本出发点的，而且要以有序疏解北京非首都功能为前提和基础。而京津冀中作为北方国际航运核心区的天津，则可为雄安新区和北京提供最近的出海口，为雄安新区、北京提供综合性、国际化、高质量的港口综合服务。

在京津冀协同发展战略中，其核心是“有序疏解北京非首都功能，调整经济结构和空间结构，走出一条内涵集约发展的新路子，探索出一种人口经济密集地区优化开发的模式，促进区域协调发展，形成新增长极”（江曼琦，2017：9）。在这其中，疏解北京的非首都功能、优化提升首都核心功能、治理北京“大城市病”，是京津冀协同发展的首要任务，是必须要完成的工作。因此准确识别北京非首都功能和前瞻分析雄安新区功能需求也是必要的（武义青、柳天恩，2017：64－69）。为了贯彻落实《京津冀协同发展规划纲要》并有序疏解北京非首都功能，北京市发改委、市教委和市经济信息化委等委办局亦联合对《北京市新增产业的禁止和限制目录（2014 年版）》进行了修订，并形成了《北京市新增产业的禁止和限制目录（2015 年版）》。在这一过程中，北京纺织服装业加工环节及服装批发市场向外地的疏解，无疑是京津冀协同发展战略的重要开端之一，其重要性是不言而喻的。可见，北京纺织服装业加工环节及服装批发市场向外转移和京津冀协同发展战略的紧密相连性。按专家的观点，“对北京未来发展来说减量发展是特征，创新发展是出路”。

第 7 节　北京服装产业转型发展思考

2018 年 11 月中共中央、国务院发布了《关于建立更加有效的区域协调发展新机制的意见》，这意表明：京津冀协同发展、协同层级和空间范围将得到进一步提升，环渤海大湾区将成为中国未来的重要战略引擎，这对北京服装业转型发展也是一个极大的利好和推动（连玉明，2018）。当前，北京服装业转型发展的内部环境包括京津冀协同发展战略、北京非首都功能疏解、北京 2035 城市发展总体规划与北京“四个中心”等；转型发展外部环境包括供给侧结构性改革、“一带一路”建设、国家“走出去”战略、经济新常态等。在京津冀地区，北京纺织服装产业转型发展既受到上述多种因素的影响，也更依赖于京津冀协同发展战略的推进和北京非首都功能的疏解。在我国经济新常态背景下，北京服装产业未来发展将面临基于低碳化、服务化、高端化、信息化和国际化新机遇与行业新常态。北京服装业转型发展战略可从以下几个方面着手，同时，在产业转移升级推动、产业链升级、产业配套政策完善、组织机制保障、资金渠道、产业统计体系完善等方面加强措施保证，以推动产业成功转型。详情见图 8－1。

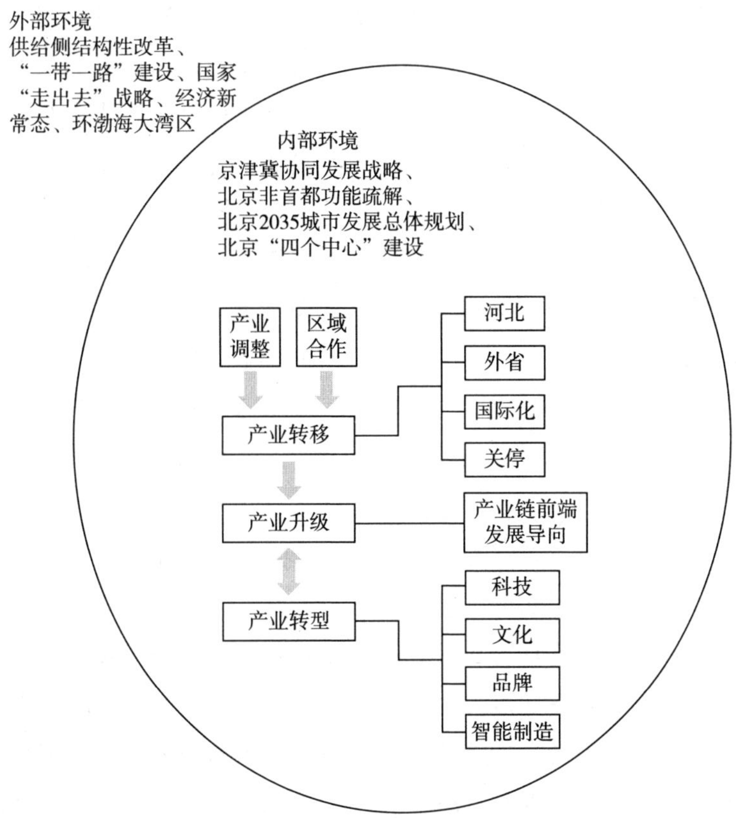

图 8－1　北京服装业转型发展思考

从政府角度看，纺织服装产业由北京市向外转移的推进思路应是在增强产业转出地北京推力和产业承接地拉力的同时，控制并弱化制约产业转移的阻碍力量。北京服装产业转移的主体已由单纯的企业方增加了转出地北京市政府和承接地河北省政府，而且转出地政府和转入地政府之间都有自身考虑，都可对转移形成一定的影响。基于引导推动北京服装业转移承接，以提高转移承接的效率。政府可在以下几个方面加大统筹和调控力度：（1）加快基础设施等各领域的实质性合作[①]；（2）协调京津冀区域财政与产业政策；（3）优化京津冀区域市场与产业发展环境；（4）消除京津冀地区行政区划壁垒；（5）大力推动区域利益协调机制并优化区域内资源要素配置；（6）完善京津冀区域统一市场体系并构建京津冀统一的协商执行机制。

从京津冀区域市场和产业发展的角度看，在产业转移过程中，可在京津冀区域锁定资源最佳配置，根据锁定区域特点，将北京服装业不同环节转移至可增强竞争优势的区域。基于此，可将北京服装产业供给链环节整体外迁至河北省，如永清、固安、武安、武清、石家庄和衡水等地区，或将生产环节外包至河北省。在执行中，可协同实施“转移、调整、升级、撤并”战略：（1）转移——指将服装批发市场中的批发业态整体向外省转移；（2）调整——将服装批发零售业态调整为服装零售、展览展示、现代电子商务和金融业态；（3）升级——在现有的业态基础上，注入设计、时尚、科技、人工智能、文化业态，搭建平台并提升服装品牌原创力、设计创新力、文化服务力与时尚传播；（4）撤并——将部分生产环节、摊位撤销合并。

从北京纺织服装业转移外省角度看，我国大部分地区经济发展不平衡现状较普遍，向不发达地区转移不仅可降低服装企业生产成本，还可推动各地区的经济合作。特别是随着《关于建立更加有效的区域协调发展新机制的意见》的出台，意味着京津冀协同发展的空间范围和战略意义也将不再是局限于京津冀三地，亦是要在我国西部、东北、中部和东部推动与深化京津冀协同发展（连玉明，2014）。在京津冀区域之外，北京服装业可考

---

① 北京市社会科学院经济研究所课题组．京津冀经济圈区域协调发展的思路与对策［EB/OL］.［2018-12-31］. https://wenku.baidu.com/view/55bd561708a1284ac950433f.html.

虑转移的省份包括：如承接能力和承接需求都较强的省份，即贵州、云南、四川和宁夏等；如具有一定产业承接基础的省份，即江西、湖南、湖北和安徽等。

如从国际化发展角度看，可将部分产能转到具有承接能力和潜力并兼有成本低廉资源优势地区如东亚、南亚和东非等地区。比如，可开展境外服装业园区谈判以集群方式进驻海外园区，完成由产品国际化到企业国际化与运营国际化转变；利用在国际化进程中增加的市场销售份额推动资本回报和品牌价值提升。

从撤并、关停和承接地区的角度看，对部分无法外迁或在本地已失去发展基础同时亦不符合首都产业和城市未来发展趋势的企业，可做关停处理。对承接地区而言，承接地区全产业链建设对吸引优秀纺织服装企业也很重要，而完善承接地区的产业链配套对高端品牌及优秀企业的吸引会很大。

从产业升级角度看，在北京市“十三五”期间重点发展的产业当中，“设计创意”即被列为独特产业。再结合北京产业增速、发展潜力、产业规模和全球产业增速、发展潜力和产业规模，“北京文创”落在高潜力高增长区域。对留在京内发展的北京服装产业环节，可向产业链前端高附加值方向如高端面料设计、新型纤维研发、供给链管理服务提供、时尚设计与文化创意等高附加值方向发展。留京服装业可加强同新型产业的融合力度，注重技术开发与培育，实现从加工到研发的产业升级。同时，强化北京城市定位、环境、城市历史、金融与商业、社会精英集聚、综合实力和国际地位，以助推国际时尚之都建设。

在产业转型升级方面，无论是产业转移、升级、转型还是技术进步、模式创新，其最终指向的都是广大消费者，而聚焦实施以品牌时装、文化创意、人工智能、信息科技为载体和内涵的时尚产业多品牌融合发展集团战略，应成为北京纺织服装业在应对未来变化所考虑的问题。虽然时尚的传导存在多种路径，但品牌时装业始终是时尚产业的核心（吴立，2016）。部分服装时尚企业可通过收购成长为多业务、多品牌时装集团，部分时尚企业可利用这种方式成为全球时尚集团。多品牌集团模式更易适应环境并获得增长，受规模保护，即使收购品牌企业亏损也不会对集团整体利益产生太大影响。北京服装业未来的国际化时尚方向发展可采取时尚集团发展模式，借北京经济转型这一重要契机，通过收购战略实现增长，致力于成为多业务、多品牌集团，致力于打造全球时尚集团，以适应北京特大型城市和国际交往中心特征，以符合国家重大发展战略要求，以符合首都城市的战略定位。

从未来发展角度看，在北京纺织服装产业未来发展中，应突出关联、链接、交互、跨界、融合、积聚等战略热点，并尝试打开边界，更多尝试交互、融合，并在持续跨界、融合、升级与转型中获取新动能。同时以京津冀协同发展、北京 2035 城市发展总体规划、首都非核心功能有序疏解为重要契机，配置全球创新资源，通过北京服装产业转移、升级和转型以进一步推动区域合作，并探索基于“京津冀区域内中心城市引领城市群发展、城市群带动区域发展”（连玉明，2019）和“国际时尚之都”建设这一新模式下的北京服装业转型升级发展的未来之路。

附　录

附录1　京津冀纺织服装行业数据挖掘

——北京市(第四章)

一　人口及城市经济情况

1. 基本情况

北京市是我国政治和文化中心，全市土地面积 1.64 万平方公里，2017 年末常住人口 2171 万人，约为 2005 年末人口的 1.41 倍。

2. 宏观经济数据

2017 年实现地区生产总值 28014.94 亿元，比 2016 年的 25669.1 亿元增长 9.14%。

2005—2017 年北京市地区生产总值（GDP）指标

年份	2005	2006	2007	2008	2009	2010	2011
GDP（亿元）	6969.5	8117.8	9846.8	11115	12153	14113.6	16251.9
比上年增长（%）	—	16.48	21.30	12.88	9.34	16.13	15.15
常住人口（万）	1538	1601	1676	1771	1860	1961.9	2018.6
人均 GDP（元）	45993	51722	60096	64491	66940	73856	81658
年份	2012	2013	2014	2014①	2015	2016	2017
GDP（亿元）	17879.4	19800.8	21330.8	21944.1	23685.7	25669.1	28014.94
比上年增长（%）	10.01	10.75	7.73	—	7.94	8.37	9.14
常住人口（万）	2069.3	2114.8	2151.6	2151.6	2170.5	2172.9	2171
人均 GDP（元）	86403	93630	99139	101990	109126	118133	129042

注：①2015 年后的数为地区生产总值，与前面年份略有差异。例如，原 2014 年 GDP 21330.8 亿元，新口径 2014 年地区生产总值为 21944.1 亿元（来源为北京市统计局网站）。

资料来源：2006—2018 年《北京市统计年鉴》。

北京市近十几年来宏观经济数据显示，2011 年之前，除 2009 年外，均保持 2 位数高增长，而自 2012 年起，年涨幅最高仅超 10%，即已经进入经济增长的新常态。人均 GDP 自 2010 年起超过 10000 美元，到 2017 年人均 GDP 已经达人民币 12.9 万元，按当年末汇率折算约 1.99 万美元。

二　纺织品服装市场相关资料

1. 社会商品零售总额

2017 年北京市全社会商品零售总额达到 11575.4 亿元，同比 2016 年增长 5.2%。自 2005 年至今，社会商品零售大体高速增长趋势十分明显，特别是 2007 年至 2010 年间，年增长率均在 15% 以上，而 2008 年增长率最高达到了 21.1%。但值得注意的是，2011 年至今，增幅减缓趋势非常明显。

2. 衣着类商品零售额及其增长

北京市社会商品零售总额中“穿类零售额”自 2005 年至 2011 年间保持持续增长，在 2011 年同比取得 27.68% 的增长率之后，增长率迅速下降并保持持平发展形势。2012 年至 2017 年这 5 年间，衣着类商品零售额基本保持在 770 亿元至 780 亿元范围波动。而同时北京市全社会商品零售总额仍然保持调整增长，这表明衣着类商品零售总额占比逐年下降。

北京商品零售总额

3. 纺织服装出口

北京的纺织品服装出口。由于我国的纺织品出口维持订单加工模式，特别是海关统计（高级定制和外国人在京采购不包含其中），因此单从生产

北京市商品零售总额及增长率

年份	2005	2006	2007	2008	2009	2010	2011	2012	2013	2014	2015	2016	2017
商品零售总额（亿元）	2911.7	3295.3	3835.2	4645.5	5387.5	6340.3	7222.2	8123.5	8872.1	9638	10338	11005.1	11575.4
比上年增长（%）	—	13.2	16.4	21.1	16.0	17.7	13.9	12.5	9.2	8.6	7.3	6.5	5.2

资料来源：2006—2018 年《北京市统计年鉴》。

环节，北京的纺织品服装加工生产企业规模不再增长，表现为近十年来的出口额徘徊在20亿美元至30亿美元区间范围。2017年，海关统计的纺织品服装出口额为28.11亿美元，其中服装出口额为18.72亿美元。

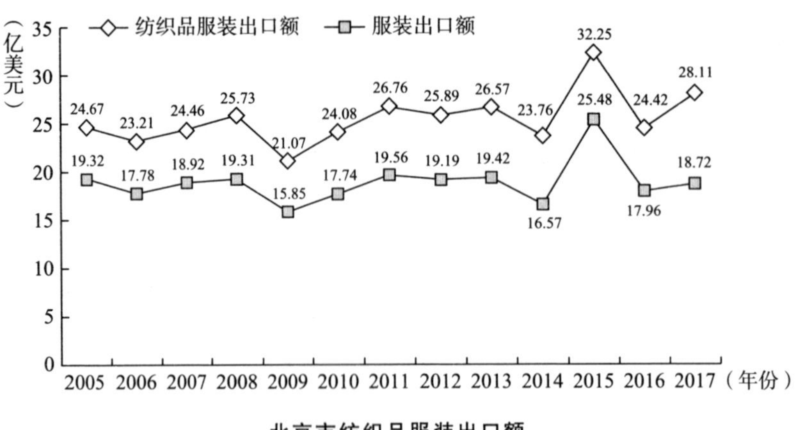

北京市纺织品服装出口额

三　纺织品服装工业基本情况

1. 纺织服装工业主要产品产量

北京市随着首都非核心功能疏解，工业企业逐步退出，主要纺织品的生产逐年减少。以印染布为例，2005年北京市年产印染布3800万米，至2013年减少到121.50万米，至2014年统计值为0，印染布生产已经从北京市退出。

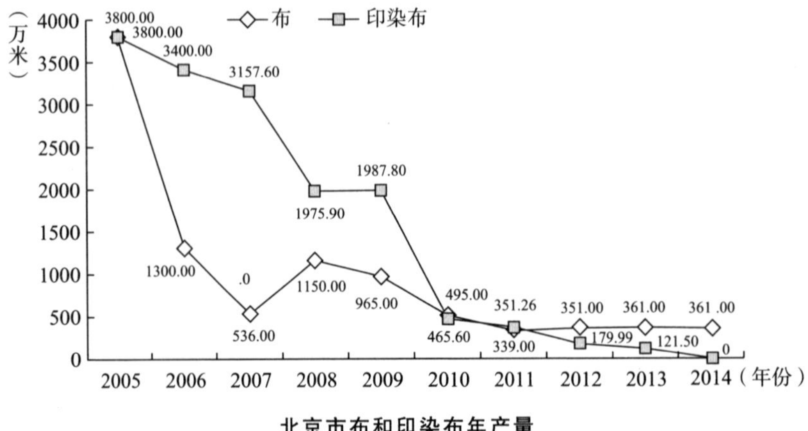

北京市布和印染布年产量

2005 年北京市服装产量 1.85 亿件，十年间产量逐年下降，至 2017 年服装产量约 8395 万件。服装产量占全国产量比重也同步降低，从 2005 年占比约 1.25% 降低至 2017 年占比约 0.28%。

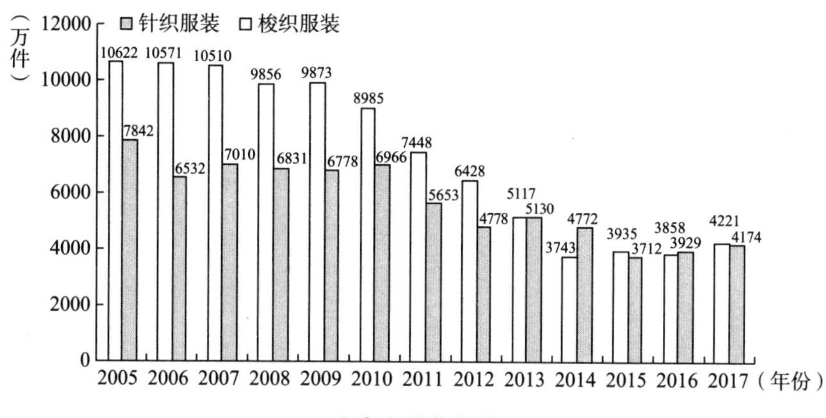

北京市服装产量

2. 纺织服装工业主要经济技术指标

北京规模以上企业中服装鞋帽业企业主营业务收入发展大致分三个阶段：由 2005 年的 76.92 亿元至 2008 年的 78.87 亿元，基本上稳定在 70 亿元至 80 亿元范围；自 2009 年起至 2012 年，服装鞋帽业主营业务收入高速发展，2012 年底已经达到接近 160 亿元水平；自 2013 年起，总体呈波动下降趋势，维持在 160 亿元至 140 亿元间，利润额基本在 6 亿元至 10 亿元间波动。

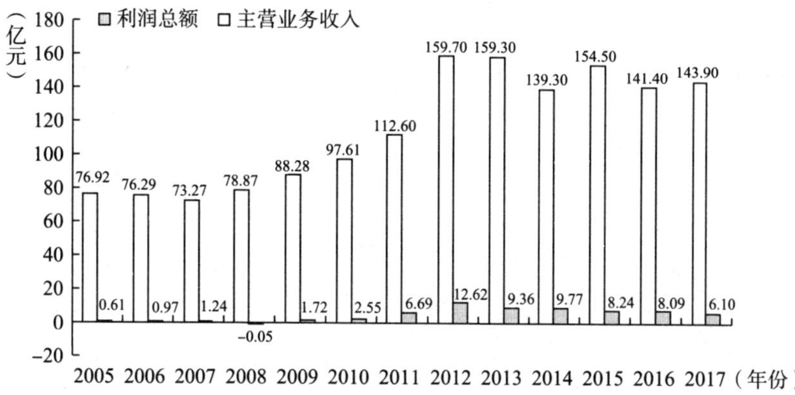

北京市服装鞋帽业经济指标

总体上分析，服装鞋帽业利润率前五年基本维持在 2% 以下，2009 年至 2017 年间利润有所提升，达到 5% 至 8% 。从业人数方面，规模以上纺织行业从业人员数自 2005 年 12.62 万人减少到 2017 年 3.50 万人，减少趋势非常明显，详见下表数据。

北京市服装鞋帽业利润率和从业人数

年份	2005	2006	2007	2008	2009	2010	2011	2012	2013	2014	2015	2016	2017
服装鞋帽业利润率（%）	0.80	1.27	1.69	-0.06	1.95	2.62	5.93	7.90	5.88	7.01	5.33	5.72	4.24
规上纺织服装企业年平均用工人数（人）	126199	117160	113541	109646	96777	90832	72246	67728	55135	50032	43980	38331	34971

资料来源：2006—2018 年《北京统计年鉴》。

附录2　京津冀纺织服装行业数据挖掘

——天津市(第四章)

一　人口及城市经济情况

1. 基本情况

天津市是环渤海区经济中心，是北方最大港口城市，全市土地面积约为1.19万平方公里，2014年末常住人口为1516.81万人，约是2005年末人口的1.45倍。

2. 宏观经济数据

2017年实现国民生产总值18549.19亿元，同比2016年17885.39亿元增长3.71%。

天津市2017年实现国民生产总值18549.19亿元，这一数据是2005年的4.7倍。2013年之前，历年涨幅均超过10%，特别是2008年、2010年、2011年同比增长率超过20%。但值得注意的是，自2011年后增长率逐年下降，2017年仅比2016年增长3.71%。2017年人均GDP已经达人民币11.9万元，按当年末汇率折算约1.83万美元。

二　纺织品服装市场相关资料

1. 社会商品零售总额

2014年天津市全社会商品零售总额达到4738.65亿元，同比2013年增长6.00%。自2005年至今，社会商品零售大体高速增长趋势十分明显，特别是2007年至2012年间，年增长率均在15%以上，特别是2008年增长率达到了29.62%。2014年同比增幅下降较明显。

天津市国民生产总值（GDP）指标

年份	2005	2006	2007	2008	2009	2010	2011	2012	2013	2014	2015	2016	2017
GDP（亿元）	3905.64	4462.74	5252.76	6719.01	7521.85	9224.46	11307.28	12893.88	14370.16	15722.47	16837.86	17885.39	18549.19
比上年增长（%）	—	14.26	17.70	27.91	11.95	22.64	22.58	14.03	11.45	9.41	7.09	6.22	3.71
常住人口（万）	1043	1075	1115	1176	1228.16	1299.29	1354.58	1413.2	1472.21	1516.8	1546.95	1562.12	1557
人均 GDP（元）	37446	41514	47110	57134	61245	70996	83474	91239	97609	103656	108846	114494	119134

资料来源：2006—2018 年《天津市统计年鉴》。

天津市商品零售总额及增长率

年份	2005	2006	2007	2008	2009	2010	2011	2012	2013	2014	2015	2016	2017
商品零售总额（亿元）	1190.1	1356.8	1603.7	2078.7	2430.8	2902.6	3395.1	3921.4	4470.4	4738.7	5257.28	5635.81	5729.7
比上年增长（%）	—	14.01	18.20	29.62	16.94	19.41	16.97	15.50	14.00	6.00	10.94	7.20	1.7

资料来源：2006—2018 年《天津市统计年鉴》。

2. 纺织品服装出口

天津市纺织品服装出口额近十年来保持在 16 亿美元至 24 亿美元上下，特别是 2011 年至 2014 年间，年出口额均维持在 24 亿美元以上，这两年虽然略有减少，但与北京市出口情况出现类似的持平趋势。

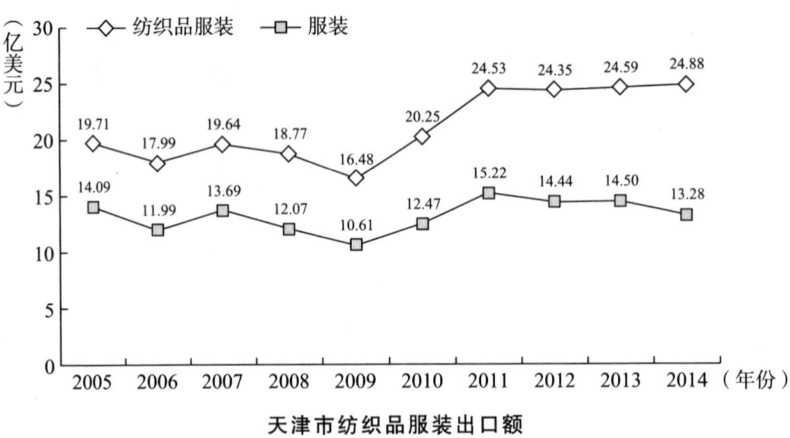

天津市纺织品服装出口额

三　纺织品服装工业基本情况

1. 纺织服装工业主要产品产量

天津市主要纺织品生产历年变化不大，产量稳定。以布的产量为例，2005 年年产布 25800 万米，2017 年为 8243 万米，十多年间最高年产量是 2006 年 28100 万米，最少出现在 2012 年的 19854 万米（当年是天津棉纺企业从城市中心区转移）。

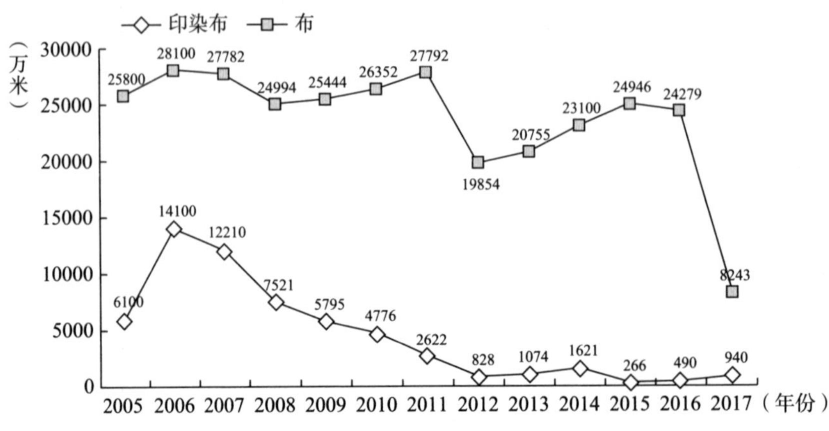

天津市布和印染布年产量

天津市服装产量维持多年变化不大，稳定于年产 14000 万件至 19000 万件之间，而且总体上比北京市服装产量高一个数量级（但各种因素导致了服装产量数据的突变，2016 年是个高峰，2017 年出现较大波动，从 24722 万件突降到 10255 万件，原因不排除统计口径和方法变动，不具有分析价值）。

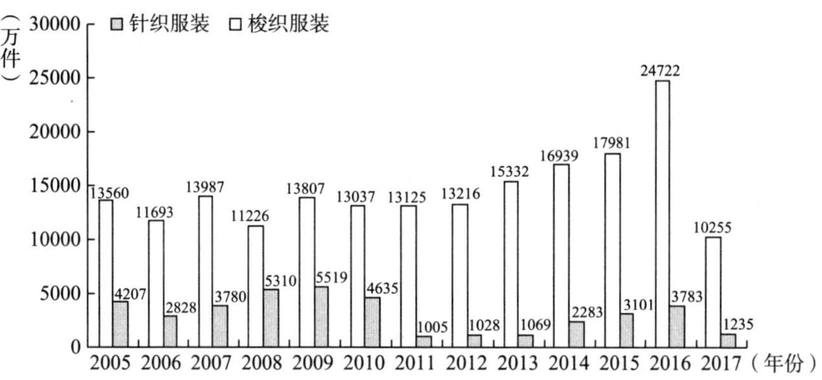

天津市服装产量

2. 纺织服装工业主要经济技术指标

天津服装行业主营业务收入由 2005 年的 66.24 亿元至 2014 年底的 345.37 亿元，增长了 5 倍多。具体分析十年间天津市服装行业主营业务收入情况，基本分为两个阶段：2005 年至 2008 年收入稳定在 64 亿元至 66 亿元；自 2009 年至 2016 年飞速增长，2009 年即实现同比翻番。

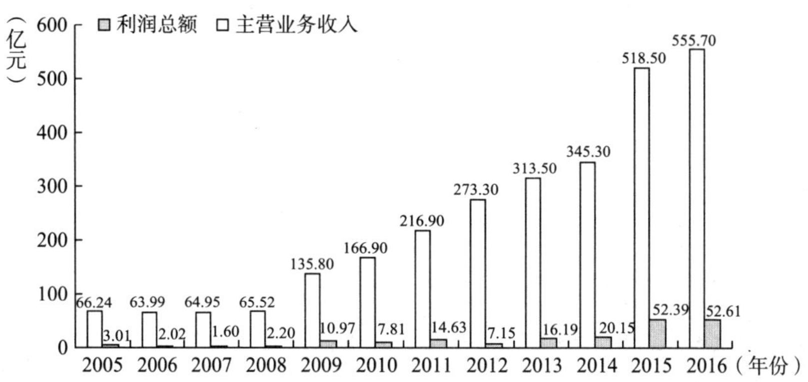

天津市服装行业经济指标

天津纺织服装行业年利润率则分布在 2% 至 11% 之间。规模以上纺织服装行业从业人员自 2006 年起基本稳定在 1.2 万人左右。

天津市纺织服装业利润率和从业人数

年份	2005	2006	2007	2008	2009	2010	2011	2012	2013	2014	2015	2016
纺织服装行业利润率（%）	4.55	3.16	2.47	3.35	8.08	4.68	6.74	2.62	5.16	5.83	10.10	9.47
规模以上纺织服装企业年平均用工人数（人）	154980	129470	122603	105066	121847	126506	117027	125144	128291	125884	112871	105049

资料来源：2006—2017年《天津市统计年鉴》。

附录 3　京津冀纺织服装行业数据挖掘

——河北省（第四章）

一　人口及城市经济情况

1. 基本情况

河北省环绕京津两地，土地面积为 18.88 万平方公里，下辖 11 个地级市，省会是石家庄市，2014 年末常住人口为 7384 万人，约为 2005 年末人口的 1.08 倍，十年间人口增长了 8%，明显低于同期北京市的 40%、天津市的 45% 的人口增长率。

2. 宏观经济数据

2017 年实现地区生产总值 35964 亿元，比 2016 年增长 13%。

河北省 2017 年地区生产总值是 2005 年的 3.59 倍，虽有所波动，但基本维持着多年的高速增长。

二　纺织品服装市场相关资料

1. 社会商品零售总额

2016 年河北省社会商品零售总额达到 14364.7 亿元，同比 2015 年增长 10.6%。自 2005 年至 2016 年底，社会商品零售大体高速增长趋势十分明显，特别是 2007 年至 2012 年间，年增长率均在 15% 以上，特别是 2008 年增长率达到了 23.12%。2013 年后增幅下降。

2. 限额以上服装鞋帽零售额

限额以上服装鞋帽类零售额增长明显，2016 年末零售额 429.2 亿元，同比 2015 年增长 3.21%，是 2007 年数据的 4.15 倍。

2005—2017 年河北省地区生产总值（GDP）指标

年份	2005	2006	2007	2008	2009	2010	2011	2012	2013	2014	2015	2016	2017
GDP（亿元）	10012. 1	11467. 6	13607. 3	16012. 0	17235. 5	20394. 3	24515. 8	26575. 0	28301. 4	29421. 2	29806. 1	31827. 9	35964. 00
比上年增长（%）	—	14. 5	18. 7	17. 7	7. 6	18. 3	20. 2	8. 4	6. 5	4. 0	1. 3	6. 8	13. 0
常住人口（万）	6851	6898	6943	6989	7034	7194	7241	7288	7333	7384	7425	7470	7520
人均 GDP（元）	14711	16749	19742	23083	24701	28808	34151	36804	39162	40260	40551	43062	47985

资料来源：2006—2018 年《河北省统计年鉴》。

2005—2016 年河北省商品零售总额及增长率

年份	2005	2006	2007	2008	2009	2010	2011	2012	2013	2014	2015	2016
商品零售总额（亿元）	2969. 5	3397. 4	4053. 8	4991. 1	5764. 9	6821. 8	8035. 5	9254	10516. 7	11690	12990. 7	14364. 7
比上年增长（%）	—	14. 4	19. 3	23. 1	15. 5	18. 3	17. 8	15. 2	13. 6	11. 2	11. 1	10. 6

资料来源：2006—2017 年《河北省统计年鉴》。

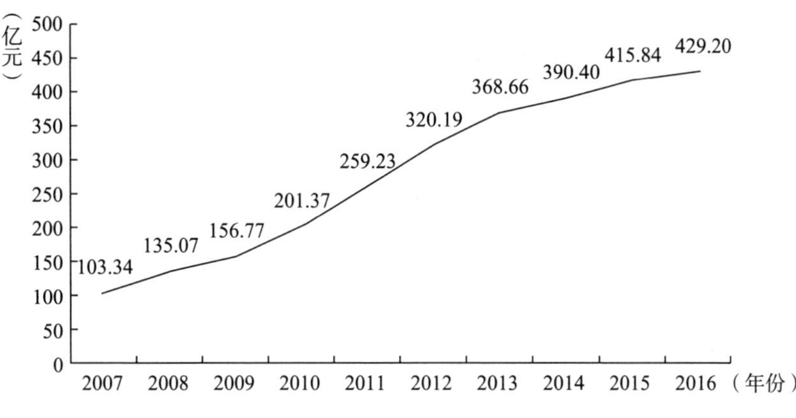

2007—2016 年河北省限额以上服装鞋帽针纺织品零售额

3. 纺织品服装出口

通过分析，近年来纺织品服装出口额 2014 年到达顶峰，全年河北省纺织品服装出口额 65.09 亿美元，比 2005 年出口额增长 1.03 倍。其中服装出口额由 2005 年的 25.23 亿美元至 2014 年的 45.81 亿美元，实现超过 80% 的快速增长。根据海关数据，2015 年河北省纺织品服装出口下降明显，降幅超过 15%。

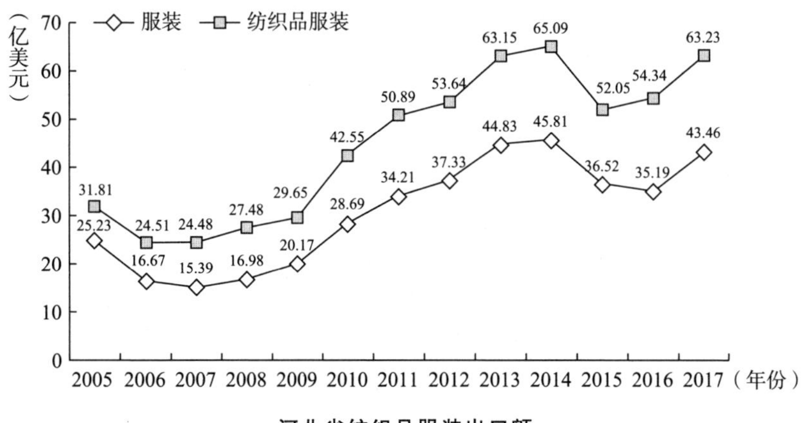

河北省纺织品服装出口额

三　纺织服装工业基本情况

1. 纺织服装工业主要产品产量

河北省主要纺织原料和半成品的生产增长迅速，以布产量为例，2005

年年产布 23.37 亿米，2016 年达到高峰，为 70.96 亿米，累计增长 203.63%，到 2017 年才有所下降。

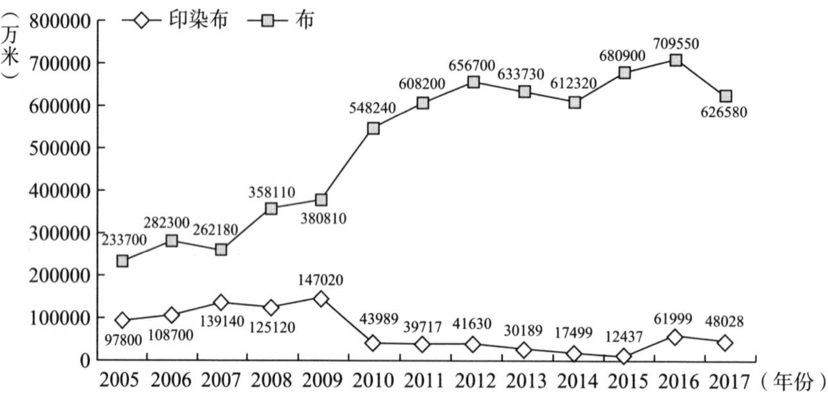

河北省印染布和布产量

河北省服装产量同样增长明显，2017 年产服装 63182 万件，比 2016 年增长 4.8%，是 2005 年 29402 万件的 2.15 倍，而且总体上比天津市服装产量高一个数量级。

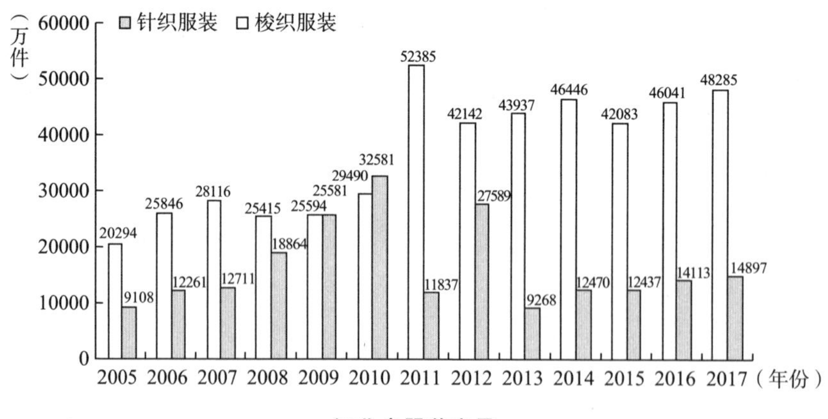

河北省服装产量

2. 纺织服装工业主要经济技术指标

纺织服装规模以上企业主营业务收入由 2005 年 95.27 亿元，增长到 2016 年 435.01 亿元，增长 357%，利润额则由 2005 年 5.97 亿元增长到 2016 年 29.37 亿元。

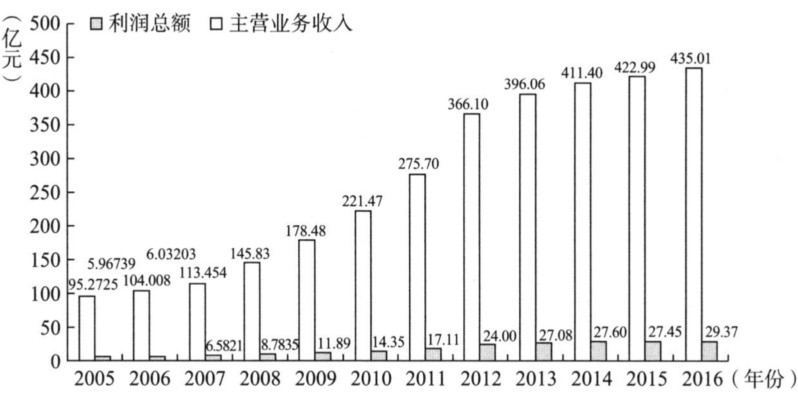

河北省服装行业经济指标

多年利润率则稳定在6%左右，规模以上纺织行业从业人员规模基本维持在30万人上下。

河北省纺织服装业利润率和从业人数

年份	2005	2006	2007	2008	2009	2010	2011	2012	2013	2014
纺织服装行业利润率（%）	6. 26	5. 80	5. 80	6. 02	6. 09	5. 60	6. 13	6. 24	6. 86	6. 78
规模以上纺织服装企业年平均用工人数（人）	334249	336923	312772	317321	296653	294661	290511	298922	—	—

资料来源：2006—2015年《河北省统计年鉴》。

附录 4　数据整理表格（第七章）

2012 年数据

2012 年纺织服装产业发展相关指标

省份	从业人数（人）	资产合计（万元）	产业总产值（万元）	企业数量（个）	利润率（%）	销售收入（万元）	市场占有率（%）	利润（万元）	资金利税率（%）	高校人数（人）	公路长度（公里）
北京	67728	3440637	2225554	232	0.0670	2648961	0.0046	177461	0.0815	591243	21492
天津	125144	4290105	3741837	240	0.0339	3801692	0.0066	128689	0.0604	473114	15391
河北	298922	7643517	18970542	1003	0.0644	19005735	0.0332	1223605	0.2064	1168796	163045
山西	27522	968450	849637	57	0.0231	787712	0.0014	18195	0.0389	637330	137771
内蒙古	45884	3934391	4931344	194	0.0728	4870506	0.0085	354717	0.1028	391434	163763
辽宁	197895	4857930	12790189	889	0.0463	12096283	0.0211	559488	0.1579	934078	105562
吉林	55944	1756130	2680314	111	0.0155	2541319	0.0044	39426	0.0418	578953	93208
黑龙江	26630	912855	817430	68	0.0189	740043	0.0013	13985	0.0390	704538	159063

续表

省份	从业人数（人）	资产合计（万元）	产业总产值（万元）	企业数量（个）	利润率（%）	销售收入（万元）	市场占有率（%）	利润（万元）	资金利税率（%）	高校人数（人）	公路长度（公里）
上海	196007	8379804	8290356	901	0.0577	8695268	0.0152	501759	0.0919	506596	12541
江苏	1898804	80250298	123941483	8457	0.0506	121625584	0.2125	6152172	0.1186	1671173	154118
浙江	1555491	91795207	102570357	7399	0.0424	99663251	0.1741	4226302	0.0712	932292	113550
安徽	315899	8130027	13568024	1316	0.0533	13833520	0.0242	736999	0.1244	1023033	165157
福建	632883	24972343	34962071	2041	0.0735	33835128	0.0591	2486565	0.1277	701392	94661
江西	224368	5306635	14036004	774	0.0640	15468427	0.0270	989533	0.2640	851119	150595
山东	1304173	43730570	98914244	4271	0.0599	100771921	0.1760	6038030	0.1991	1658490	244586
河南	509361	16235883	26277531	1514	0.0722	26946381	0.0471	1946496	0.1550	1559025	249649
湖北	442652	10596988	24373033	1359	0.0431	23740722	0.0415	1022778	0.1447	1386086	218151
湖南	151127	3568297	7959420	458	0.0310	7660077	0.0134	237756	0.1345	1082235	234040
广东	1447557	28198569	52795321	4775	0.0425	50661311	0.0885	2151445	0.1098	1616838	194943
广西	67004	1422393	3011207	196	0.0525	2816417	0.0049	147899	0.1497	629243	107906
海南	5631	192805	142148	7	0.0340	137050	0.0002	4654	0.0493	168270	24265
重庆	49166	1034983	2553660	212	0.0616	2475923	0.0043	152622	0.2256	623605	120728
四川	198340	5810188	11015743	534	0.0540	10871716	0.0190	586940	0.1715	1223680	293499
贵州	4663	100310	79853	13	-0.0093	86946	0.0002	-810	0.0046	383815	164542
云南	9833	583527	350043	27	0.1335	377620	0.0007	50426	0.1056	512178	219052
西藏	139	9523	9389	2	0.0647	9590	0.0000	620	0.0676	33452	65198
陕西	73241	1483506	2321136	155	0.0881	2189265	0.0038	192926	0.1764	1026254	161411
甘肃	8413	260270	322265	31	0.0239	276864	0.0005	6615	0.0376	431069	131201

续表

省份	从业人数（人）	资产合计（万元）	产业总产值（万元）	企业数量（个）	利润率（%）	销售收入（万元）	市场占有率（%）	利润（万元）	资金利税率（%）	高校人数（人）	公路长度（公里）
青海	6558	309408	349422	15	0.0349	315251	0.0006	10993	0.0430	48668	65988
宁夏	10956	2106878	1105132	51	0.0978	1175741	0.0021	115026	0.0597	96440	26522
新疆	49235	3280007	2145086	104	0.0038	2347210	0.0041	9027	0.0181	268716	165909

资料来源：《2013 年中国纺织工业发展报告》《2013 年中国统计年鉴》。

2012 年纺织服装产业发展相关指标

省份	人口数（人）	建设用地（平方千米）	产业总产值增长率（%）	企业数增长率（%）	从业人员增长率（%）	资产总计增长率（%）	产品销售收入增长率（%）	R&D 人员（人）	R&D 经费（万元）	技术成交额（万元）
北京	2069.30	33.8	-0.0356	0.0498	-0.0569	0.1058	-0.0468	53509.8	1973442.3	24585033.62
天津	1413.15	36.8	0.1689	-0.0204	0.0310	0.2200	0.1983	60681.4	2558684.6	2323275.31
河北	7287.51	179.4	0.1798	0.0142	0.0131	0.1926	0.1926	55979.2	1980850.3	378178.10
山西	3610.83	86.9	-0.0342	0.0000	-0.0185	0.0501	-0.1600	31541.6	1069589.7	306087.66
内蒙古	2489.85	149.2	0.1182	-0.1142	-0.0401	0.1347	0.0739	21508.8	858476.8	1060961.77
辽宁	4389.00	139.9	0.1647	-0.0522	-0.0232	0.1507	0.1499	52063.5	2894568.8	2306647.88
吉林	2750.40	106.5	0.0488	0.0000	0.1529	0.0849	0.0949	24364.6	604325.7	251179.83
黑龙江	3834.00	149.2	0.3363	0.1930	0.1320	0.3070	0.2987	36255.8	906170.1	1004473.42
上海	2380.43	25.4	-0.0636	-0.0110	-0.0721	0.0103	-0.0655	82354.8	3715074.5	5187473.24
江苏	7919.98	193.4	0.0997	0.0219	-0.0105	0.1044	0.0850	342262.4	10803107.2	4009140.76
浙江	5477.00	104.9	0.0584	0.0686	-0.0406	0.0793	0.0335	228617.8	5886071.2	813078.61
安徽	5988.00	166.2	0.2068	0.2163	0.0803	0.2139	0.2348	73355.7	2089813.8	861592.07

续表

省份	人口数（人）	建设用地（平方千米）	产业总产值增长率（%）	企业数增长率（%）	从业人员增长率（%）	资产总计增长率（%）	产品销售收入增长率（%）	R&D 人员（人）	R&D 经费（万元）	技术成交额（万元）
福建	3748.00	64.7	0.1843	0.1245	0.0354	0.1877	0.1722	90279.6	2381656.2	500919.86
江西	4503.93	95.4	0.2506	0.1283	0.0299	0.2660	0.4026	23877.4	925984.5	397796.15
山东	9684.97	251.1	0.1416	0.0176	-0.0087	0.1299	0.1494	204397.8	9056006.8	1400152.98
河南	9406.00	218.7	0.1545	0.0602	0.0254	0.2297	0.1515	102846.4	2489651.0	399434.74
湖北	5779.00	140.0	0.2496	0.1004	0.0587	0.2216	0.3031	77086.9	2633099.2	1963922.46
湖南	6638.93	139.0	0.0944	-0.0235	0.0305	0.1074	0.0938	69784.2	2290876.8	422419.76
广东	10594.00	179.0	0.1326	-0.0019	-0.0622	0.0177	0.0716	424563.2	10778634.0	3649383.57
广西	4682.00	95.4	0.2066	0.0316	0.0747	0.3564	0.2405	20844.7	702225.1	25238.28
海南	886.55	29.8	0.1579	-0.2222	-0.0689	0.4273	0.1348	2767.2	78092.8	5666.14
重庆	2945.00	59.3	0.1418	0.0600	-0.0027	0.1285	0.1311	31576.8	1171045.0	540187.88
四川	8076.20	160.3	0.1576	0.0920	0.0698	0.1418	0.1033	50533.0	1422310.4	1112437.99
贵州	3484.07	55.7	-0.1677	0.0833	-0.2127	0.5119	-0.1927	12135.1	315078.7	96742.77
云南	4659.00	81.6	0.2914	0.3500	0.1823	0.1581	0.3604	12321.2	384430.4	454778.53
西藏	307.62	6.7	-0.1886	0.0000	-0.4280	-0.0320	-0.2135	77.7	5311.8	
陕西	3753.09	81.7	0.2167	0.1232	-0.0304	0.1514	0.2205	36728.4	1192770.2	3348152.62
甘肃	2577.55	97.7	0.1878	-0.0882	-0.4404	-0.4805	0.0100	11445.0	337784.9	730619.02
青海	573.17	32.7	0.4912	0.2500	0.0433	0.2896	0.5159	2020.3	84196.5	192989.19
宁夏	647.19	21.2	0.0250	0.1333	0.0345	0.2737	0.1080	4196.4	143696.4	29135.47
新疆	2232.78	124.0	-0.0751	0.0833	-0.0376	0.0097	-0.0840	6202.1	273424.7	53852.63

资料来源：《2013 年中国纺织工业发展报告》《2013 年中国统计年鉴》。

2010 年数据

2010 年纺织服装产业发展相关指标

省份	从业人数（人）	资产合计（万元）	产业总产值（万元）	企业数量（个）	市场占有率（%）	利润（万元）	利润率（%）	全员劳动生产率（%）	资金利税率（%）	高校人数（人）
北京	70977	2690217	1822344	456	0. 0051	120823	0. 0565	25. 68	0. 0731	587106
天津	111209	2726755	2458735	436	0. 0060	120209	0. 0476	22. 11	0. 0719	429224
河北	253357	4908468	11893425	1145	0. 0278	650247	0. 0554	46. 94	0. 1756	1105118
山西	28632	799081	739110	81	0. 0018	867	0. 0011	25. 81	0. 0242	562924
内蒙古	50265	3187622	4479708	283	0. 0103	240072	0. 0552	89. 12	0. 0903	371388
辽宁	201083	4030328	8924227	1448	0. 0200	321306	0. 0380	44. 38	0. 1168	880247
吉林	44213	1542253	2083940	139	0. 0042	54396	0. 0305	47. 13	0. 0506	544392
黑龙江	19913	437747	431598	85	0. 0009	10684	0. 0267	21. 67	0. 0524	719117
上海	231043	8613466	8324861	1982	0. 0205	659937	0. 0764	36. 03	0. 1050	515661
江苏	1866880	62150705	95691852	13211	0. 2253	5312366	0. 0559	51. 26	0. 1269	1649430
浙江	1598131	72159543	79618993	13365	0. 1876	4513059	0. 0571	49. 82	0. 0889	884867
安徽	226045	4948036	7321689	1607	0. 0163	298228	0. 0435	32. 39	0. 0822	938954
福建	597208	17088884	25324382	2687	0. 0577	1491822	0. 0613	42. 40	0. 1120	647774
江西	202950	3441109	7776462	843	0. 0184	453115	0. 0584	38. 32	0. 1903	816484
山东	1264818	34873340	71759928	5677	0. 1697	4564882	0. 0638	56. 74	0. 1894	1631373
河南	397521	9640518	17968085	1453	0. 0424	1550815	0. 0868	45. 20	0. 2112	1456730

续表

省份	从业人数（人）	资产合计（万元）	产业总产值（万元）	企业数量（个）	市场占有率（%）	利润（万元）	利润率（%）	全员劳动生产率（%）	资金利税率（%）	高校人数（人）
湖北	353793	7350610	12775729	1741	0.0282	493287	0.0414	36.11	0.1037	1296920
湖南	158396	2649952	6292946	507	0.0142	175578	0.0293	39.73	0.1223	1047241
广东	1599117	25465424	49341690	6659	0.1042	1554063	0.0354	30.86	0.0912	1426624
广西	51338	832973	1497741	240	0.0033	75435	0.0550	29.17	0.1185	567516
海南	6720	192774	187093	11	0.0005	8548	0.0436	27.84	0.0596	150806
重庆	43814	795262	1857502	315	0.0044	77787	0.0424	42.40	0.1301	522719
四川	173717	4120390	8156424	553	0.0189	373106	0.0469	46.95	0.1573	1086215
贵州	5806	67420	79357	17	0.0002	1756	0.0232	13.67	0.0480	323293
云南	7962	419139	249001	33	0.0006	41519	0.1736	31.27	0.1252	439042
西藏	194	6862	7547	3	0.0000	220	0.0595	38.90	0.0442	31109
陕西	69182	1128321	1494404	174	0.0033	81097	0.0577	21.60	0.0999	927769
甘肃	24767	702554	242662	44	0.0007	1765	0.0059	9.80	0.0088	381526
青海	5886	191393	190445	14	0.0004	6584	0.0368	32.36	0.0403	44994
宁夏	10058	1293455	913313	49	0.0020	78676	0.0948	90.80	0.0695	80206
新疆	49505	2638964	2032972	133	0.0053	142383	0.0642	41.07	0.0791	251160

资料来源：《2011年中国纺织业发展报告》《2011年中国统计年鉴》。

2010 年纺织服装产业发展相关指标

省份	铁路长度（公里）	公路长度（公里）	人口数（万人）	建设用地（平方千米）	产品销售增长率（%）	产业总产值增长率（%）	企业数增长率（%）	从业人员增长率（%）	资产总计增长率（%）	有效专利数（个）	研发人员（人）	研发费用（万元）	技术成交额（万元）
北京	1169.41	21114	1962	33.8	0.2393	0.2096	-0.1076	-0.2483	0.1566	3919	29225	1061357	15795367.22
天津	781.46	14832	1299	36.8	0.2202	0.2760	-0.0723	-0.0780	0.2896	3053	28164	1392212	1193390.03
河北	4916.41	154344	7194	179.4	0.4409	0.4267	0.0306	-0.1206	0.3057	1218	37814	1078941	192930.91
山西	3752.35	131644	3574	86.9	1.0097	0.9594	0.0658	-0.0730	0.1542	1126	29998	675657	184910.51
内蒙古	8947.11	157994	2472	149.2	0.4326	0.3424	0.0969	-0.1024	0.0878	405	14363	474299	271464.44
辽宁	4278.62	101545	4375	139.9	0.1706	0.0646	0.0313	-0.2470	0.0475	2111	44424	1913437	1306811.47
吉林	4024.44	90437	2747	106.5	0.4353	0.3810	0.0775	-0.1049	0.0496	519	19411	355405	188089.78
黑龙江	5785.00	151945	3833	149.2	0.1950	0.1267	-0.0230	-0.2035	0.5955	1387	32467	728451	529122.92
上海	422.41	11974	2303	25.4	0.1779	0.1059	-0.0369	-0.2970	-0.0371	7080	57346	2377472	4314373.77
江苏	1921.22	150307	7869	193.4	0.2428	0.2201	0.0362	-0.1161	0.1691	11271	201161	5513458	2493405.69
浙江	1774.64	110177	5447	104.9	0.2304	0.2249	0.0630	-0.1608	0.1786	6924	116965	2723447	603477.84
安徽	2849.85	149382	5957	166.2	0.5701	0.5075	0.2704	-0.0827	0.3535	2536	34167	1040238	461469.75
福建	2111.42	91015	3693	64.7	0.3312	0.3414	0.0480	-0.0502	0.2304	1850	44062	1161171	356568.80
江西	2834.54	140597	4462	95.4	0.4388	0.4084	0.1857	0.0442	0.2181	462	18561	589366	230479.09
山东	3833.43	229859	9588	251.1	0.2553	0.2361	0.0257	-0.0931	0.1098	6297	119921	5269241	1006768.98
河南	4281.97	245089	9405	218.7	0.5100	0.5585	0.0715	0.0692	0.3696	2186	67982	1485875	272002.17
湖北	3360.27	206211	5728	140.0	0.4742	0.4403	0.0902	-0.0755	0.1801	2864	47806	1429050	907218.41
湖南	3695.11	227998	6570	139.0	0.5259	0.4994	0.0389	0.0879	0.2160	7739	35206	1137692	400939.85
广东	2726.95	190144	10441	179.0	0.3163	0.3547	0.0207	-0.0563	0.0881	41392	258943	6268811	2358948.63

续表

省份	铁路长度（公里）	公路长度（公里）	人口数（万人）	建设用地（平方千米）	产品销售增长率（%）	产业总产值增长率（%）	企业数增长率（%）	从业人员增长率（%）	资产总计增长率（%）	有效专利数（个）	研发人员（人）	研发费用（万元）	技术成交额（万元）
广西	3205. 00	101782	4610	95. 4	0. 7734	0. 6475	0. 0811	-0. 1079	0. 2589	684	11895	358915	41361. 65
海南	693. 75	21236	869	29. 8	0. 5642	0. 5540	-0. 0833	-0. 0580	-0. 2993	203	862	18334	32650. 96
重庆	1396. 25	116949	2885	59. 3	0. 3139	0. 2983	0. 0938	-0. 1344	0. 1532	1858	21662	672418	794409. 80
四川	3549. 17	266082	8045	160. 3	0. 5231	0. 4456	0. 0203	0. 0392	0. 2350	2236	34600	809767	547393. 13
贵州	2001. 92	151644	3479	55. 7	0. 4561	0. 3075	0. 1333	-0. 0901	-0. 0159	757	8633	217791	77190. 76
云南	2473. 41	209231	4602	81. 6	0. 1071	0. 1854	0. 0645	-0. 3391	0. 2022	719	7589	180687	108826. 78
西藏	531. 55	60810	300	6. 7	0. 8344	0. 7576	0. 5000	-0. 1222	0. 4328	60	19	1162	9975. 67
陕西	4079. 00	147461	3735	81. 7	0. 5339	0. 4625	0. 0419	-0. 0464	0. 1419	1386	27812	710176	1024140. 22
甘肃	2441. 36	118879	2560	97. 7	0. 3302	0. 1034	0. 0000	-0. 0996	-0. 2868	348	8673	208652	430845. 03
青海	1863. 29	62185	563	32. 7	0. 0311	0. 0632	0. 0769	-0. 1344	0. 2536	58	1842	60210	114050. 79
宁夏	1248. 39	22518	633	21. 2	0. 3582	0. 4460	0. 3611	-0. 0163	0. 2788	150	2363	73020	9971. 98
新疆	4228. 84	152843	2185	124. 0	0. 7045	0. 5537	0. 0640	-0. 0157	0. 2310	336	5970	167254	45187. 70

资料来源：《2011 年中国统计年鉴》。

附录5 因子分析过程中的相关表格（第七章）

纺织服装产业发展相关指标相关系数矩阵

	从业人数	产业总产值	资产合计	企业数量	销售收入	市场占有率	利润	资金利税率	公路长度	人口数	建设用地	产业总产值增长率	从业人员增长率	产品销售收入增长率	技术成交额	高校在校生人数	人均技术销售额	利润率	技术销售与研发费用
从业人数	1.000	.969	.931	.982	.966	.966	.930	.201	.260	.660	.537	.007	.048	-.016	.048	.698	-.174	.027	-.174
产业总产值	.969	1.000	.958	.971	1.000	1.000	.979	.226	.255	.608	.541	.002	.049	-.009	.021	.659	-.176	.043	-.178
资产合计	.931	.958	1.000	.972	.953	.953	.901	.100	.139	.479	.396	-.049	.030	-.063	.032	.528	-.147	.022	-.148
企业数量	.982	.971	.972	1.000	.966	.966	.913	.155	.192	.582	.474	-.020	.030	-.040	.049	.629	-.163	.018	-.163
销售收入	.966	1.000	.953	.966	1.000	1.000	.983	.235	.259	.611	.547	.002	.050	-.005	.022	.662	-.174	.047	-.176
市场占有率	.966	1.000	.953	.966	1.000	1.000	.983	.235	.259	.611	.547	.002	.050	-.005	.022	.662	-.174	.047	-.176
利润	.930	.979	.901	.913	.983	.983	1.000	.300	.284	.627	.577	.026	.064	.024	.015	.677	-.173	.105	-.175
资金利税率	.201	.226	.100	.155	.235	.235	.300	1.000	.408	.523	.414	.336	.280	.424	-.028	.582	-.094	.487	-.100

续表

	从业人数	产业总产值	资产合计	企业数量	销售收入	市场占有率	利润	资金利税率	公路长度	人口数	建设用地	产业总产值增长率	从业人员增长率	产品销售收入增长率	技术成交额	高校在校生人数	人均技术销售额	利润率	技术销售与研发费用
公路长度	.260	.255	.139	.192	.259	.259	.284	.408	1.000	.774	.780	.214	.221	.155	-.289	.670	-.324	.048	-.294
人口数	.660	.608	.479	.582	.611	.611	.627	.523	.774	1.000	.868	.176	.265	.136	-.063	.940	-.245	.089	-.230
建设用地	.537	.541	.396	.474	.547	.547	.577	.414	.780	.868	1.000	.238	.275	.169	-.157	.834	-.278	-.040	-.264
产业总产值增长率	.007	.002	-.049	-.020	.002	.002	.026	.336	.214	.176	.238	1.000	.503	.940	-.203	.201	-.067	.229	-.059
从业人员增长率	.048	.049	.030	.030	.050	.050	.064	.280	.221	.265	.275	.503	1.000	.627	-.052	.276	-.073	.236	-.080
产品销售收入增长率	-.016	-.009	-.063	-.040	-.005	-.005	.024	.424	.155	.136	.169	.940	.627	1.000	-.190	.172	-.075	.335	-.077
技术成交额	.048	.021	.032	.049	.022	.022	.015	-.028	-.289	-.063	-.157	-.203	-.052	-.190	1.000	.064	.943	.131	.939
高校在校生人数	.698	.659	.528	.629	.662	.662	.677	.582	.670	.940	.834	.201	.276	.172	.064	1.000	-.135	.094	-.122
人均技术销售额	-.174	-.176	-.147	-.163	-.174	-.174	-.173	-.094	-.324	-.245	-.278	-.067	-.073	-.075	.943	-.135	1.000	.140	.997
利润率	.027	.043	.022	.018	.047	.047	.105	.487	.048	.089	-.040	.229	.236	.335	.131	.094	.140	1.000	.141
技术销售与研发费用比	-.174	-.178	-.148	-.163	-.176	-.176	-.175	-.100	-.294	-.230	-.264	-.059	-.080	-.077	.939	-.122	.997	.141	1.000

资料来源：作者根据公开资料整理。

附录6　因子载荷矩阵（第七章）

旋转成分矩阵*

	成分				
	1	2	3	4	5
产业总产值	.974	.204	-.044	-.001	.034
资产合计	.974	.053	-.036	-.026	-.014
企业数量	.973	.151	-.028	-.017	-.008
销售收入	.971	.210	-.043	-.001	.041
市场占有率	.971	.211	-.043	-.001	.041
从业人数	.953	.239	-.027	-.004	.006
利润	.936	.245	-.044	.011	.110
公路长度	.053	.884	-.222	.095	.049
建设用地	.370	.843	-.123	.167	-.059
人口数	.453	.843	-.068	.099	.110
高校在校生人数	.520	.787	.051	.140	.136
技术成交额	.077	-.041	.978	-.120	.051
人均技术销售额	-.113	-.141	.977	-.013	.030
技术销售与研发费用比	-.118	-.119	.977	-.014	.024
产品销售收入增长率	-.029	.035	-.078	.949	.218
产业总产值增长率	-.025	.097	-.067	.922	.090
从业人员增长率	.014	.198	.000	.746	.061
利润率	.035	-.064	.114	.188	.901
资金利税率	.100	.477	-.035	.243	.705

*旋转在5次迭代后收敛。

注：提取方法为主成分。

旋转法为具有 Kaiser 标准化的正交旋转法。

资料来源：作者根据公开资料整理。

2010年旋转成分矩阵*a*

	成分				
	1	2	3	4	5
资产合计	.978	.086	-.040	-.093	.026
企业数量	.973	.102	-.028	-.110	-.009
市场占有率	.965	.232	-.034	-.086	.026
销售收入	.965	.232	-.034	-.086	.026
产业总产值	.964	.240	-.036	-.085	.017
利润	.945	.230	-.035	-.081	.089
从业人数	.937	.264	-.024	-.083	-.030
人口数	.414	.867	-.111	.054	.019
建设用地	.321	.850	-.205	.018	-.100
公路长度	.051	.843	-.259	.152	.045
高校人数	.491	.829	.004	-.011	-.053
资金利税率	.160	.717	-.069	.014	.515
技术研发费用比	-.108	-.224	.956	-.019	-.005
技术研发人员	-.080	-.271	.905	.103	.054
技术成交额	.056	.022	.882	-.283	-.049
产业总产值增长率	-.143	.001	-.008	.965	.039
产品销售增长率	-.199	-.007	.002	.936	-.118
从业人员增长率	-.031	.316	-.291	.642	-.195
利润率	.022	.022	.014	-.167	.960

*旋转在5次迭代后收敛。

注：提取方法为主成分。

旋转法为具有Kaiser标准化的正交旋转法。

资料来源：作者根据公开资料整理。

附录7　成分得分系数矩阵（第七章）

2012 年成分得分系数矩阵

	成分				
	1	2	3	4	5
从业人数	.154	-.031	.015	-.035	.014
资产合计	.185	-.112	.030	-.018	-.099
产业总产值	.166	-.060	.012	.001	-.075
企业数量	.169	-.068	.019	-.029	-.026
市场占有率	.165	-.059	.012	.005	-.075
全员劳动生产率	.038	-.074	-.146	.408	-.362
利润	.153	-.050	.009	.042	-.079
资金利税率	-.056	.107	-.007	.350	.123
铁路长度	-.084	.229	-.085	.008	-.245
公路长度	-.068	.283	.000	-.073	.002
人口数	-.003	.228	.004	-.038	.139
建设用地	-.014	.252	-.047	-.054	-.066
产业总产值增长率	-.007	.021	.268	.024	-.025
企业数增长率	.015	-.063	.342	.010	.098
从业人员增长率	.017	-.001	.359	-.034	-.014
资产总计增长率	.055	-.106	.351	-.139	-.145
有效专利数	.063	.062	-.035	-.082	.293
技术成交额	-.045	.011	-.075	.140	.521
高校在校生人数	.004	.208	-.003	.000	.183
利润率	-.025	-.084	.042	.510	.160

注：提取方法为主成分。

旋转法为具有 Kaiser 标准化的正交旋转法。

构成得分。

资料来源：作者根据公开资料整理。

2010 年成分得分系数矩阵

	成分				
	1	2	3	4	5
从业人数	.145	-.023	.010	.021	-.038
资产合计	.179	-.106	-.021	.041	.025
产业总产值	.155	-.042	.001	.030	.005
企业数量	.174	-.093	-.014	.027	-.009
利润	.155	-.050	-.001	.040	.065
高校人数	-.021	.264	.101	-.036	-.107
公路长度	-.093	.277	.002	-.001	-.008
人口数	-.033	.264	.060	-.012	-.041
建设用地	-.055	.272	.020	-.057	-.143
产业总产值增长率	.063	-.066	.046	.458	.154
利润率	.006	-.061	-.022	.044	.779
市场占有率	.156	-.046	.000	.031	.012
技术成交额	-.028	.139	.362	-.095	-.099
技术研发费用比	-.001	.049	.377	.048	-.012
技术研发人员	.025	.004	.354	.118	.059
产品销售增长率	.046	-.044	.052	.420	.019
资金利税率	-.057	.206	.047	.024	.375
从业人员增长率	.007	.055	-.046	.241	-.101
销售收入	.156	-.046	.000	.031	.012

注：提取方法为主成分。

旋转法为具有 Kaiser 标准化的正交旋转法。

构成得分。

资料来源：作者根据公开资料整理。

参考文献

[1] 北京日报，[2014－05－12]. 京津冀打造"京东旅游圈"进一步发挥辐射带动效应［EB/OL］. http://bj. people. com. cn/n/2014/0512/c233080－21187292. html.

[2] 卞向阳，2010. 靠前时尚中心城市案例［M］. 上海：上海人民出版社.

[3] 卞向阳，张旻，2008. 20 世纪意大利服装业的演进［J］. 东华大学学报（自然科学版），(4)：416－421、433.

[4] 曹璐，2012. 从路易十四谈品牌建设［J］. 决策，(5)：108－109.

[5] 曹世功，[2007－10－10]. 韩国采取措施推进服装产业升级. http://finance. stockstar. com/ JL 2007 101 000 182236. shtml.

[6] 曹学军，2016. 纺织行业的未来规划和发展前景［J］. 中国棉麻产业经济研究，(4)：14－17.

[7] 常纪文，汤方晴，2014. 京津冀一体化发展的环境法治保障措施［J］. 环境保护，42（17)：26－29.

[8] 陈冰青，2015. 我国服装加工企业对外投资环境的评价研究——以亚洲四国为例［D］. 上海：东华大学.

[9] 陈菲琼，钟芳芳，2013. 中国对外直接投资与技术创新研究［J］. 浙江大学学报，(4)：170－180.

[10] 陈桂玲，2006. 北京服装产业定位及其依据［J］. 纺织学报，(4)：117－121.

[11] 陈建军，2002. 产业区域转移与东扩西进战略［M］. 北京：中华书局.

[12] 陈建军，2002. 中国现阶段产业区域转移的实证研究——结合浙江 105 家企业的问卷调查报告的分析［J］. 管理世界，(6)：64－74.

[13] 陈璐，[2017-04-07]. 深刻认识规划建设雄安新区重大意义 [N]. 河北日报数字报.

[14] 陈琦，[2015-04-03]. 伦敦：金融服务和文化积淀滋养创意产业 [N]. 文汇报，(007).

[15] 陈蓉芳，2006. 韩国纺织服装业竞争力分析 [J]. 南通纺织职业技术学院学报，(1)：69-73.

[16] 陈诗波，王书华，冶小梅，唐文豪，2015. 京津冀城市群科技协同创新研究 [J]. 中国科技论坛，(7)：63-68.

[17] 陈士昂，2009. 纺织服装业转型需要信息化升级辅佐 [J]. 中国制衣，(5)：82-83.

[18] 陈文玲，颜少君，2015. 把握“新常态”：2014-2015 年全球经济形势分析与展望 [J]. 南京社会科学，(1)：37-45、53.

[19] 陈晓燕，[2015-11-02]. 浅析我国纺织服装产业的转移路径 [N]. 期货日报，(003).

[20] 陈秀山，左言庆，2014. 多区域多行业竞争中的空间经济集聚与分散动力机制研究 [J]. 西南民族大学学报（人文社会科学版），35 (1)：112-119.

[21] 陈耀，2017. 基于京津冀协同发展的雄安新区产业定位思考 [J]. 贵州省党校学报，(4)：34-39.

[22] 陈叶军，[2014-04-25]. 京津冀一体化破题关键在平等协同发展 [N]. 中国社会科学报，(A01).

[23] 陈叶军，[2018-1-30]. 推进京津冀产业分工布局优化. 中国社会科学网. http://www.cssn.cn/dybg/gqdy_gqcj/201406t20406041196944.shtml.

[24] 陈甬军，2017. 雄安新区：实现南北平衡的突破口 [J]. 党政研究，(4)：51-53.

[25] 陈宇红，2005. 我国企业海外投资的问题与对策研究 [J]. 兰州交通大学学报，(5)：79-82.

[26] 成秀光，刘国联，匡才远，2007. 自主品牌蓬勃发展的韩国服装业 [J]. 中国服饰，(1)：50-52.

[27] 程世东，2015. 京津冀交通一体化 [J]. 综合运输，(1)：38－41.

[28] 赤松要，1956. 我国产业发展的雁行形态——以机械仪表工业为例 [M]. 北京一桥论丛，36 (5).

[29] 崔亚浩，2015. 基于全产业链的纺织企业"走出去"战略研究 [D]. 中原工学院.

[30] 戴宏伟，2003. 区域产业转移研究——以"大北京"经济圈为例 [M]. 中国物价出版社.

[31] 丁焕峰，2006. 技术扩散与产业结构优化的理论关系分析 [J]. 工业技术经济，(5)：95－9.

[32] 丁聚红，2013. 拿什么文化融合城市群？[J]. 文化月刊（下旬刊），(8)：60－61.

[33] 丁俊发，[2014－05－30]. 京津冀物流一体化要有六大突破 [N]. 现代物流报，(A08).

[34] 董小麟，2017. 降低电信资费 纵深推进供给侧改革 [J]. 发展改革理论与实践，(5)：4－7.

[35] 方创琳，杨俊宴，匡文慧，2017. 京津冀协同发展中推进雄安新区"多规合一"的基本策略与建议 [J]. 中国科学院院刊，32 (11)：1192－1198.

[36] 方大春，裴梦迪，2018. 雄安新区建设后京津冀城市群空间特征研究 [J]. 当代经济管理，40 (4)：60－65.

[37] 冯邦彦，2009. 广东省区际产业转移影响因素的实证研究 [J]. 广东工业大学学报（社会科学版），(2)：39－44.

[38] 服装时报，[2008－01－08]. 山东如意邱亚夫：干实业贵在实 [N].

[39] 付娟，2011. 我国外商直接投资的服务贸易发展效应研究 [D]. 辽宁：辽宁大学.

[40] 高富强，2014. 京津冀一体化下区域产业发展方向 [J]. 中国房地产（市场版），(8)：29－30.

[41] 龚刚，2016. 论新常态下的供给侧改革 [J]. 南开学报（哲学社会科学版），(2)：13－20.

[42] 谷国锋，2005. 区域经济发展的动力系统研究 [D]. 长春：东北师范大学.

[43] 郭嘉沂，2016. 特朗普交易逻辑 [J]. 二十一世纪商业评论，(12)：30－31.

[44] 郭燕，2011. 生产要素在我国纺织产业升级中的作用 [J]. 纺织导报，(11)：35－38.

[45] 郭治安，沈小峰，1991. 协同论 [M]. 太原：山西经济出版社.

[46] 韩晶，刘俊博，酒二科，2015. 北京融入国家“一带一路”战略的定位与对策研究 [J]. 城市观察，(6)：47－50.

[47] 郝杰，刘耀中，2015. 机遇大于挑战到埃塞俄比亚去 [J]. 纺织服装周刊，(17)：16－17.

[48] 郝杰，2008. 中国纺织业在转移中实现升级 [J]. 纺织服装周刊，(17)：18.

[49] 何海军，杜丽菲，郭小兰，高士超，2008. 京津冀经济一体化过程中的问题分析 [J]. 北方经济，(14)：57－59.

[50] 洪俊杰，2017. 职业院校高技能人才培养研究 [D]. 宁波：宁波大学.

[51] 侯欢真，[2011－10－12]. 山东如意：创新驱动的发展之路 [N]. 中国工业报.

[52] 胡丹婷，汪佩霞，2007. 全球价值链下的中国服装产业升级 [J]. 纺织学报，12：131－134.

[53] 胡剑光，2006. 巴黎高级时装业的发展和演变 [J]. 黑龙江纺织，(2)：20－22.

[54] 胡俊文，2004. 国际产业转移的理论依据及变化趋势：对国际产业转移过程中比较优势动态变化规律的探讨 [J]. 国际经贸探索，20 (3)：15－19.

[55] 胡洛燕，蔡海霞，2009. 河南省承接现代服装产业转移研究 [J]. 决策探索月刊，(2)：29－30.

[56] 华珊，郭宏钧，2012. 我国纺织产业转移的特点和影响因素分析 [J]. 纺织导报，(10)：16、18、20－22.

[57] 惠宁，2012. 产业经济学 [M]. 北京：北京高等教育出版社.

[58] 霍春辉，[2016－02－17]. 供给侧改革的主线意识 [N]. 光明日报，(015).

[59] 贾广森，2010. 产业转移效应评价及其区域政策取向［D］. 金华：浙江师范大学.

[60] 贾康，苏京春，2015. “三驾马车”认知框架需对接供给侧的结构性动力机制构建——关于宏观经济学的深化探讨［J］. 全球化，(3)：63－69、117、132.

[61] 江曼琦，2017. 从京津冀协同发展目标看雄安新区的定位与发展策略［J］. 经济与管理，(4)：9－9.

[62] 江世银，2010. 四川承接产业转移推动产业结构优化升级［M］. 北京：经济管理出版社.

[63] 姜立杰，黄际英，2001. 论20世纪七八十年代纽约市产业结构的转型［J］. 东北师大学报（哲学社会科学版），(2)：34－40。

[64] 蒋向利，2015. 解读“京津冀一体化”顶层设计 协同发展［J］. 中国科技产业，(8)：68－69.

[65] 蒋瑛，罗明志，2010. 西部地区承接国际汽车产业转移的路径探析——以四川汽车产业为例［J］. 贵州社会科学（8)：117－121.

[66] 井新燕，2008. 我国承接国际服务外包的经济效应分析［D］. 武汉：中南大学.

[67] 瞿翔，谢少安，2016. 经济新常态下我国纺织服装品牌发展的对策研究［J］. 中国商论，(9)：1－3.

[68] 寇冠彪，2016. 试论京津冀一体化区域经济发展的关键点［J］. 管理观察，(3)：24－26.

[69] 黎鹏，2003. 区域经济协同发展研究［M］. 北京：经济管理出版社.

[70] 李春生，2015. 京津冀协同发展中的产业结构调整研究［J］. 企业经济，(8)：141－145.

[71] 李飞，2016. 围绕国家发展战略的优化、落地发挥独特作用［J］. 中国人大，(4)：16－17.

[72] 李玫，［2010－5－25］. 山东如意科技集团低价收购日本RENOWN公司［N］. 第一财经日报.

[73] 李国平，2017. 京津冀产业协同发展的战略定位及空间格局［J］. 前线，(12)：92－95.

[74] 李国平，2000. 外商对华直接投资的产业与空间转移特征及其机制研究［J］. 地理科学，(4)：102-108.

[75] 李国庆，［2016-10-07］. 重塑京津冀城市群新格局［N］. 经济日报，(006).

[76] 李家玉，2005. 国际产业转移趋势与我国的对策［J］. 国际经济合作，(8)：16-18.

[77] 李婕，谢宁铃，［2018-01-30］. 纺织和服装行业专题：大数据时代之服饰行业的应用［J］. 腾讯网. http://new.qq.com/cmsn/20140920/20140920006411.

[78] 李军. 刘海云，2015. 生产率异质性还是多重异质性——我国出口企业竞争力来源的实证研究［J］. 南方经济（3）：1-23.

[79] 李兰冰，郭琪，吕程，2017. 雄安新区与京津冀世界级城市群建设［J］. 南开学报（哲学社会科学版），(4)：22-31.

[80] 李磊，张贵祥，2015. 京津冀城市群内城市发展质量［J］. 经济地理，35（5）：61-64、8.

[81] 李丽平，2015. 新常态下我国化工行业的发展趋势［J］. 上海化工，40（8）：42-46.

[82] 李培根，2016. 中国制造2025［J］. 广东科技，25（17）：16-19.

[83] 李鹏，张志斌，王芳，2017等. 河北纺织服装企业集群竞争力及产业转型升级的对策研究［J］. 毛纺科技，45（4）：75-78.

[84] 李晴，2015. 产业转移与技术创新的相互关系［J］. 商，(20)：275.

[85] 李群，2015. 政府与市场互动的战略性新兴产业培育模式研究——基于产业生命周期的视角［A］. 中国软科学研究会. 第十届中国软科学学术年会论文集［C］. 中国软科学研究会：6.

[86] 李少聪，2015. 低碳经济下京津冀发展路径研究［D］. 石家庄：河北经贸大学.

[87] 李守智，2005. 新形势下我国纺织企业“走出去”问题研究［D］. 成都：西南财经大学.

[88] 李书锋，2016. 京津冀经济包容性增长分析——基于产业转移驱动力的视角［J］. 中国流通经济，30（5）：93-98.

[89] 李晓慧，2016. 东方智慧成就如意之美 山东如意摘得中国工业设计领域最高“国家奖”[J]. 纺织服装周刊，(46)：10.

[90] 李秀伟，2015. 首都战略定位调整下的北京市产业空间规划转变 [A]. 中国城市规划学会、贵阳市人民政府. 新常态：传承与变革——2015 中国城市规划年会论文集（12 区域规划与城市经济）[C]. 中国城市规划学会、贵阳市人民政府：8.

[91] 李芫，[2013 - 10]. “四化” 推动如意腾飞 [N]. 中国纺织报.

[92] 李扬，张晓晶，2015. “新常态”：经济发展的逻辑与前景 [J]. 经济研究，50 (5)：4 - 19.

[93] 连玉明，[2018 - 12 - 20]. 京津冀协同发展呈现三大新趋势. http://www.jjckb.cn/2018 - 12/20/c_137687354.htm.

[94] 连玉明，2015. 京津冀协同发展的共赢之路 [M]. 北京：当代中国出版社.

[95] 连玉明，2014. 试论京津冀协同发展的顶层设计 [J]. 中国特色社会主义研究，(4)：107 - 112.

[96] 梁静波，2011. 我国纺织业境外投资的动因及现实基础 [J]. 经济导刊，(9)：50 - 51.

[97] 梁龙，2014. 创新服务：衡水工业新区样本 [J]. 中国纺织，(11)：38 - 41.

[98] 林超英，2010. 河北环京津区域发展研究 [J]. 合作经济与科技，(24)：10 - 11.

[99] 林风霞，2010. 后危机时代中国纺织服装产业转型升级的障碍、路径与对策探析 [J]. 纺织导报，(3)：13 - 8.

[100] 刘安国，2012. 京津冀区域产业结构调整与优化的研究 [A]. 北京市社会科学界联合会、天津市社会科学界联合会、河北省社会科学界联合会、山西省社会科学界联合会、内蒙古自治区社会科学联合会、北京市科学技术协会、天津市科学技术协会、河北省科学技术协会、山西省科学技术协会、内蒙古自治区科学技术协会. 2012 京津冀晋蒙区域协作论坛论文集 [C]. 北京市社会科学界联合会、天津市社会科学界联合会、河北省社会科学界联合会、山西省社会科学界联

合会、内蒙古自治区社会科学联合会、北京市科学技术协会、天津市科学技术协会、河北省科学技术协会、山西省科学技术协会、内蒙古自治区科学技术协会：9.

[101] 刘峰，2015. 全球制造业变革的前景与挑战——智能制造发展形势多重解析 [J]. 人民论坛·学术前沿，(11)：18 – 26.

[102] 刘花，2010. 珠三角中小纺织服装企业进军东南亚市场：现状、问题与对策 [D]. 广州：暨南大学.

[103] 刘慧，刘卫东，2017. "一带一路"建设与我国区域发展战略的关系研究 [J]. 中国科学院院刊，32 (4)：340 – 347.

[104] 刘君，2008. 传统与反叛——解读英国时装设计 [J]. 苏州大学学报(工科版)，28 (5)：51 – 52.

[105] 刘瑞，伍琴，2016. 借鉴国际经验打造我国世界级首都经济圈 [J]. 城市观察，(1)：36 – 44.

[106] 刘树林，2012. 产业经济学 [M]. 北京：清华大学出版社.

[107] 刘伟，郭平建，2008. 法国时装体系初探 [J]. 山西师大学报（社会科学版)，35 (S1)：131 – 133.

[108] 刘晓春，2010. 京津冀区域经济一体化研究 [J]. 唐山师范学院学报，32 (3)：102 – 104.

[109] 刘英基，2012. 中国区际产业转移的动因与协同效应研究 [D]. 天津：南开大学.

[110] 刘兆征，2016. 抢抓"一带一路"战略机遇　提高我省开放发展水平——中共山西省委十届七次全会《建议》学习体会 [J]. 前进，(1)：29 – 32.

[111] 卢安，宁俊，郝淑丽，2003. 北京服装产业：敢问路在何方 [J]. 中国服装，(5)：15 – 16.

[112] 卢根鑫，1997. 国际产业转移论 [M]. 上海：上海人民出版社.

[113] 卢根鑫，1994. 试论国际产业转移的经济动因及其效应 [J]. 上海社会科学院学术季刊，(4)：33 – 42.

[114] 卢坚胜，2014. 河北6城"内战"首都副中心　保定出局石家庄唐山入替 [EB/OL]. www. news. dichan. sina. com. cn/2014/05/26/1114930. html.

[115] 陆亚新，2016. 产业转移视角下我国纺织产业发展评价 [J]. 纺织导报，(10)：151－153.

[116] 陆亚新，2017. 基于因子分析的产业转移视角下我国纺织产业发展评价 [J]. 北京服装学院学报（自然科学版），37 (4)：54－60.

[117] 陆亚新，2017. 于因子分析的产业转移视角下我国纺织产业发展评价 [J]. 北京服装学院学报，(12).

[118] 马洪波，孙凌宇，2015. "一带一路" 战略为区域合作发展带来新机遇 [J]. 决策与信息，(4)：29－30.

[119] 马伦伦，2016. 京津冀协同发展战略与 "一带一路" 战略的对接研究 [J]. 现代经济信息，(10)：465.

[120] 马牧源，2006. 威可多，精明企业打造精致生活 [J]. 时尚北京，(9)：57.

[121] 马心竹，2014. 中国对外直接投资的动因分析 [J]. 国际商贸，(29)：139－140.

[122] 茅蓓蓓，2012. 基于产业转移的我国纺织业对外投资环境评价研究 [D]. 上海：东华大学.

[123] 孟祥林，柴宝芬，2017. "保石衡" 三角形城镇体系发展构想——京津冀协同发展与雄安新区设立背景下的分析 [J]. 石家庄学院学报，19 (6)：70－79.

[124] 孟祥林，2017. 河北雄安新区设立背景下徐水城镇体系发展对策分析 [J]. 城市，(12)：3－13.

[125] 孟祥林，2017. 京津冀协同发展背景下的雄安新区城市体系与子城市团构建 [J]. 上海城市管理，(3).

[126] 孟祥林，2017. 雄安新区圈层辐射 "四步走" 与保定发展新思路 [J]. 河北大学学报（哲学社会科学版），42 (6).

[127] 孟翔飞，李飞，2007. 东北老工业基地区域经济协调发展互动机制及政策博弈 [J]. 辽宁大学学报（哲学社会科学版），(5)：37－41.

[128] 墨影，袁春妹，徐长杰，2017. 山东如意集团 向智慧制造时代转型 [J]. 纺织机械，(5)：28.

[129] 宁俊，陈桂玲，李淑珍，陆亚新，2006. 北京服装产业发展对策 [J].

纺织学报，(6)：107－110.

[130] 潘楚楚，2015. 中国—东盟纺织业产业链研究［D］. 南宁：广西大学.

[131] 庞金玲，李瑞洲，2010. 纺织产业转型与技术创新：国际借鉴与启示［J］. 改革，(2)：29－35.

[132] 彭劲松，2013. 中国服装产业品牌化转型：国际经验与实施路径［J］. 发展研究，(1)：69－74.

[133] 齐夫，2007. 德载品质 竞显卓越——山东如意毛纺集团的科技创新之路［J］. 纺织服装周刊 (45)：31.

[134] 任珺，2010. 伦敦创意产业发展路径及政策思路［J］. 中国文化产业评论，11 (01)：348－357.

[135] 任伟峰，马英杰，2015. 促进京津冀区域产业结构调整财政政策研究［J］. 现代商贸工业，36 (22)：17－18.

[136] 戎福刚，2005. 东非纺织服装加工贸易前景广阔［J］. 合作经济与科技，(15)：4－6.

[137] 邵宪宝，2012. 区际产业转移对西部地区可持续发展的效应研究［D］. 杭州：浙江大学.

[138] 沈琦，2017. 推进供给侧结构性改革，探索京津冀协同发展新机遇［J］. 征信，35 (4)：17－21.

[139] 石坚韧，罗秋骅，2017. 雄安新区——非首都功能转移规划思路分析［J］. 中国名城，(11).

[140] 宋炳林，2014. 我国区际产业转移的动力机制及其耦合［J］. 华东经济管理，(1)：74－78.

[141] 宋海鸥，王滢，2016. 京津冀协同发展：产业结构调整与大气污染防治［J］. 中国人口·资源与环境，26 (S1)：75－78.

[142] 苏贝，2014. 韩国时装产业：亚洲潮流核心［J］. 中国品牌，(12)：84－86.

[143] 苏榕，2014. 京津闽纺织企业家热议产业转移［J］. 纺织服装周刊，(45)：11.

[144] 孙红玲，2008. “3＋4”：三大块区域协调互动机制与四类主体功能

区的形成［J］. 中国工业经济，（8）：12－23.

［145］孙虎，乔标，2015. 京津冀产业协同发展的问题与建议［J］. 中国软科学，（7）：68－74.

［146］孙久文，丁鸿君，2012. 京津冀区域经济一体化进程研究［J］. 经济与管理研究，（7）：52－58.

［147］孙立，2016. 工业大数据对智慧云制造的推动与创新［J］. 科技管理研究，36（13）：156－158、163.

［148］孙明慧，2016. 东北地区传统优势产业转型的对策思考［J］. 前沿，（4）：64－69.

［149］孙明正，余柳，郭继孚，等，2016. 京津冀交通一体化发展问题与对策研究［J］. 城市交通，14（3）：61－66.

［150］孙瑞哲，［2016－01－19］. 直面挑战 纺织工业凸显发展新机遇［N］. 中国工业报，（B03）.

［151］孙瑞哲，2013. 把握大势塑造新优势［J］. 中国纺织，（11）：16－17.

［152］孙瑞哲，2017. 构建中国纺织服装行业的新未来［J］. 纺织导报，（1）：18－28.

［153］孙瑞哲，2018. 继往开来，准确把握历史新方位 凝心聚力，务实推进高质量发展——中国纺织工业联合会第四届三次理事会上的讲话［J］. 纺织导报，（5）：21－22、24－32.

［154］孙瑞哲，2015. 新常态下纺织行业的四大趋势［J］. 中国纺织，（3）：22－24.

［155］孙瑞哲，2018. 新时代 新平衡 新发展——建成世界纺织强国的战略与路径［J］. 纺织导报，（1）：15－16、18－28.

［156］孙瑞哲，2017. 中国纺织工业的创新发展与供应链重构［J］. 纺织导报，（7）：24－36、40－41.

［157］孙瑞哲，2013. 重构现代纺织工业的体系化优势［J］. 纺织导报，（1）：18－26、28－29.

［158］孙瑞哲，2015. 资本市场创新助推时尚转型——拥抱资本市场正当时［J］. 纺织导报，（12）：18－21.

［159］孙韶华，梁倩，2015. 一带一路、京津冀协同发展和长江经济带战略

全面破题［N］. 经济参考报.

［160］孙硕，2015. 纺织业：协同发展新思维［J］. 商周刊，(3)：39－40.

［161］唐少清，谢茜，2017. 京津冀协同发展的新支点：雄安新区分析［J］. 燕山大学学报（哲学社会科学版），18（4）：68－73.

［162］汪秀琛，2007. 东部沿海纺织服装企业西迁分析［J］. 纺织导报，(1)：41－42.

［163］王彩娜，［2018－10－23］. 聚势而为 冀中能源国际物流集团擘划高质量发展路线图［N］. 中国经济时报，(008).

［164］王革非，2011. 中国纺织服装产业推力研究［J］. 丝绸，(8)：54－57.

［165］王建峰，2012. 区域产业转移的综合协同效应研究——基于京津冀产业转移的实证分析［D］. 北京：北京交通大学.

［166］王娟娟，2015. 京津冀协同区、长江经济带和一带一路互联互通研究［J］. 中国流通经济，29（10）：64－70.

［167］王孟丽，王国梁，2017. 中国与中亚五国纺织服装业合作潜力分析［J］. 对外经贸，(5)：50－52、61.

［168］王民，［2014－3－26］. 河北省明确京津冀协同发展城市功能定位［EB/OL］. 新华网.

［169］王民官，2015. 发挥区域合作在“一带一路”中的作用［J］. 环渤海经济瞭望，(4)：3－6.

［170］王沛，2011. 邱亚夫：用“如意”算盘做强海外市场［J］. 进出口经理人，(7)：24－25.

［171］王倩，2016. 京津冀协同发展战略与“一带一路”战略的对接研究［J］. 经贸实践，(10)：96－98.

［172］王天凯，2015. 创新发展模式 主动适应纺织经济新常态［J］. 中国纺织，(4)：18－19.

［173］王天凯，2014. 创新驱动发展 创新开启未来［J］. 纺织服装周刊，(47)：17.

［174］王维国，2000. 协调发展的理论与方法研究［M］. 北京：中国财政经济出版社.

［175］王伟，2008. 传统产业地区产业转移影响因素的实证分析［J］. 经济

经纬，(5)：30 - 32.

[176] 王文刚，[2018 - 02 - 03]. 京津冀协同发展关键是推进供给侧结构性改革 [EB/OL]. 金融界. http://bank.jrj.com.cn/2017/09/14163523115261.shtml [2018 - 2 - 3].

[177] 王曦，2009. 法国高级时装 [D]. 上海：上海外国语大学.

[178] 王欣亮，[2014 - 05 - 25]. 利用产业转移推进区域协调发展 [N]. 光明日报 (07 版).

[179] 王远，2015. 浅谈京津冀产业结构调整与城市化进程 [J]. 商，(24)：243 - 244.

[180] 王峥峥，2009. 巴黎时装之都的成功经验对北京建设"时装之都"的启示 [D]. 北京：北京服装学院.

[181] 王仲辉，张莹，2010. 中国纺织企业对外直接投资的成因和对策 [J]. 北方经贸，(1)：14 - 16.

[182] 魏后凯，2006. 现代区域经济学 [M]. 北京：经济管理出版社.

[183] 文辉，[2013 - 09 - 09]. 要让中小城市和小城镇先行先试 [N]. 经济观察报，(016).

[184] 闻力生，2017. 服装企业智能制造的实践 [J]. 纺织高校基础科学学报，30 (4)：468 - 474.

[185] 邬贺铨，2018. 雄安新区影响力2030年将初见成效 [J]. 领导决策信息，(6)：6.

[186] 吴爱芝，李国平，孙铁山，2013. 中国纺织产业的区位转移 [J]. 地理科学进展，(2)：233 - 238.

[187] 吴爱芝，李国平，张杰斐，2015. 京津冀地区产业分工合作机理与模式研究 [J]. 人口与发展，21 (6)：19 - 29.

[188] 吴殿倬，2016. 京津冀都市圈环境保护一体化问题探究 [J]. 商业经济研究，(1)：210 - 211.

[189] 吴立，2016. 时尚产业 北京纺织战略转型的必然选择 [J]. 时尚北京，(3).

[190] 吴晓芳，葛秋颖，2014. 中国纺织服装业海外并购谋求产业升级 [J]. 长春大学学报，(1)：13 - 16.

[191] 吴晓梦，2017. 邻居未必了解我们——基于巴基斯坦《黎明报》的文献研究 [J]. 对外传播，(6)：76-78.

[192] 武义青，柳天恩，2017. 雄安新区精准承接北京非首都功能疏解的思考 [J]. 西部论坛，27 (5)：64-69.

[193] 武义青，张晓宇，2017. 京津冀产业结构演变趋势与优化升级 [J]. 河北师范大学学报（哲学社会科学版），40 (3)：5-11.

[194] 夏毓婷，2014. 论国际时尚之都建设的价值导向与战略重点 [J]. 湖北行政学院学报，(6)：48-51.

[195] 小岛清，1987. 对外贸易论 [M]. 天津：南开大学出版社.

[196] 肖金成，李娟，马燕坤，2015. 京津冀城市群的功能定位与合作 [J]. 经济研究参考，(2)：15-28.

[197] 肖金成，2017. 雄安新区：定位、规划与建设 [J]. 领导科学论坛，(16)：43-53.

[198] 谢仁德，2014. 大红门8大市场签约廊坊 部分商户仍纠结是否搬迁 [EB/OL]. www.huaxia.com/xw/zhxw/2014/05/3889615.html.

[199] 徐向红，杨占辉，黄波，2004. 山东省承接美国中小企业产业转移的考察研究 [J]. 东岳论丛 (3)：164-167.

[200] 徐迎新，刘耀中，2015. 中国纺织工业"走出去"进展与重点关注 [J]. 纺织导报，(6)：42、44-48.

[201] 徐永利，2016. 国际竞争力视域下京津冀区域产业分工研究 [J]. 河北学刊，36 (5)：141-145.

[202] 许爱萍，2015. 京津冀科技创新协同发展背景下的科技金融支持研究 [J]. 当代经济管理，37 (9)：69-72.

[203] 许文建，2014. 关于"京津冀协同发展"重大国家战略的若干理论思考——京津冀协同发展上升为重大国家战略的解读 [J]. 中共石家庄市委党校学报，16 (4)：14-19.

[204] 颜莉，高长春，2012. 时尚产业模块化组织价值创新要素及其影响机制研究——以五大时尚之都为例 [J]. 经济问题探索，(3)：141-148.

[205] 杨德春，2015. 京津冀协同发展战略的创新思维 [J]. 创新科技，(12)：9-13.

[206] 杨德春，2017. 浅谈北京市城市规划历史与新构想 [J]. 四川林勘设计，(4)：28 - 32.

[207] 杨虹，[2016 - 08 - 13]. RCEP 势不可挡 年内或可达成自由度较高的基本协议 [N]. 中国经济导报.

[208] 杨纪朝，2017. 我国纺织服装业在“一带一路”战略中的作用 [J]. 棉纺织技术，(1)：2 - 3.

[209] 杨开忠. 雄安新区规划建设要处理好的几个重要关系 [J]. 经济学动态，2017 (7)：8 - 10.

[210] 姚伟，2017. 推进供给侧结构改革，探索京津冀协同发展新机遇 [J]. 环球市场信息导报，(2)：105 - 107.

[211] 叶红玉，2007. 我国纺织服装业应适时实施“走出去”战略 [J]. 企业活力，(10)：12 - 13.

[212] 叶茂升，肖德，2013. 我国东部地区纺织业转移的区位选择——基于超效率 DEA 模型的解析 [J]. 国际贸易问题 (8)：83 - 94.

[213] 叶堂林，[2017 - 06 - 19]. 雄安新区设立是京津冀协同发展的核心举措和重中之重 [J/OL]. 光明网 - 理论频道. http://theory.gmw.cn/2017-06/19/content_24826065.htm，2017 - 06 - 19/2018 - 4 - 10.

[214] 叶裕民，2019. 新时代首都城市精细化治理的体制机制研究 [J]. 城市管理与科技，21 (2)：13 - 15.

[215] 叶振宇，2017. 雄安新区与京、津、冀的关系及合作途径 [J]. 河北大学学报（哲学社会科学版），(4)：15 - 21.

[216] 易开刚，孙漪，2014. 民营制造企业“低端锁定”突破机理与路径——基于智能制造视角 [J]. 科技进步与对策，31 (6)：73 - 78.

[217] 易鹏，[2014 - 06 - 30]. 让市场主体决定城镇化怎么走 [N]. 中国经营报，(B11).

[218] 于刃刚，2009. 推进京津冀现代服务业一体化的意义与对策 [R]. 京津冀区域协调发展学术研讨会：30 - 33.

[219] 余斌，陈秋贵，2010. 论主动式产业转移及相关政策建议 [J]. 重庆工商大学学报（社会科学版），27 (2)：1 - 5.

[220] 原兴倩，2016. 时装周与时尚之都发展的耦合演进关系研究 [D]. 青

岛：青岛大学.

[221] 曾春水，申玉铭，李哲，冯鹏飞，2018. 京津冀城市职能演变特征与优化对策 [J]. 经济地理，38 (9)：67 – 77.

[222] 张兵，2016. 京津冀协同发展与国家空间治理的战略性思考 [J]. 城市规划学刊，42 (4).

[223] 张超，2015. 河南省承接纺织服装产业转移问题研究 [D]. 开封：河南大学.

[224] 张军扩，2016. 关于京津冀协同发展若干重要问题的思考 [J]. 经济社会体制比较，(3)：1 – 5.

[225] 张昆宇，2015. 京津冀协同发展与产业结构调整——以河北省为例 [A]. 廊坊市应用经济学会. 区位优势与协同创新——京津廊一体化研讨会议（环首都沿渤海第 10 次论坛）论文集 [C]. 廊坊市应用经济学会：7.

[226] 张璞，2007. 传统与创新对伦敦时装之都形成的作用及其对建设北京时装之都的启示 [D]. 北京：北京服装学院.

[227] 张庆辉，2013. 探寻中国时尚产业之路 [J]. 纺织服装周刊，(15)：52 – 53.

[228] 张晓勇，2005. 京津冀产业发展功能定位与产业集群空间分布 [J]，河北经贸大学学报，(11)：49 – 51.

[229] 张学江，2009. 基于外部性视角的产业和谐 [J]. 商业时代，(16)：100 – 102.

[230] 张越，2017. 如意集团：老牌毛纺织企业的产业转移 [J]. 中国信息化，(1)：78 – 80.

[231] 张喆，方敏，2006. 探寻法国时尚品牌成功秘诀 [J]. 中国制衣，(3)：36 – 39.

[232] 赵国玲，2016. 江苏携手新疆开启纺织服装产业新篇章 [J]. 纺织服装周刊，(35)：11.

[233] 赵君丽，2011. 日本纺织服装产业升级及中日比较 [J]. 现代日本经济，(1)：73.

[234] 赵可金，2016. 通向人类命运共同体的“一带一路”[J]. 当代世界，(6)：9-13.

[235] 赵磊，2017. “一带一路”需要文化通心 [J]. 理论视野，(6)：57-59.

[236] 赵新峰，2017. 京津冀协同发展背景下雄安新区新型合作治理架构探析 [J]. 中国行政管理，(10)：22-29.

[237] 赵振坤，2012. 京津冀城市进化研究—人力资本视角 [D]. 河北工业大学.

[238] 振华. 京津冀一体化打造经济增长新引擎 [J]. 金融经济，2015 (6)：5.

[239] 郑国萍，陈国华，2017. 京津冀教育协同发展供需矛盾及应对策略 [J]. 河北师范大学学报（教育科学版），19 (4)：95-100.

[240] 中国纺织品进出口商会，[2016-06-01]. 中国纺织品服装对外贸易报告 2015/2016 [R].

[241] 中国服装协会，2008—2014. 2008—2014 中国纺织工业发展报告 [M]. 北京：中国纺织出版社.

[242] 中央企业投资监督管理办法，2017 [J]. 交通财会，(2)：90-92.

[243] 周杰，2008. 融合型集群：西部资源型产业集群高级化的途径 [J]. 生态经济，(2)：127-130.

[244] 周立群，夏良科，2010. 区域经济一体化的测度与比较：来自京津冀、长三角和珠三角的证据 [J]. 江海学刊，(4)：81-87.

[245] 周伟，蔡培，2016. 京津冀产业结构调整优化路径研究 [J]. 商业经济研究，(2)：187-189.

[246] 周新生，2005. 产业分析与产业策划：方法及应用 [M]. 北京：经济管理出版社.

[247] 子琪，2014. 纽约时装周的超强实用主义 [J]. 中国纤检，(6)：53.

[248] Chinitz B, Vernon R, 1960. Changing Forces in Industrial Location [J]. Harvard Business Review, 38 (1): 126-136.

[249] Colin Clark, 1940. The Conditionsof Economic Progress [M]. Macmillan, London.

[250] Dunning John H, 1980. Toward an Eclectic Theory of International Pro-

duction: Some Empirical Tests [J]. Journal of International Business Studies, 11 (1): 9-31.

[251] Fuchs Victor R, 1962. The Determinants of the Redistribution of Manufacturinging the United States Since 1929 [J]. Review of Economics and Statistics, 44 (2): 167-183.

[252] Fujita M eds., 2007. Regional Integration in East Asia: From the Viewpoint of Spatial Economics [A]. New York: Palgrave Macmillan.

[253] Holmes T J, 1999. How Industries Migrate When Agglomeration Economies are Important [J]. Journal of Urban Economics, (45): 240-263.

[254] Kojima K, 1973. Reorganizational of North-South Trade: Japan's Foreign Economic Policy for the 1970's [J]. Hitotsubashi Journal of Economics, (2): 13.

[255] Krugman P R, 1980. Scale Economics, Product Differentiation and the Pattern of Trade [J]. The American Economic Review, 70 (5): 950-59.

[256] Lewis W Arthur, 1955. The Theory of Economic Growth [M]. London: George Allen &Urwin.

[257] Michael Porter, 1990. The Competitive Advantage of Nations [J]. Harvard Business Review, 68: 73-93.

[258] NurkseRagnar, 1953. Problems of Capital Formation in Underdeveloped Countries. [M]. Oxford University Press.

[259] Rosenberg N, 1963. Technological Change in the Machine Tool Industry, 1840-1910 [J]. The Journal of Economic History, 23 (4): 414-443.

[260] Vernon R, 1996. International Investment and International Trade in the Product Cycle [J]. Quarterly Journal of Economics, 80: 190-207.

[261] Zixiang Alex Tan, 2002. Product Cycle Theory and Telecommunications Industry Foreign Direct Investment Government Policy, and Indigenous Manufacturing in China [J]. Telecommunications Policy, 26: 17-30.

图书在版编目(CIP)数据

趋势：纺织服装业转移升级与发展 / 朱光好，王革非，陆亚新著. -- 北京：社会科学文献出版社，2019.12
ISBN 978 - 7 - 5201 - 4820 - 7

Ⅰ.①趋… Ⅱ.①朱… ②王… ③陆… Ⅲ.①纺织工业 - 工业发展 - 研究 - 华北地区 ②服装工业 - 工业发展 - 研究 - 华北地区 Ⅳ.①F426.81 ②F426.86

中国版本图书馆 CIP 数据核字（2019）第 088952 号

趋势：纺织服装业转移升级与发展

著　　者 / 朱光好　王革非　陆亚新

出 版 人 / 谢寿光
组稿编辑 / 恽　薇
责任编辑 / 刘琳琳
文稿编辑 / 刘　争

出　　版 / 社会科学文献出版社·经济与管理分社（010）59367226
地址：北京市北三环中路甲 29 号院华龙大厦　邮编：100029
网址：www.ssap.com.cn
发　　行 / 市场营销中心（010）59367081　59367083
印　　装 / 三河市尚艺印装有限公司

规　　格 / 开　本：787mm×1092mm　1/16
印　张：16.5　字　数：261 千字
版　　次 / 2019 年 12 月第 1 版　2019 年 12 月第 1 次印刷
书　　号 / ISBN 978 - 7 - 5201 - 4820 - 7
定　　价 / 98.00 元

本书如有印装质量问题，请与读者服务中心（010 - 59367028）联系